品真

【凝脂美玉】和田玉

品精品　扩眼界
辨真伪　长眼力

曹荻明 著

著名木器杂项鉴定专家
北京大学PKUC珠宝鉴定师
CCTV-2、BTV-财经专家组成员
中国红木产业青年领袖联盟主席
GIA美国宝石学院、G.G研究宝石专家
中华民间藏品鉴定委员会专家委员

小文玩　大文化

文化发展出版社
Cultural Development Press

【本书使用说明】

　　本书详细介绍了和田玉的颜色、质地、产地、鉴别方法等知识，着眼"品"精品，让读者朋友们学到辨"真"伪的能力。

　　几十件珍宝级藏品高清图、局部细节图在书中完美呈现，配以专业点评，让您从宏观及微观上充分了解藏品及和田玉的鉴赏要点和鉴别方法。本书每一节包含精品展示、藏品细部、知识点解析、答疑解惑四部分，部分章节还配有知识点拓展，具体框架及体例如下。

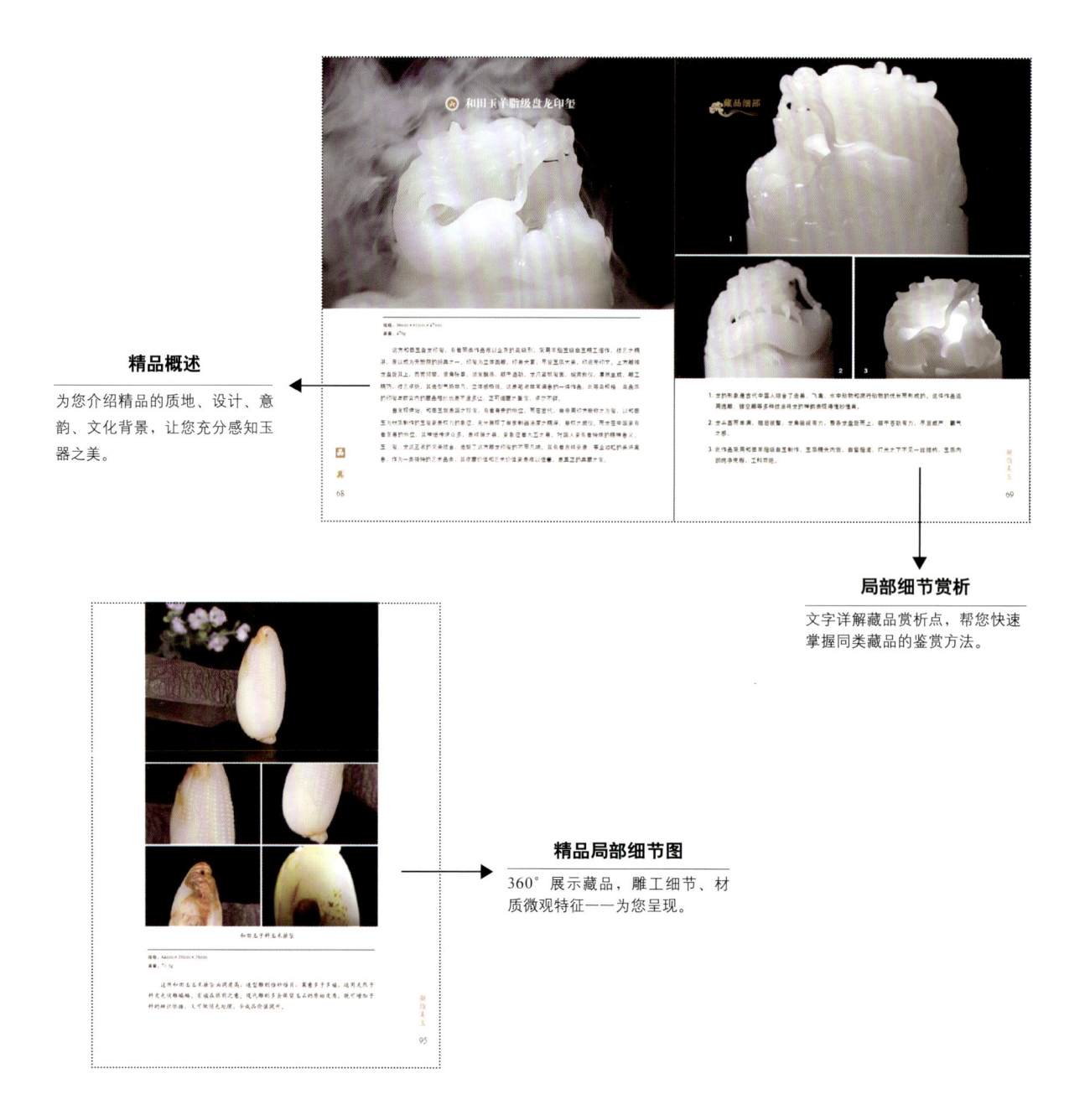

精品概述

为您介绍精品的质地、设计、意韵、文化背景，让您充分感知玉器之美。

局部细节赏析

文字详解藏品赏析点，帮您快速掌握同类藏品的鉴赏方法。

精品局部细节图

360°展示藏品，雕工细节、材质微观特征——为您呈现。

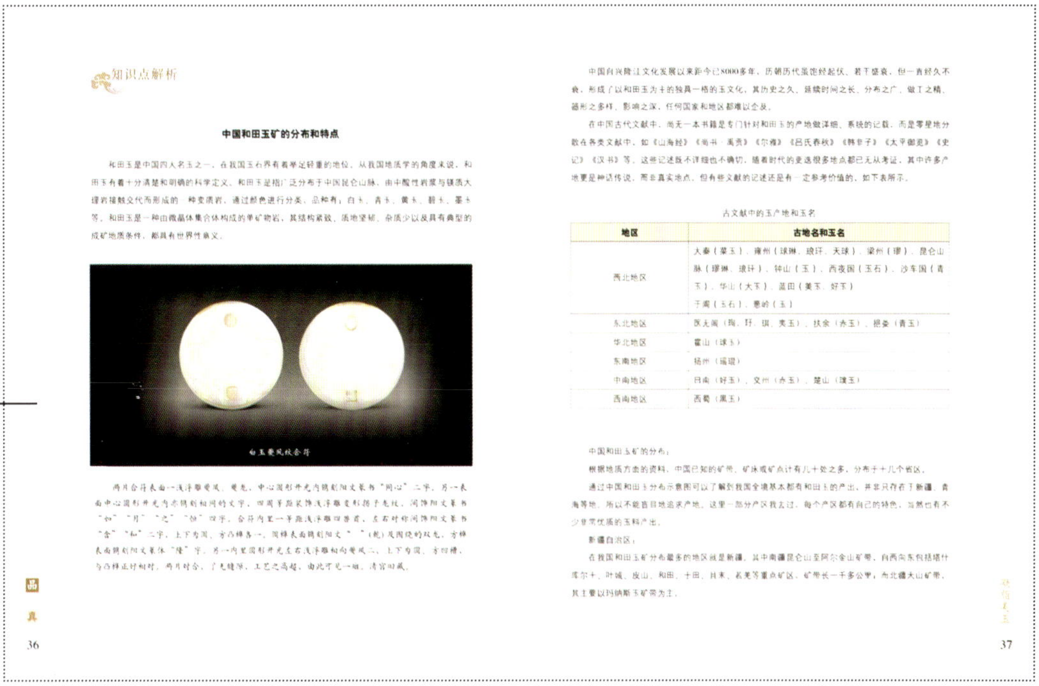

藏品相关知识点分析

从精品延伸至和田玉的产地、质地介绍等相关知识，辅以真假对比、优劣对比、种类对比的图文解说，让您充分地了解和田玉，掌握辨别方法。

知识点拓展

由知识点解析延伸出更加全面、详细的和田玉知识，让您在欣赏精品后能够更加深入地了解和田玉的其他知识。

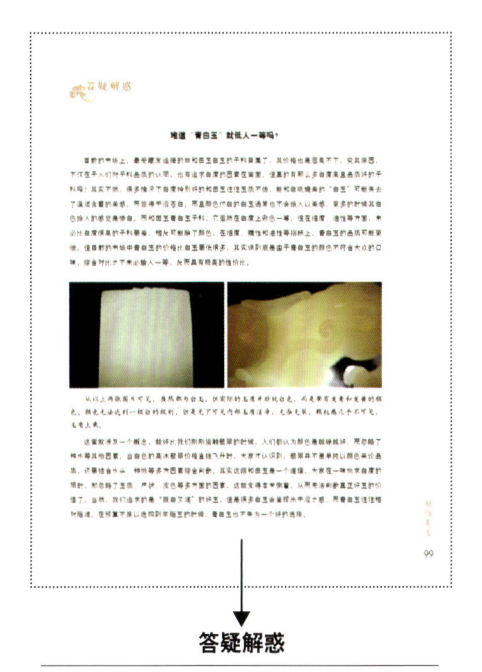

答疑解惑

此板块为您解答和田玉爱好者最关注、最困惑的问题。

序言
PREFACE

人之初心、始如璞玉

和田玉是中国收藏领域中独树一帜的一类，也拥有非常悠久的历史。由于家父的影响，我从小就对此非常痴迷，每年过生日父母都会送我一块和田玉作为纪念。我印象最为深刻的就是有一块我父亲送予的战国S龙和田玉挂坠，因为我属龙。现在我已年过三十，我也把这种记忆和传统传给了我的两个女儿，每年给她们一人留一块玉。玉是传统文化的精髓，更是家庭家族价值观的传递，书香门第，玉石传家。

这是我出版的第四本著作，前作基本都是关于木器香道的，出版关于玉石的还是第一本。此书从开始撰稿到出版用了四年多的时间，几乎所有的图片都是元懋翔团队亲自拍摄的，所涉藏品也都是元懋翔收藏的即我个人收藏的，可谓亲力亲为。从前到后所有资料自己考察，文字自己撰写，照片自己拍摄，不为别的，就求一个"真"字。不谬传，不想象，用事实说话。父亲告诉我：读万卷书、行万里路、阅人无数，这是我的目标。

我从业十年有余，多次考察玉矿分布，遍足全国的各大产地，东北辽宁岫岩，青海格尔木，南疆北疆包括于田、且末、叶城、库尔勒、莎车、喀什等，还有北京、上海、广州、苏州、南阳的集散地等，算是在中国比较深入了解和田玉的产出、加工、消费的具体情况，换句话说，我算得上是一个行家。而且元懋翔近三年销售的精品孤品和田玉藏品每年超过1000件。这十年我统计过，经我手采买销售的和田玉超过5000件，有充足的市场经验，算是有一定的阅历。大师工作室产量远没有元懋翔的店内流量大，而这些宝贵的经验，我并不想自己秘而不露，而是要把它分享出去，让更多的人受益。

关于此书的特点：我是充分地考察一线产地，把情况给大家汇报清楚。去别人去不到的地方，看别人看不见的场景，我比较敢闯，胆大心细，遇事不慌。这本书是我走出来的，是时间精力换来的。我本身具有专业的科班功底，目前已考取了北京大学PKUC珠宝鉴定师，美国宝石学院GIA研究宝石学家，清华大学艺术品鉴赏培训班，相比民间藏家和店主相对专业一些。结合市场状况进行专业解读，言简意赅，尽量让读者一目了然，不故弄玄虚，大大方方、细心耐心地给大家传授知识。书中有大量的一一对应的实物精拍大图进行讲解，尽心、到位，出版质量非常之高。因为拍摄高清照片必须得是自己的东西，这行别人的东西一般不外借，出了风险赔不起、伤和气。而且一般重器都是有名有姓的，所以想写这样的书，必须有足够多的藏品作为支撑，否则很难成册。因为我既做学术又搞经营，这是得天独厚的优势。所有文字加图片都是亲自拍摄撰写。对于市场中的乱象和风气，我敢于发声，并阐明了我的观点，这个行业应该何去何从。因为我不仅仅在和田玉这一行里做生意搞研究，还涉及很多其他领域，对于和田玉这个极具中国特色的藏品类型的现状非常明晰，如我一直倡导的"质地大于产地"等，这些是藏友想要下手买玉之前有必要提前了解的。

现在市面上关于玉石的图书有很多，因为前几年的收藏热现在渐渐退去，很多老师也不写了。我想说，不管收藏热不热，我都要继续认认真真把写书的工作做好。传统文化的沉淀一定是因为冷却的市场，这种积累不能停，耐得住寂寞，吃得了苦，方为人上人，终有所成。我一辈子出一百本著作的梦想不会变，而且，既然要写就要写最好的、最全的、最切合实际情况的，最实在的东西，所以下的心思格外多。这本书反复修改校对几十次，对于我这样的急性子而言简直是一种折磨，但现在写完了，一身轻松，这是一种历练。写书的过程，也是总结的过程，更是学习的过程。现在的我，更需要这种不断地学习加强自己，才能不断进步。希望广大读者多多指正，肯定会有不尽如人意的地方，我会在下一本书里继续努力，一定越做越好，点点滴滴都是心血，只希望更多的广大藏友能为之所用，对大家有益。再过几十年返回来看自己，也算是为社会、为传统文化付出过努力，不辜负大家的陪伴，感谢所有朋友的鼓励和支持！希望每一位中华儿女都能留有自己的初心，像璞玉一样美丽温润。玉之美德，润化心灵。

2019年2月18日

目录
CONTENTS

10 　开篇章
　　10 　质地重要于产地

20 　一 和田玉子料大象手把件

　　22 　知识点解析
　　22 　和田玉的概述
　　23 　和田玉的基本性质

　　24 　答疑解惑
　　24 　"和田玉"有几个小名儿？

　　27 　知识点拓展
　　27 　白玉河——玉龙喀什河

29 　二 和田玉义薄云天挂牌

　　31 　知识点解析
　　31 　和田玉矿物组成和晶体构造

　　33 　答疑解惑
　　33 　古代的玉专指和田玉吗？

36 　三 和田玉子料金翅貔貅把件

　　38 　知识点解析
　　38 　中国和田玉矿的分布和特点

　　41 　答疑解惑
　　41 　为什么说玉玺是古代皇权的象征？

43 **㈣ 和田玉子料凤穿牡丹摆件**	84 知识点拓展
	84 寻玉的必经之路：塔克拉玛干沙漠
45 知识点解析	
45 中国和田玉重点产地介绍	86 **㈧ 和田玉羊脂级竹笋手把件**
53 答疑解惑	88 知识点解析
53 和田玉为什么名列四大名玉之首？	88 如何才能称为羊脂白玉？滋润纯洁如凝脂，质厚温润无瑕疵
56 **㈤ 和田玉镂空马到成功平安牌**	90 答疑解惑
	90 古人是如何开采玉石的？
58 知识点解析	
58 世界和田玉矿的类型	96 **㈨ 和田玉子料青白玉太狮少狮把件**
59 世界其他主要和田玉产地	
	98 知识点解析
62 答疑解惑	98 和田玉青白玉概述：淡雅青质，似白非白
62 按地质成因和田玉有哪些分类呢？	
	99 答疑解惑
68 **㈥ 和田玉羊脂级盘龙印玺**	99 难道"青白玉"就低人一等吗？
70 知识点解析	102 **㈩ 和田玉沙枣青子料**
70 按和田玉的颜色分类	
	103 知识点解析
72 答疑解惑	103 和田玉青玉概述：幽淡隽永，雨过天青
72 和田玉的颜色为何如此丰富多彩？	
	105 答疑解惑
76 知识点拓展	105 如何区分和田碧玉与和田青玉？
76 冲积扇与洪积扇？	
	109 **㈩一 和田玉新疆黄玉财神挂坠**
78 **㈦ 和田玉子料灵芝如意把件**	
	111 知识点解析
80 知识点解析	111 和田玉黄玉概述：黄侔蒸梨，精光内蕴
80 和田玉白玉概述：白璧无瑕，浑然天成	
	115 答疑解惑
82 答疑解惑	115 和田玉原生色与次生色的区别
82 和田玉是越白越好吗？	

116 知识点拓展
116 新疆黄口料

十二 俄罗斯老坑碧玉手镯 —— 119

121 知识点解析
121 碧玉概述：青若蛋壳，绿如夏荷
124 碧玉的主要产地

129 答疑解惑
129 俄罗斯碧玉与新疆碧玉有哪些区别？

十三 18K金镶俄罗斯碧玉鸭蛋青挂坠 —— 130

132 知识点解析
132 碧玉在世界范围内的其他产地

136 答疑解惑
136 拿白玉的标准去选碧玉真的对吗？

十四 和田玉山料糖白关公牌 —— 138

140 知识点解析
140 和田玉糖玉概述：红糖白肉，色如焦糖

142 答疑解惑
142 和田玉中阳起石的秘密

十五 和田玉戈壁料墨玉摆件 —— 145

147 知识点解析
147 和田玉墨玉概述：漆黑如墨，色重质腻

151 答疑解惑
151 什么是和田玉粉青？

十六 和田玉青花子料知音手把件 —— 152

154 知识点解析
154 和田玉青花玉概述：白纸泼墨，青山韵水

157 答疑解惑
157 青海烟青玉与和田青花玉的区别？

十七 和田玉翠青子料弥勒把件 —— 161

163 知识点解析
163 和田玉翠青玉概述：清新淡雅，鲜活翠嫩

164 答疑解惑
164 和田玉按产状有哪些分类呢？

168 知识点拓展
168 和田玉山料产地黑山

十八 和田老坑青花章料 —— 170

172 知识点解析
172 和田玉的皮色分类

十九 和田白玉子料佛手把件 —— 180

182 知识点解析
182 和田玉质量的评价标准

二十 和田玉年年有余挂坠 —— 189

191 知识点解析
191 和田玉与相似玉石间的鉴别

202 （二十一）和田玉子料黄皮印玺

204 知识点解析
204 和田玉的产状鉴别

217 答疑解惑
217 和田玉的原料与工艺孰轻孰重

218 （二十二）和田玉子料羊脂级府上有龙手把件

220 知识点解析
220 和田玉成品的主要器型

227 （二十三）和田玉子料仿古工手镯

229 知识点解析
229 和田玉手镯
235 和田玉手牌
236 和田玉念珠

239 （二十四）和田玉子料玄武手把件

241 知识点解析
241 和田玉把件
242 和田玉扳指
244 和田玉挂坠

248 （二十五）和田玉子料秋韵绵绵挂牌

250 知识点解析
250 和田玉牌子
253 和田玉戒面

256 金镶玉

258 （二十六）和田玉十八臂观音造像

260 知识点解析
260 和田玉造像
261 和田玉摆件
263 和田玉香炉

265 （二十七）和田玉龙行天下挂件

267 知识点解析
267 和田玉的保养技巧与佩戴把玩

271 答疑解惑
271 和田玉的原料有哪些瑕疵？

275 （二十八）和田玉子料登高望远大牌

277 知识点解析
277 和田玉的收藏

279 答疑解惑
279 和田玉具有哪些美好的寓意？

287 结语、初衷、展望

291 和田玉的未来展望

295 后记

开篇章

质地重要于产地

现在玉石市场玉石品类异常丰富，有着五花八门的替代品和产地。而在图书市场上关于和田玉的书刊也始终是热门品种，我编写此书的目的在于普及知识、针砭时弊，把一些严重影响市场秩序的情况直截了当地讲出来。例如，对假皮子、乱产地、唯子料论、主次不分、标准不清等，都会一一说明，供大家探讨。希望我可以抛砖引玉，带领藏友们走出对和田玉认识的误区，引领更大的市场和空间，突破现有的瓶颈，让传统文化及玉文化能继续发光，精光内含的光。

既然写书，就要写真话、实话，有自己不一样的见解，如果只是照搬旧说，人云亦云，又为何而写？

玉作为石中美者，受到中国人的珍视和喜爱，有着非常悠久的历史。其出现时间至少可追溯到8000余年前的新石器时代；其应用更遍及礼仪、宗教、服饰、陈设等多个领域。尽管在不同的时期，玉器在社会、经济、文化、生活中所处的地位、扮演的角色各不相同，但其始终为具有特定地位、特定阶层者所拥有，是身份、地位和财富的象征。玉器在中国的历史长河中更是经久不衰，始终为人们所推崇和喜爱，并被赋予了非凡的意义和内涵。

以玉为配饰，源自人们对美好生活的追求和向往。比德于玉这一思想的出现和发展，将玉赋予了更深层次的意义和内涵。在《礼记·聘义》中记载孔子回答子贡何以贵玉贱珉时说，贵玉轻珉并不是因玉少而珉多，而是因为玉被认为是仁、智、礼、义、忠、信、乐、德的体现，而这些也正是君子所应该具备的。可见早在孔子的时代，玉便因其独特的属性而被赋予高尚的道德意义和内涵，成为君子品行品德的参照。玉德学说形成于东周，成熟于汉代，加之汉儒将佩玉习俗给予理论上的阐发和支持，使佩玉制度进一步完善。玉器也从主要用作原始宗教活动的法器、礼器，发展成为具有特定内涵、意义，形制相对固定的各式佩饰，标示佩戴者拥有的不凡身份、地位。东汉以后玉德观念虽渐趋淡化，但由于儒家学说在中国历史上的巨大影响，促进了玉佩饰、玉陈设的繁荣和辉煌。综上所述，玉器由于其独特的属性特质，从一开始就与神权、军权相伴，在国家政治体系中有着重要的象征意义，更在历史中获得了非凡的地位，受到了极大的推崇。同时，君子比德于玉这一观念的推崇，让玉器因此被赋予了不同凡响的人文内涵。而之后出现的玉器收藏、仿古、再利用等更是延展了玉器的制作和功能，为玉文化的连绵不绝注入了新的内涵和活力。

尽管随着时代的不同，各种材质的装饰艺

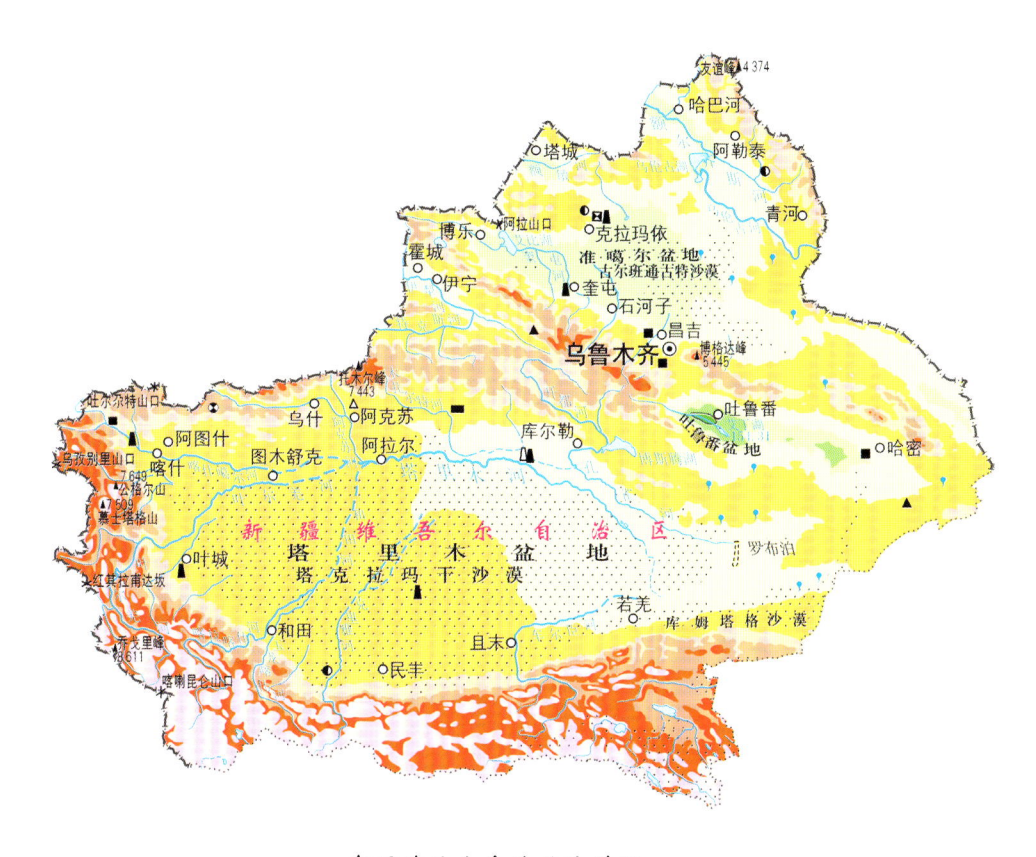

新疆维吾尔自治区地形图

术，如金银器、瓷器、珐琅、铜器、漆器等也都曾一时风光无限，但玉器始终以超然的地位昂首屹立。唐代是玉文化发展的一个重要时期，受当时文化的影响，实用、美观成为当时装饰艺术的主流，这使以玉制礼器为中心、为主流的中国玉器传统开始快速变革，开创了以装饰品、实用器皿为主流的新时代，并对后世产生了深远的影响。并历经元、明、清的日益发展，更使古代玉器顺应时代的变迁，在功能上不断地发展、完善。几千年来，玉的材质、形态和色彩一直启发着匠人们的灵感和激情。以和田玉雕琢的各类制品，因其独特的中国特色、多样的艺术风格和浓厚的东方民族魅力，被世人赞誉为"东方艺术"，是人类历史上辉煌的成就，更是世界文化艺术宝库中的传世经典。

"体如凝脂、精光内蕴、质厚温润、脉理坚密"是古人总结和田玉的精髓所在。一块高品质和田玉，它既要细腻而温润，给人以"凝脂"般的感觉，又要精光内蕴，光泽既不张扬亦不锐利，给人含而不露之感，更显玉质的厚重和质感。此外，和田玉的内部结构不仅要均匀、致密，更要少绺裂、少杂质。以上的这些介绍直观地表达出了好玉所应具备的品质和特点。那么，如上述一般高品质的和田玉目前哪里出产呢？

现在，人们公认和田玉以产于新疆的白玉质量为最优，尤其以新疆和田产的子料最受人们追捧。和田玉夹生在海拔3500米以上的昆仑山脉的山岩中，这种原生型和田玉矿床的原石就是我们俗称的"山料"。原石经过长期自然的地质运动和冰川运动等，逐渐剥解为大小不等的块状，经年累月被雨水雪水冲刷流入河，原石经过河水几百年甚至上万年的冲刷洗涤，渐渐磨去了棱角，形成圆润的卵石形状，这种和田玉就是俗称的"子料"。一般来说，新疆和田产的子料油脂感强烈，非常具有质感，透闪石含量几乎达到99%，纹理短而内部致密，结构细腻韧性强，精光内蕴是高品质玉料的最佳代表。那为什么新疆所产的和田玉子料会集众多优点于一身呢？

这是由于和田玉的原生料在河水中经历了漫长的岁月，一些质地粗糙的部分顺着裂纹被逐渐肢解或破碎，经过大自然的筛选，去其糟粕取其精华，玉石中最致密坚硬的部分得到了保留，所以子料的整体品质普遍较高，成材率相对较高。而子料在河里历经长年累月的冲刷使其表皮光滑、细腻，同时不断受到其他矿物质浸润，形成由外至内的渗透，从而展现出色彩丰富的皮色。在珠宝玉石界，普遍认为原生矿（山料）的质量没有次生矿（子料）的质量好，就是由于上述的原因，我曾在斯里兰卡考

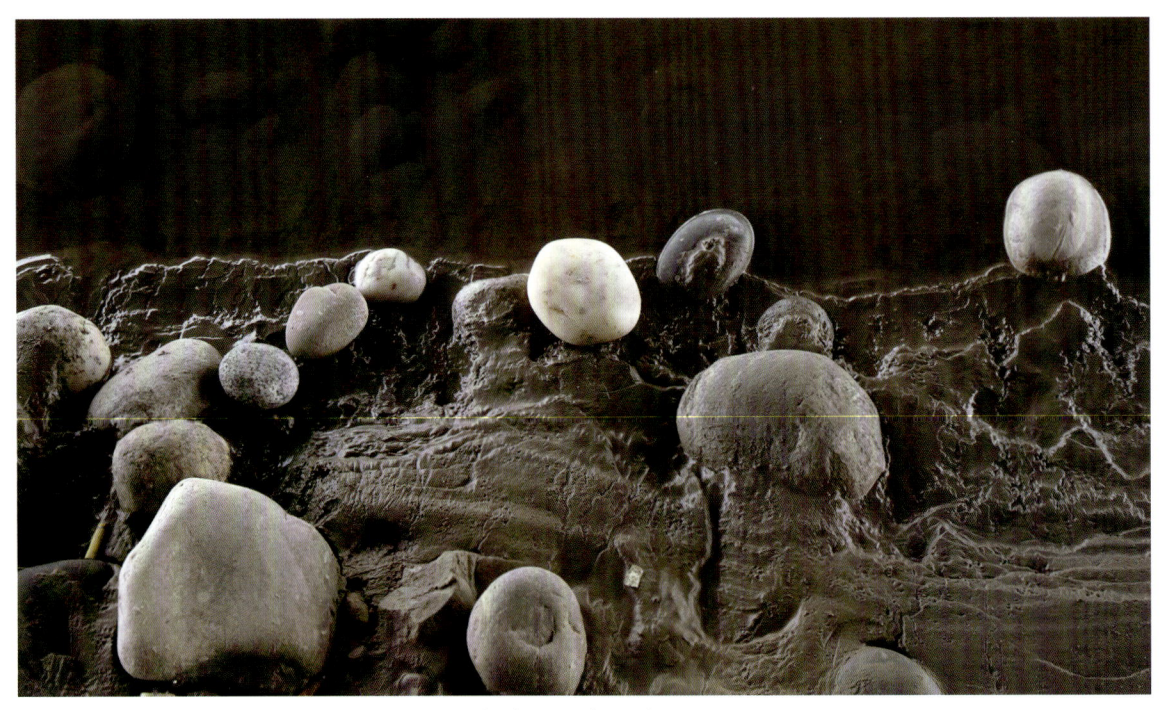

玉龙喀什河内的鹅卵石

这是我从玉龙喀什河拾取的几颗鹅卵石（子料），但并非和田玉。

察蓝宝石矿，斯里兰卡出产优质的蓝宝石，主要也是由河床的蓝宝石子料次生矿出产的。因此，子料相对于山料而言，总体质量更高是有根据的，这也是现在市场上人们对子料奉若神明、趋之若鹜的原因。

目前的和田玉市场，大众普遍迷信子料的品质。我在2017年9月来到新疆和田地区，跋山涉水，为了更好地了解和田玉市场的现状，深入和田当地一探究竟。虽然我之前有过多次到访新疆的经历，但这一次给我的感受最深。作为老字号元懋翔的传承人、掌舵者，我一直以来从未止步，致力于理论和实践的结合，相信实践出真知。这次考察，我来到著名的玉龙喀什河畔，亲自下水找寻了一番。在河里随意捞了几块石头，发现它们都具有和田玉子料的一些辨识特征，但经过鉴定发现原来这些只是普通的鹅卵石，这就又抛给我们一个问题，到底如何定义子料？

所谓子料只是一种外部的结构形态，"子"的含义是圆滚滚的，近似球体，磨圆状，子料就是鹅

这是我在和田古河道的子料矿场考察，这里经过多年的开采已被废弃，千疮百孔。

卵石的意思。只要外部没有尖锐的石棱石角，经过天然磨削、搬运、沉积的石头，就可以认定为子料，单以外在形态作为判断依据根本不能确定是否为和田玉子料。和田玉子料，首先其材质一定要是和田玉，也就是以透闪石或阳起石的成分为主，鹅卵石经过冲刷洗礼也是一种"子料"，但根本就不是玉。不能一见到子料的形制就等同于和田玉，更不能盲目地认为见到子料就等于优质的和田玉，因为子料也有低品质，精品子料占比更低，这点尤为重要。

在这次考察过程中，我还探访了数十公里长的古河道。这里经历了多年的和田玉地毯式采集，机械化作业不停地开挖和回填，表层的资源已近枯竭。看到这样的场景不由得让人感慨万分，和田玉是一种不可再生的资源，也许在不久的将来其资源真的会消失殆尽。而对黑山矿区及大巴扎集市的深入走访，让我了解到真正高品质的和田玉子料已经是凤毛麟角，取而代之的则是大量的山料磨圆仿子料，各种东陵石、大理石甚至脱玻化玻璃的仿品，让人眼花缭乱。而精品稀缺一物难求，这也是和田玉作假层出不穷，以及精品价格不断上涨的主要原因之一。

这里就不得不提到和田玉的山料，目前公认山料比子料的品质要差一个档次，但事实真的是这样吗？

和田玉山料，指的是原生型玉矿，这类原石的特点是性脆，块度大，容易带裂含绺。但是子料一定品质优秀，而山料一定比子料逊色一筹吗？其实，山料和子料是产状和外形的差别，并不代表子料的品质一定优于山料。子料从本质上讲其实也是由山料形成的，它们的关系就如同"父母"和

"子女"，山料经过自然的筛选、打磨之后，保留下来的玉料在河道中富集在了一起，给人以子料都是高质量的感觉。由此可见，山料其实是一切的源头，其品级涵盖面极广，一概而论地说山料不好是不公平的，好的山料比差的子料还要质地优良，山料的好与差要因玉质而论，辩证的评价比较公平。目前高品质的和田玉山料主要分布在高海拔地区，那里空气稀薄、气温极低，这为山料采集造成了一定的困难，而色泽、玉质上好的和田玉山料也是难得之宝。

好的新疆和田玉子料由于其高品质和稀缺度决定了其不菲的价值，但切不可唯子料论。有个成语叫"仙姿玉色"，比喻皮肤的质感和颜色像玉一样，白皙水嫩、细腻光滑。玉的产地就跟人一样，江

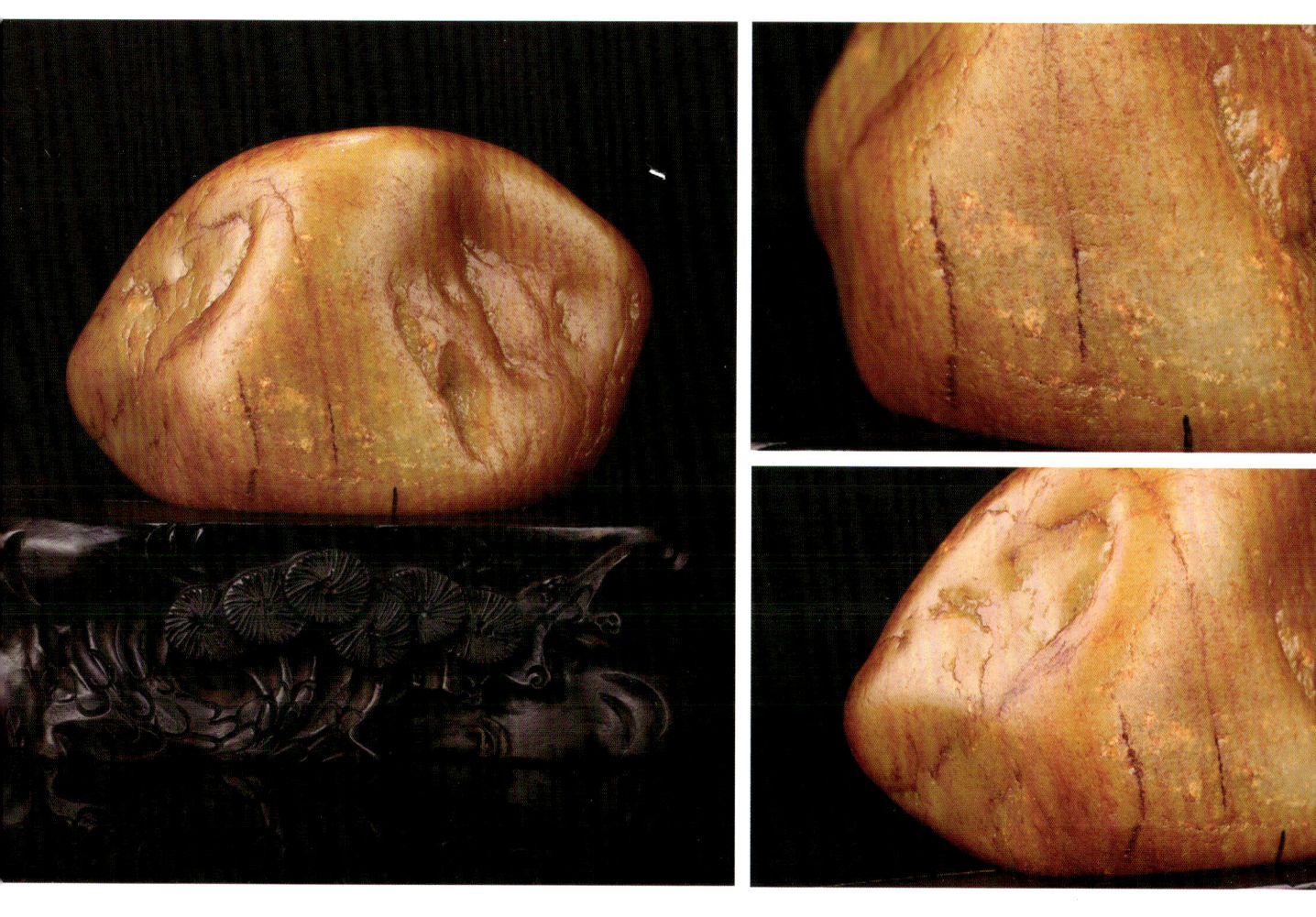

和田玉子料原石，图中可以看出其油性好，形态完整，皮色分布均匀流畅，颜色过渡自然。是一块满皮色块度硕大的和田玉子料精品。

南女孩大部分皮肤水灵，肤色较白，但也有毛孔粗糙、肤质差的，玉也如人一样，有好有坏，所以不能片面地一概而论，因为每块玉料都是单一的个体，要具体情况具体分析。目前，随着不断的开采资源殆尽，高品质的子料已经越来越少，而高昂的价格让人望而却步，市场中也因利益的驱使，充斥着大量的替代品。其实很多情况下，和田玉已不具备可供我们辨识子料的特征，这时我们就要通过颜色、净度、质地等多方面综合考量一块和田玉的品质和价值，而不是只以子料为上。

当下的和田玉市场，除了重形不重质之外，重皮色也成了流行病，爱皮重过赏玉，甚至一皮遮百丑。其实和田玉的皮色，大多出现在玉质相对粗糙、密度不大的位置，尤其是在有绺裂的地方，通过三价铁离子着色形成，真正的质地非常细腻的好玉是相对"吃"不进去色的，而只是浮于表面，薄薄淡淡的一层。由于很多藏友分辨不清各种玉料产地以及相应的品级，只好凭借皮色来鉴别是否为子料，最终陷入沉迷于皮色而忽视了玉料本身品质的收藏盲区。真正识玉懂玉的人，会把玉的皮色视为美人之衣、恋花之蝶，把和田玉的皮色褪去，内在才是真正的美玉。玉是体，皮是衣，先有体后有衣，皮是美化和田玉的装饰品，恰到好处的皮色处理能为美玉增光添彩，但切不可主谓颠倒、喧宾夺主，和田玉的美主要来自内在的"体"，并不全是外在的皮。

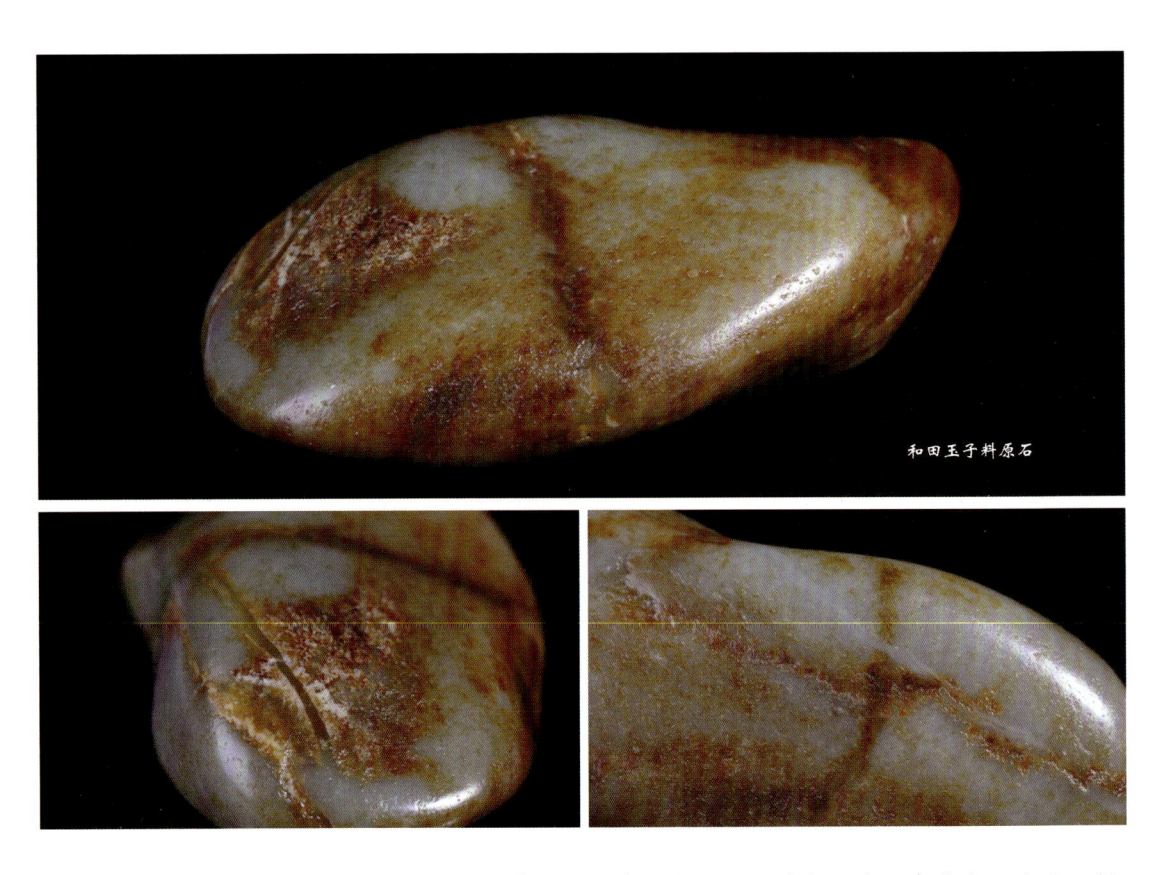

和田玉子料原石

和田玉子料原石，从图中可以看出，其品质较差，皮色很不均匀，表面有浆皮、水线，绺裂较多。

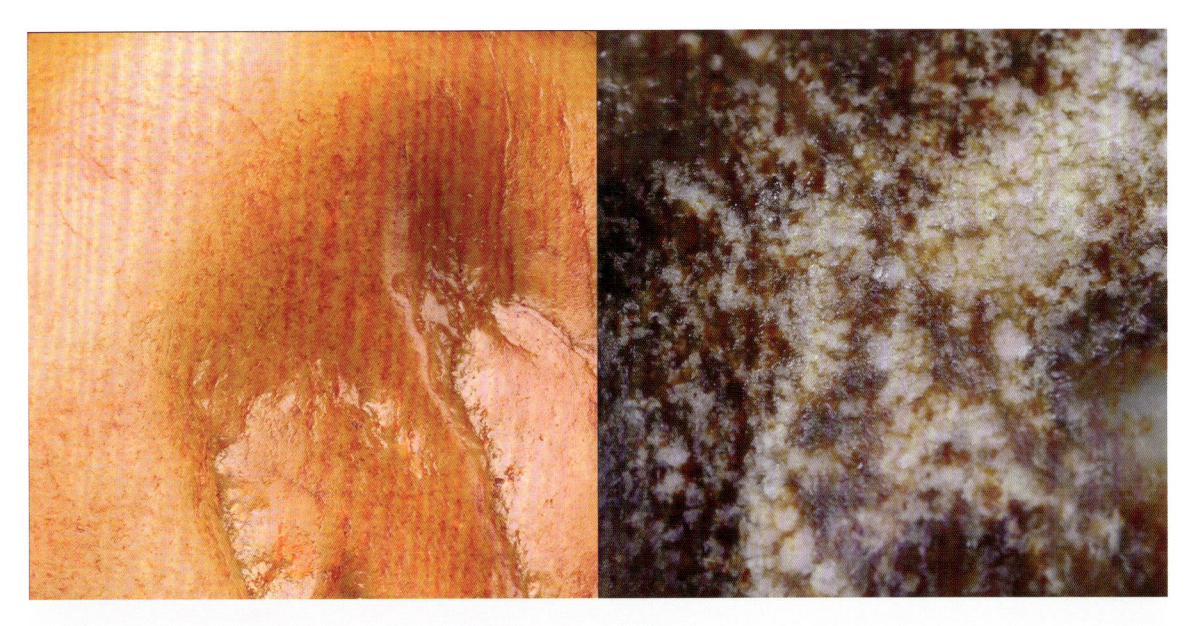

两块和田玉子料对比

这两块都是纯天然和田玉子料，品质差异非常大，说明唯子料论不可取。

在此，笔者要提出一个学说，这就是大陆漂移说。大陆漂移说认为，地球上所有大陆在中生代以前曾经是统一的巨大陆块，称之为泛大陆或联合古陆，中生代开始分裂并漂移，逐渐达到现在的位置。大陆漂移学被认为是与达尔文的生物进化论、爱因斯坦的相对论以及宇宙大爆炸理论和量子论并列的百年以来最伟大的科学进展之一。

和田玉形成于数亿年前，当时的大陆板块与现在迥然不同，是统一的整体，彼此相连，随着时间的推移，大陆分裂直至现在的位置。而在现代这一时间点，我们讨论的所谓和田玉的产地，是以国家、地区来进行的划分，但远在数亿年前，这些产地也许彼此相连，更可能本就是一块陆地，在大陆漂移的过程中，逐渐分崩离析，渐行渐远。因此才会出现不同产地的和田玉有着极其相似的特性和产状，因为它们本就是同源。基于以上的理论笔者认为探讨和田玉的产地其实是一个伪命题，并不具有实际的意义，只是一个导向性的指标，无论产地为何，是不是真正的和田玉，其品质究竟如何才更为重要。

对于绝大多数玉制品爱好者或收藏者来说，学会如何识别和田玉的真伪，如何评价这块玉的好与坏，掌握判断和田玉品质优劣的方法，才是最关键的。对于评价和田玉的品质，必须结合实物且综合考虑各方面因素，包括用途和个人的喜好等。而如果是玉器成品，则还要注重其工艺，所谓"七分看料三分看工"，雕工在很大程度上决定一件玉制品的价值。如以玉作为奇石，则还要考虑其纹饰、图案、形态、寓意等，而不拘泥于杂质和裂绺。下面就简单给大家说明和田玉品质评判的几个重要指标。

同为双色皮子料，和田子料（左）与俄罗斯子料（右）对比。双色皮的子料非常罕见，但新疆和俄罗斯都有这种料的出产，因为都有河流湖泊，形成条件和形成过程相似。依据皮色判断产地有非常大的误差。

1．颜色（色）

和田玉的颜色是分级的重要因素，在和田玉品质和价格判断中颜色起着重要的作用，颜色的考察上要侧重看：色相、色饱和度、明暗程度。色相指具体颜色的种类，不偏不倚，未伴有杂色为佳；色饱和度是指颜色的艳丽程度；明暗程度则为具体颜色是否明亮，过于明亮和过于暗淡都不好。其中，羊脂白玉要凝若羊脂，上品黄玉要黄如熟栗，好的碧玉要翠绿通透，极品的墨玉则要黑如纯漆。实际上，各种颜色的玉都有高品质者，正如古人说的，羊脂玉、甘黄玉为绝品，青玉、碧玉、墨玉者有上品。当然，颜色只是其中的一个方面，玉友们切不可只做"好色之徒"，忘记了首德次符的道理。

2. 净度（纯）

净度在和田玉中表现为瑕疵的多少，具体指棉浆、水线、绺裂、杂质、包裹体等，它是玉石缺陷的表现，在加工的过程中会尽量去掉或用工艺避掉。和田玉中的点状物大部分是各类矿物杂质，不同的包裹体其颜色也有所差异，在玉石上就会体现为各色的斑点，如黑色、黄色等。虽然和田玉以韧性著称，但内部结构中也会存在瑕疵，多呈现为水线、棉、浆（礓）等。由于受地质作用影响，玉石中常可见裂纹，也叫绺裂，绺是指玉石受到外力作用或在成矿过程中形成的少量呈定向分布或交错的劈理、裂理等，尚没有裂开；而裂是指玉石受到外力作用形成的劈理、裂理等，已有明显裂开趋势。市场中有用石蜡浸润在玉制品的表面来掩盖其绺裂，广大的藏友们在选购时一定要格外谨慎。

3. 质地（细）

质地是和田玉所表现出来的性质，多指玉石的细腻、莹润程度等。高品质和田玉是极细的纤维状透闪石单晶交织，呈毛毡状，正是由于这种结构，其质地才能致密、细润，油脂感强。如结构为变斑晶结构或者透闪石单晶过大，反映在和田玉质地上则为白色的团块、斑点等，称为棉。相比净度而言，现在人们更加看重的是质地的"油润"和"细腻"。

和田玉并非纯净无瑕就一定是极品，所以对于和田玉来说，质地对价值的影响同样重要。内部纯净通透，结构不可见的和田玉未必品质上乘，典型的代表就是青海所产的和田玉。其很多原料看似有着高净度，但是质地过于水润通透，略显轻浮，与新疆料对比缺乏脂润、沉稳的质感。

通过以上三点，相信大家可以对和田玉的品质有一个初步判断。实际上，不论任何产地，何种颜色的和田玉，都有品质上乘的玉料。玉质细腻，精光内含，有着一种含蓄凝重的美，给人以超脱凡尘之意蕴。其他玉种重外在美的观赏，而和田玉更重内在美的品味。当你用心去"品味"时，玉已不再是一块石头，而给人以富有生命、灵性之感。和田玉在突出其玉质美、内在美的前提下，以雕琢工艺相辅相成、交相辉映，更能最大限度地体现出美玉的价值。

这本书集和田玉的知识性与普及性于一身，言辞犀利，科学又有真凭实据，从多方面、多角度让大家了解什么是真玉，什么是好玉。我相信读者通过这本书，不仅能掌握和田玉鉴赏的基本技巧，更能对和田玉有深入的了解。

一 和田玉子料大象手把件

规格：180mm×130mm×50mm
重量：478g

在我国，自古以来就有以雕刻或者摆放祥瑞之兽的方式，用以逢凶化吉的传统，常见的题材有麒麟、狮子、龙、象等。而在众多的传统题材中，大象在各个时期都是广受欢迎的题材，由于"象"与"祥"字谐音，同时大象给人以憨厚、淳朴的印象，因此其被赋予了很多吉祥寓意，根据寓意的不同大象的造型也多有变化，诸如吉祥如意、太平有象等。

大象自古以来就同人们的生活和文化结下了不解之缘。其有着庞大的身躯，给人以力量感十足的印象，但其实大象有着性格温顺、憨态可掬、诚实忠厚的一面。几千年来大象都被视为憨厚、吉祥的象征，被人们所尊崇称其为兽中之德者。大象也是普贤菩萨的坐骑，相传有着预兆祥瑞的灵性。在五行之中，大象属金为神兽之一，由于其有着善吸水，以水为财的特点，多用其雕件摆放于居室之内，有纳进大财小财之意，更能为屋宅增添祥瑞之气。同时由于大象的体态敦实、硕大，放置在家中或办公之所，有着吸旺气、助事业的寓意，也可理解为"前方有照，后方有靠"之意。

此作品由和田子料圆雕而成，玉质细润。一象俯卧于地，仰首回望，面部表情和善温顺，给人以安定沉稳之感。象鼻侧摆于身上，自然弯曲，尽显泰然自若。象身则以一弧面来表现脊骨，从后面望去，脊椎尽显流光线条，两侧的肌肉线条也随之变化，传神达意。此象造型丰满，线条流畅，置于文房案头，为一小景，亦可把玩于手，取悦于心，陶冶情操。

藏品细部

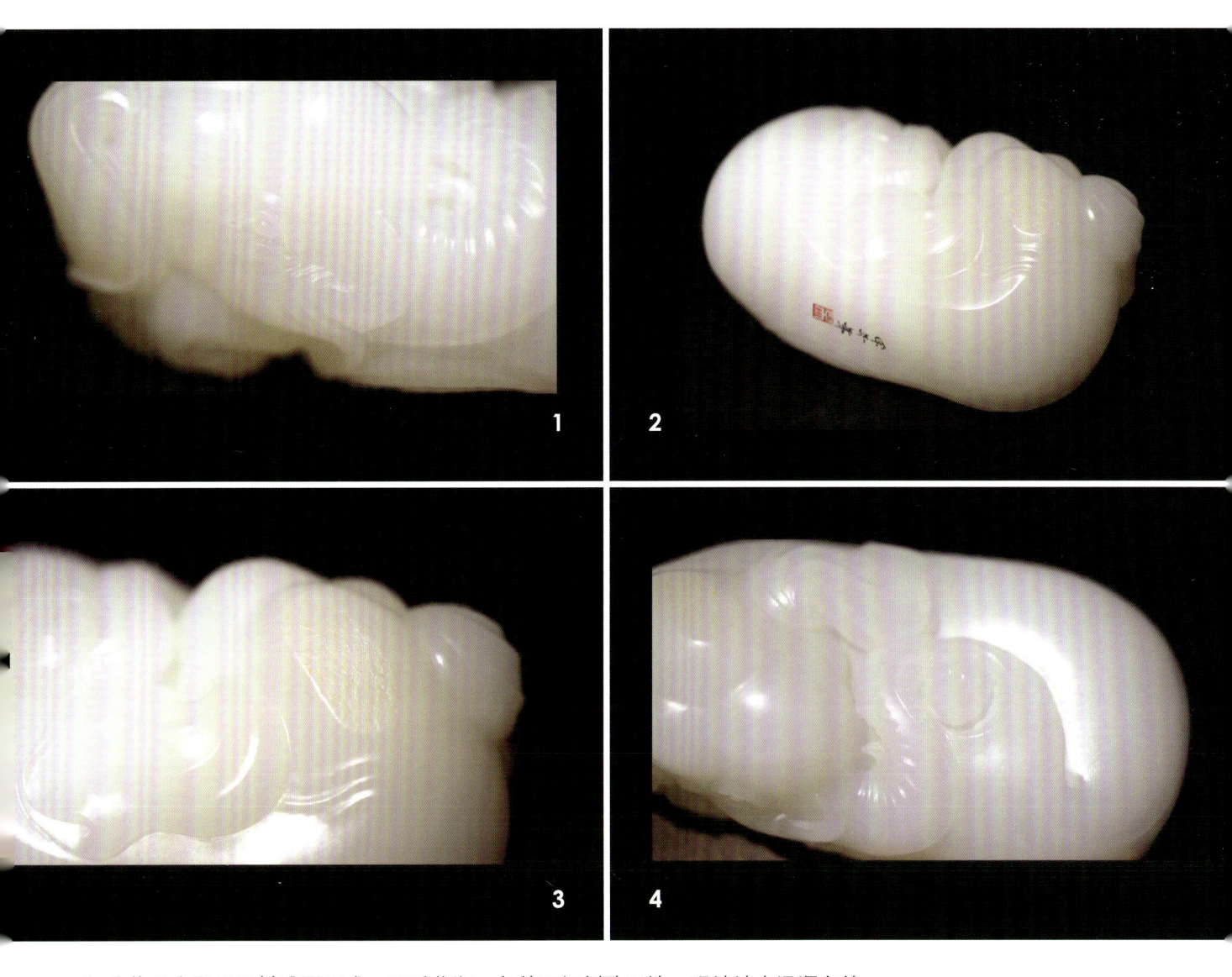

1. 此作品由和田子料雕琢而成，玉质莹润。象首回望侧卧于地，眼神神态温顺自然。

2. 象身则以一弧面来表现脊背，线条流畅利落，尽显肌肉线条的同时，通过大量的留白展现玉质的高品质。

3. 大象头顶留有原皮，淡淡的洒金皮浮于表面，更凸显出玉质的细腻、致密，尽显和田玉子料本色，料质、工艺、意境俱佳。

4. 象鼻自然弯曲，放于身侧，雕刻拿捏到位，形神兼备，表现出大象性情温和、憨态可掬的一面。

知识点解析

和田玉的概述

和田玉在世界范围内享有盛名,其具有与众不同的油脂光泽,它以细腻温润的质感,精光内敛的色泽,醇厚含蓄的气质,在传统玉石中占据着首屈一指的地位。在近万年的历史长河中,在众多的玉石品种中,和田玉始终是最璀璨的那颗明珠。据资料显示,我国发现最早的8200年前的内蒙古赤峰地区的兴隆洼文化玉器和6000年前的红山文化即是用岫岩和田玉(当地称老玉、河磨玉)所制作的,开创了中华玉文化历史的先河。后来其他各地的和田玉陆续得以发展,如良渚文化玉器用的江苏小梅岭和田玉,齐家文化玉器用的甘肃临洮马衔山和田玉,三星堆文化玉器用的四川汶山龙溪和田玉和台湾省卑南文化玉器用的花莲和田玉等。大约在商代,遥远的新疆和田所产的和田玉进到中原,由于其质量优异,艳压群芳,成为玉中精英,受到人们格外的重视和喜爱,更得到了广泛的应用,开创了中国玉文化的新纪元。

和田玉有着丰富的颜色范围,从白色到黑色应有尽有。

和田玉的基本性质

1．和田玉的色彩丰富，有白、青、黄、绿、黑等基础色调，同时每种色调又有多重变化。

2．Fe^{2+}和Fe^{3+}是和田玉的主要致色元素之一，二价铁呈现绿色调，代表为青玉、碧玉等；三价铁呈现黄色调，在其作用下和田玉颜色会趋于铁锈色，代表为糖玉。除此之外，和田玉中的其他致色离子、带色矿物也会对其颜色起到一定的作用，如Cr^{3+}、微晶石墨等。

3．高品质的和田玉应具有油脂般的光泽，质地越好油脂感也越强，整体细腻、温润，呈现半透明至微透明的质感。

4．和田玉的摩氏硬度为6.0～6.5，硬度与翡翠相比略低，故翡翠有硬玉之称，而和田玉被称为软玉。虽然和田玉名为软玉，只是相对翡翠而言，实则质地坚硬、韧性强。

5．和田玉的密度为2.95（+0.15，−0.05）g/cm^3。因为本身为矿物集合体，所以密度不是一个固定的数值，我实测过上百块和田玉标本，密度最低的是一条青海料的念珠，为$2.88g/cm^3$，最高的是一块墨玉的弥勒圆珠，为$3.10g/cm^3$。

6．和田玉的折射率为1.61～1.63，其在长短波紫外光下皆为荧光惰性。和田玉在紫光灯下通常没有荧光反应，但有一个例外，就是青海料的一种藕粉色的和田玉，有极其微弱的荧光，呈现淡粉色。这应该和玉中所含有的某种矿物有关系，目前没有准确的矿物判断，有待后续研究，我判断有可能是蔷薇辉石的微晶颗粒很均匀地分布在和田玉中，属于共生关系。

曹获明新疆考察

答疑解惑

"和田玉"有几个小名儿？

"和田玉""软玉""透闪石玉""闪石玉"，这几种名称一直以来含糊不清。让我们来研究一下每一种名字的讲究和说法。在学术领域中，"软玉"一词一直作为和田玉的名称来使用，已经成为一种常态。但在改革开放后，形成了广阔的珠宝玉石首饰市场以后，此名称在营销过程和百姓购买活动当中引起了很大的误解。就字面意思来讲，一般认为"软玉"一词给人的第一感觉就是质地较为柔软的玉石，会让不了解的人错误地认为和田玉是一种材质很差的玉石，廉价感倍增。这不仅造成了很多人的不理解不明白，甚至严重影响了和田玉的推广。所以"软玉"是非常不恰当的也容易引起误解的一个名称。和田玉的摩氏硬度为6.0～6.5，硬度与翡翠比较只是稍低，翡翠人们习惯称为硬玉，自然而然就把和田玉称为软玉了。

怎么解决这个问题？学术界有各种不同意见，香港叫"透闪石玉"，台湾省叫"闪玉"，有人提出叫"闪石玉"，有人提出叫"和田玉"，没有一个大家都认可的合适名称。其中研究机构比较倾向用"透闪石玉"，比较符合客观情况，因为所有产地和质量的和田玉主要成分都是透闪石。

而商家比较倾向用"和田玉"，因为和田玉知名度最高，最利于销售和传播。国家标准最后确定的是"和田玉"，也是沿袭以前的习惯称谓，所以其他不是新疆和田产的玉，自然就成了"泛和田玉"。举个例子，钻石也是商业名称或俗称，它的学名叫金刚石，和田玉也是商业名称或者俗称，学名叫透闪石玉，为什么要加"玉"就因为玉是多晶集合体，也就是聚晶，而金刚石是晶体。但是钻石的标准里面4C标准，包括颜色、净度、重量、切工，并不包含产地，这是非常重要的。而和田玉不一样，虽然木质（质地）是一样的，但是偏偏俗称里加入了产地因素，这就从根本上让人们对产地格外敏感，认为别的地方的就不正宗，青海昆仑玉的重要产地格尔木的很多同行就对此事有强烈看法，他们把自己的青海料都叫作昆仑玉，暗指产自昆仑山脉。但其实新疆和田也是在昆仑山脉脚下的一片绿洲，新疆、青海都被昆仑山脉所贯通，乃是一脉相承。

所以，我的观点是命名尽量不要带入产地因素，叫透闪石玉最为恰当。类似的情况还出现在国标的"红木"标准命名上，"红木"二字其实很不恰当，如修订为"中国名

和田玉雕龙手把件

贵木材"标准是否更为准确。国标中红木分为5属8类33种木材，其实只有几个品种是红色调，目前的命名并不能很好的概括所有品类，没有把皇家贡木金丝楠录入其中更是一大遗憾，和田玉的命名亦是同样的道理。目前的和田玉市场中，高品质者便产自和田，低品质者则为青海、俄罗斯甚至韩国产出，给人以产地即代表了品质的错误观念，对于泛和田产区来说既不公平，也不客观。无论哪个和田玉产区，都有高品质的原料，一味地倾向性宣传，会严重影响中国玉文化的发展和传播，而且商家之间的相互诋毁，更让信誉毁于产地二字，到最后只会变成玉质如何无人问津，只关心产地的结局。其实成品的和田玉究竟产自何处，又有谁能说得清呢？目前连国家标准中也没有规定如何量化区分产地，因为很多数据完全套叠，同时缺乏诊断性的特征，根本无法区分。既然如此，为何在定义之初要在名称上加入产地信息？这样的和田玉市场如何持续发展？玉文化如何得以传承延续？我相信，这个问题总有一天会被人们所正视，但现在木已成舟，习惯的称谓已然形成，想把"和田玉"扶正为"透闪石玉"需要时间，但我坚信，这是大势所趋，早晚必行。

但是对于广大消费者来说，顾名思义，和田玉就应是新疆和田地区产的玉，是一个标志，不仅仅有悠久的历史，更是品质的保证。一旦消费者了解到证书上写的和田玉并非新疆产的和田玉，而是青海玉、俄罗斯玉或者韩国玉等，自然会有"恍然大悟"的感觉。对于收藏来讲，问题就更大更尖锐，收藏者对玉石有着更强的趋向性和针对性，是什么地方产的玉石需要准确把握，明明是青海玉、俄罗斯玉或者韩国玉，而证书上却都是和田玉，则认为商家有意为之，更让鉴定机构的权威性受到质疑。玉雕界、考古界、文博界等则更是对此状况有所不满。总之，作为一个历史遗留问题还有很多的工作要做，需要更加深入地探讨和研究。我想时间能证明一切，在现阶段，鉴定机构只能按照国家标准写"和田玉"，但同样再过些年，我相信大家一定会明白质地比产地更重要的道理。

天然玉石基本名称	英文名称	主要组成矿物
翡翠（硬玉）	Jadeite, Feicui	硬玉、绿辉石、钠铬辉石
和田玉（软玉）	Hetian Nephrite	透闪石、阳起石
白玉	White Nephrite	透闪石、阳起石
青白玉	Light Green Nephrite	透闪石、阳起石
青玉	Dark Green Nephrite	透闪石、阳起石
碧玉	Green Nephrite	透闪石、阳起石
墨玉	Black Nephrite	透闪石、阳起石
糖玉	Brown Nephrite	透闪石、阳起石
黄玉	Yellow Nephrite	透闪石、阳起石

知识点拓展

白玉河——玉龙喀什河

2017年9月我在新疆做实地考察，一路上我穿过沙漠来到了玉龙喀什河。玉龙喀什河源于莽莽昆仑山北坡冰川，流入塔里木盆地后与喀拉喀什河汇成和田河，其河流长度、流域面积更是宽广，更有不少的支流，水势湍急，凶险万分。这里盛产白玉、青玉和墨玉，但最为著名的应该是白玉，因出产和田玉白玉，古人便起名为"白玉河"。

河流俯瞰图

玉龙河是内陆河，是山顶雪水在太阳的照射下融化汇集而成的河流。每年的1～4月初河流进入枯水期（春季农业灌溉的需求和冬季气温寒冷日照不足造成雪的融化较少），河床裸露，河水几乎断流，此时正是采石人最活跃并大显身手的季节。每年6月至8月随着汛期的来临，在强日照下，昆仑山脉的冰雪迅速消融，雪水被大量冲刷而下，将上游的和田玉原生玉料冲刷带入玉龙喀什河中。在这一时期，和田玉的开采由于条件的限制而无法顺利进行，需耐心的等待，直到冬季枯水期的来临，河床再次显现时方可采挖。和田玉的原生料自上游到下游的过程中，历经不断地碰撞、磨圆，逐渐退去棱角，如此反复其块度逐渐变小，到中下游时便形成了卵石的形状。我来到玉龙河岸边，驻足观望，河道非常宽广，周围遍布鹅卵石，在每年的汛期，河水水位升高，十分壮观。

2017年9月我在玉龙喀什河考察时的情景，此时汛期已过，图为露出河床的沙层和鹅卵石的沉积层。

在2018年3月我再次造访玉龙喀什河，这时的玉龙喀什河正处于枯水期，水都干涸了，河床完全暴露，放眼望去，全是鹅卵石。很多当地的采玉人都在徒手挖玉，有时候一天能有点收获，有时候则颗粒无收。

二 和田玉义薄云天挂牌

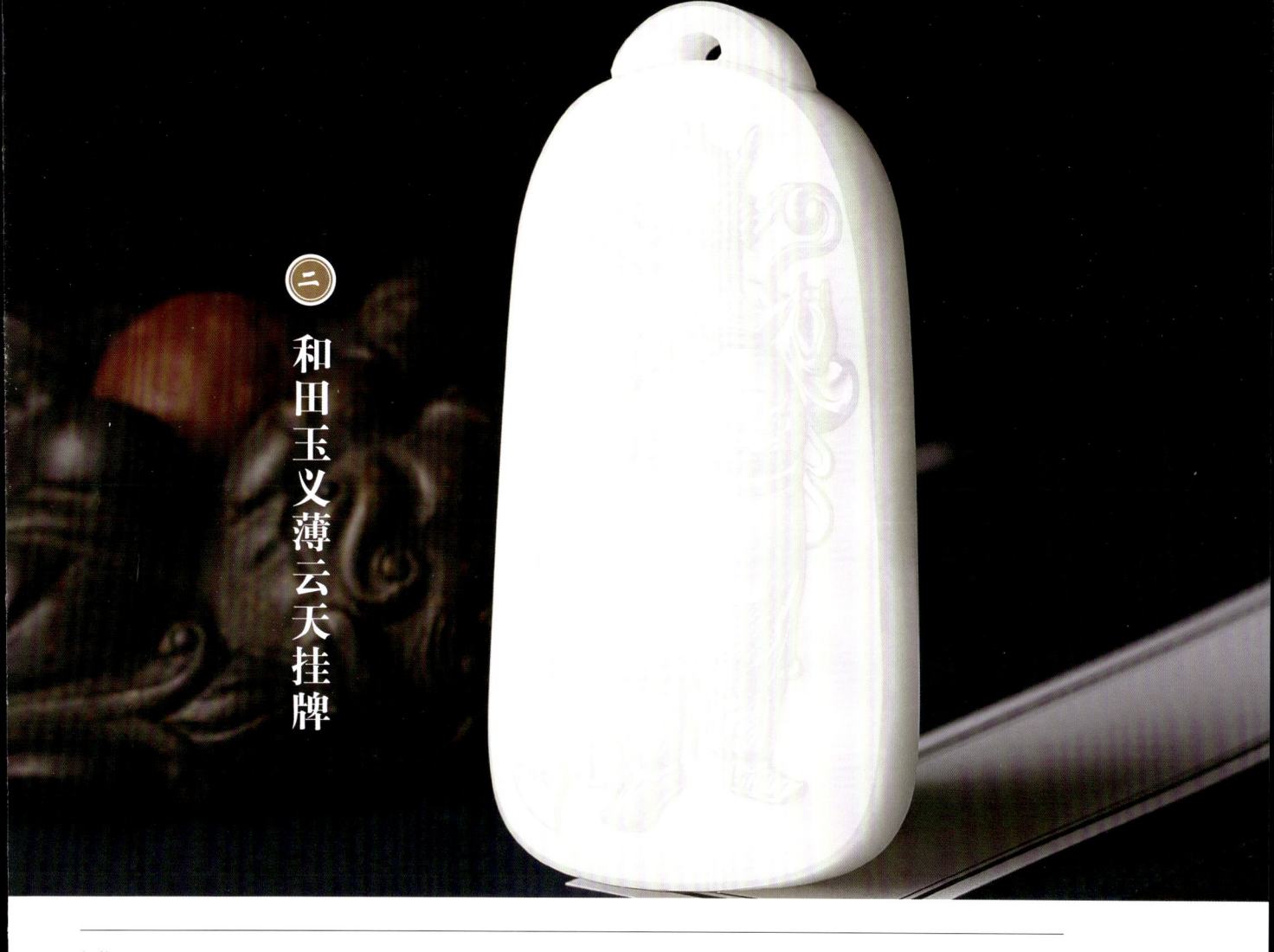

规格：82mm×40mm×13mm
重量：97.6g

关公称"武圣"，三国时期的蜀国大将，以勇猛和武艺高强称著，其仁义品质和有勇有谋的才华为后人所称颂和赞扬，因此将其尊称为"关公"。佛教将关公列为珈蓝神之一，道教将其尊为"关帝圣君"，可见人们对他的崇拜。此牌是小中见大的典型，方寸之间的寥寥数刀，就将关公威严的神情，英雄之气概，生动逼真的表现了出来。美髯公左手持乌美髯，双眼下视，似睁似闭，神态生动逼真，豪气尽昂其中，完美的表现了儒雅的英武之气。

此料玉质非常细腻，熟度高，白度佳，凝润的质感仿佛充满了历史的沧桑，透过这份气息，或许可以唤醒那些沉睡在脑海里的记忆。而精湛的苏工更是细腻异常，勾勒出关公形象的同时，也加入了传统纹饰，让此挂牌更显古朴之气。此题材寓意招财进宝，更有除厄去煞、如意吉祥之含义。关圣帝君被奉为镇宅驱魔、保佑平安的护法，又是助财旺运的武财神，被各行各业奉为祖师，以寄托人们美好的愿望和祈盼。

藏品细部

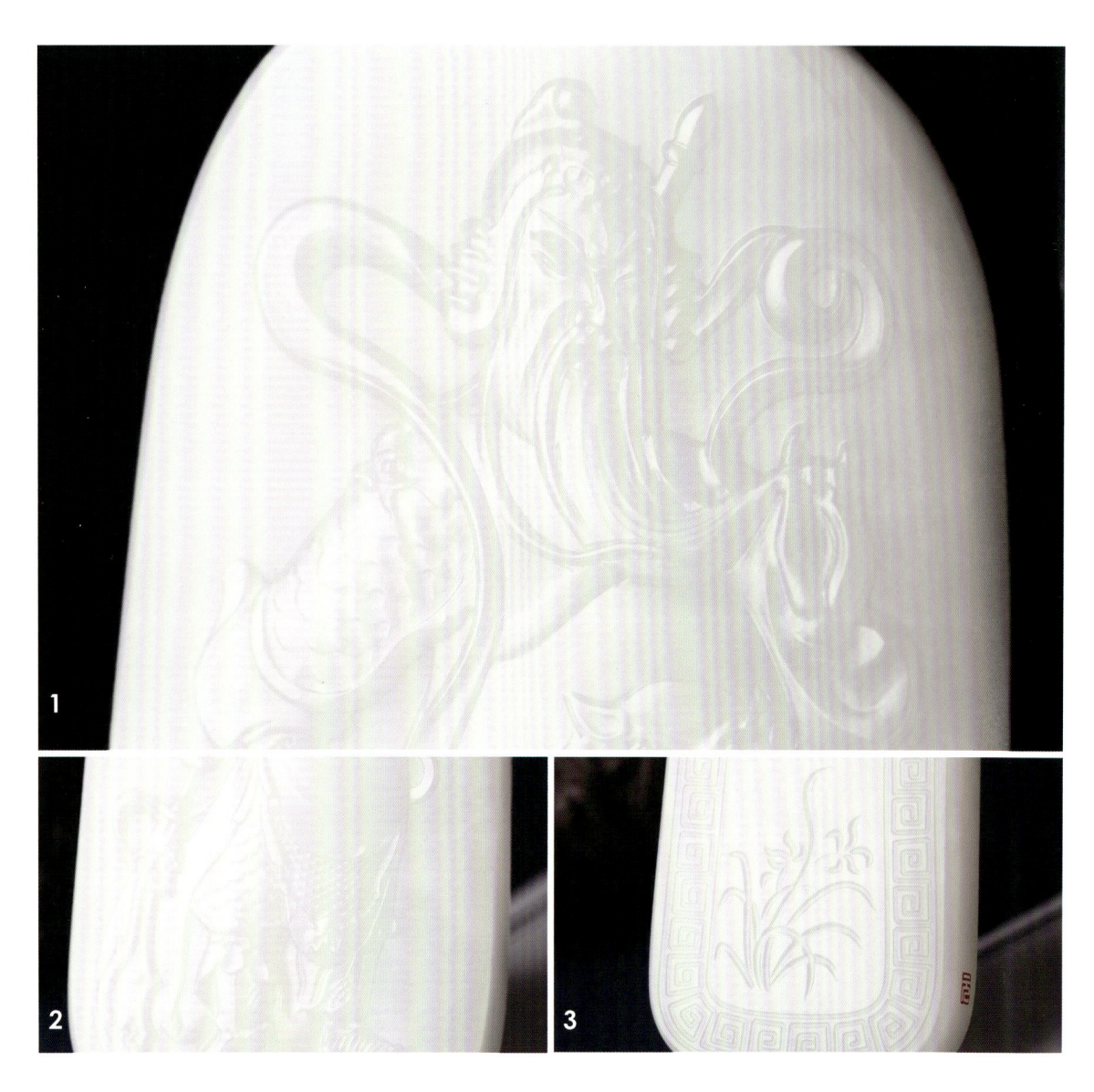

1. 物之于精，在于神，关公神态的把握恰到好处，微闭的目光好像在冥想着什么，真实而自然，雕刻细致入微，心下凛然。

2. 此挂牌的精湛工艺与和田玉材质相得益彰，流畅的线条和丰富的细节使得人物整体威武挺拔，充满韵味。

3. 玉牌背面刻有兰花，是君子高洁、有德泽的象征。周围辅以回纹纹饰，让此挂牌更显古意盎然。

知识点解析

和田玉矿物组成和晶体构造

和田玉是由微晶集合体所构成的单矿物质岩，摩氏硬度在6.0～6.5，其主要组分是由角闪石族中透闪石、阳起石类质同象系列的矿物，化学通式为：$Ca_2(Mg, Fe)_5(Si_4O_{11})_2(OH)_2$，其中完全类质同象代替作用于Fe、Mg之间。所含有的透闪石和阳起石的比例，由于成因和种类的不同会有较大的差异。根据国际矿物协会新矿物及矿物命名委员会审核、批准的角闪石族分会推荐的《角闪石族命名方案》，根据单位分子中二价铁和镁的占位比例不同，对透闪石与阳起石的划分定义为：

$Mg/(Mg+Fe^{2+})=0.90～1.00$ 透闪石

$Mg/(Mg+Fe^{2+})=0.50～0.90$ 阳起石

$Mg/(Mg+Fe^{2+})=0.00～0.50$ 铁阳起石

能称为透闪石需要镁占铁镁比例的90%以上，和田玉中的白玉、青白玉和青玉都属于这一范畴；阳起石的镁占铁镁比例为50%～90%，主要为碧玉、青玉。而镁占铁镁比例在50%以下，则被称为铁阳起石。在大部分的情况下，上述两种组分的类质同象系列的中间产物就是我们所说的和田玉。而和田玉中的次要矿物种类众多，有透辉石、蛇纹石、绿泥石、磁铁矿、黄铁矿、尖晶石、石墨、绿帘石、

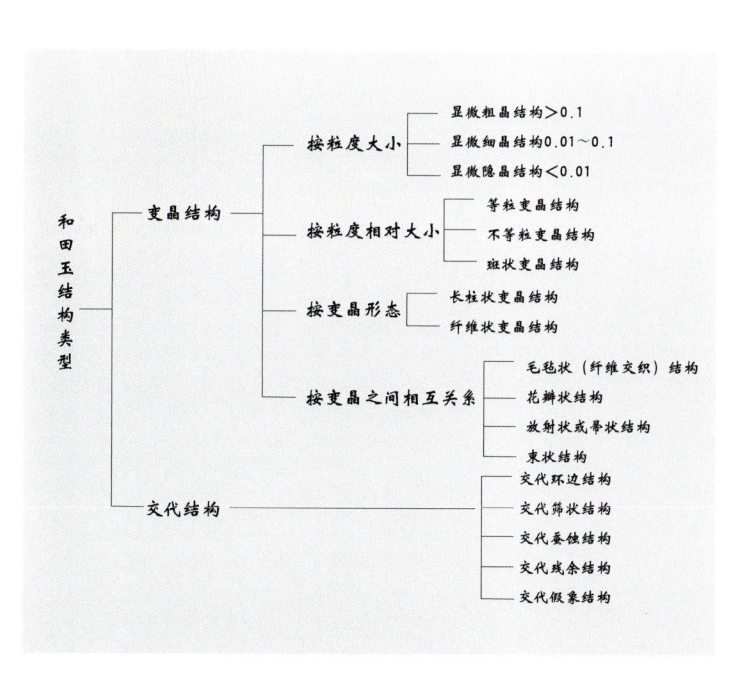

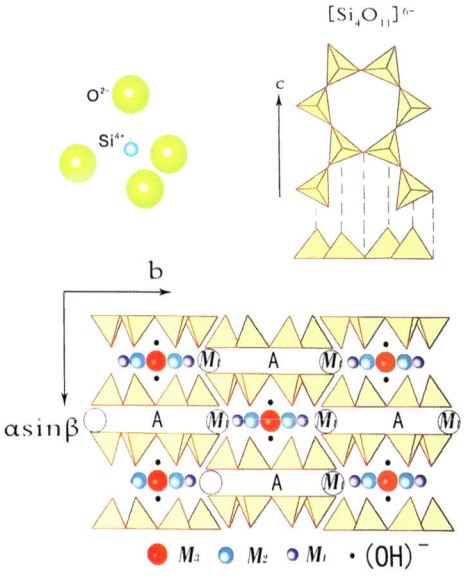

黝帘石、橄榄石、白云石、方解石、钙铝榴石、钙铬榴石、针镍矿、铬尖晶石、铬绿泥石、磷灰石、粒硅镁石等。

在单斜晶系中，主要以透闪石和阳起石这两种纤维状矿物所组成的集合体就是和田玉，这两种矿物的常见晶形是纤维状和长柱状。通常我们比较熟悉的说法是纤维交织结构（毛毡状结构），是在和田玉中最为常见的结构，和田玉的结构分为"交代结构"和"变晶结构"两大类。通过正交偏光显微镜的观察，集合体玉石的各种内部小晶体都可以一览无余，其各种形态，晶轴方向和正交偏光方向一旦不一致，就会产生色散，显微镜下就会出现五颜六色令人炫目的图案，这在任何其他的显微镜下都无法观察，十分的有趣。

纤维交织结构是一种和田玉的典型结构，这种结构内部致密，不仅质地坚实且有很强的韧性，究其原因是由于细小的纤维状矿物晶体互相交织、错落在一起，颗粒与颗粒之间形成了很强的结合能力，从而产生了极强的韧性且不易碎裂，特别是原生玉料在经过自然的搬运、风化等作用后形成的子料，这种特性会更加凸显。和田玉由于硬度较高，韧度也很高，质地细腻，这种质地非常适合细腻、繁复的雕刻，这是和田玉不同于除优质翡翠外的其他玉石的一大特点。

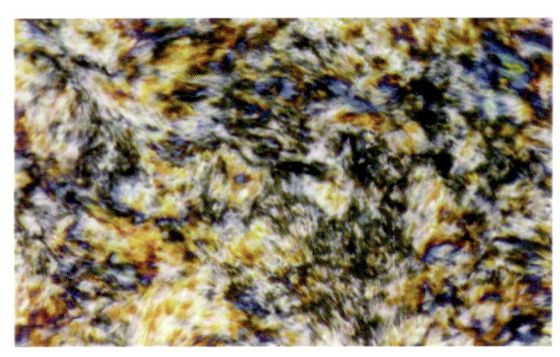

闪石玉的毛毡状纤维交织结构（正交偏光）

闪石玉的放射状结构（正交偏光）

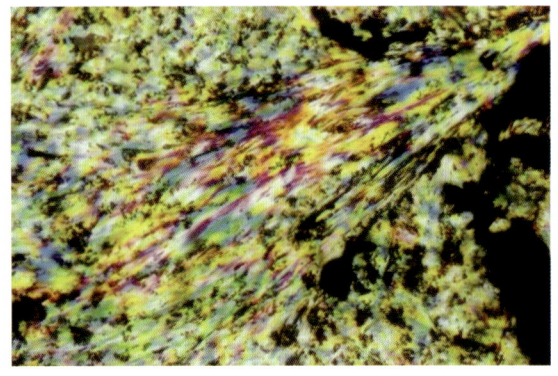

闪石玉的帚状结构（正交偏光）

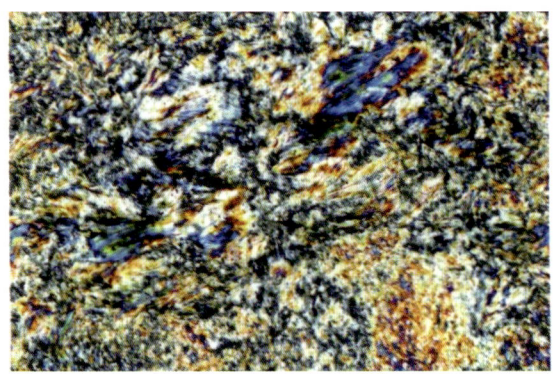

闪石玉的不等粒状变晶结构（正交偏光）

答疑解惑

古代的玉专指和田玉吗?

通常我们是根据历史文献和考古发掘的实物进行参考和分析，来定义古代玉的概念，由于各个时代不同，对玉本身的理解和定义也各有差异，在中国的历史长河中玉并不都是特指和田玉的，中国地大物博，盛产各种玉石，和田玉只是其中一种。现代学者对古文献的理解和解读不同，因此对于古代玉的定义也会存在不同的意见和见解。但总结起来可以大体上归纳为两种。

1. 广义的概念

玉为石之大美者，一切细腻温润、色泽柔美，让人一见倾心的美石都可称为玉。在这种定义下，玉石的涵盖面广泛，如和田玉、岫岩玉、青田石、独山玉、蓝田玉、绿松石、水晶、玛瑙、琥珀、蜜

青玉衔灵芝卧鹿

规格：高8.8cm、长13.7cm
明代（1368-1644）
现故宫馆藏藏品，鹿四肢曲卧，口衔缠枝灵芝，瑞鹿与灵芝寓意福寿。

蜡、石榴石、孔雀石、天河石、萤石等。在广义的中国古代玉的概念之中，实际上将现代定义中的宝石、玉石等众多品类全部包含其中。

2．狭义的概念

在狭义概念之下，玉专指和田玉这一单一品类，以新疆和田玉为代表。追溯历史，在玉德时代，古人对玉的认识有限，但也发展出了"十一德说""九德说""七德说""六德说"和"五德说"等概念。而最具代表性的当属东汉许慎的五德说，在其著作《说文解字》中称玉为"玉，石之美者，有五德"。具体的五德为仁、义、智、勇、洁。

① 润泽以温，仁之方也。（光泽滋润而柔和）

② 鳃理自外，可以知中，义之方也。（表里一致，从外可知内部）

③ 其声舒扬，傅以远闻，智之方也。（声音舒畅而清扬，距离很远的地方也可以听到）

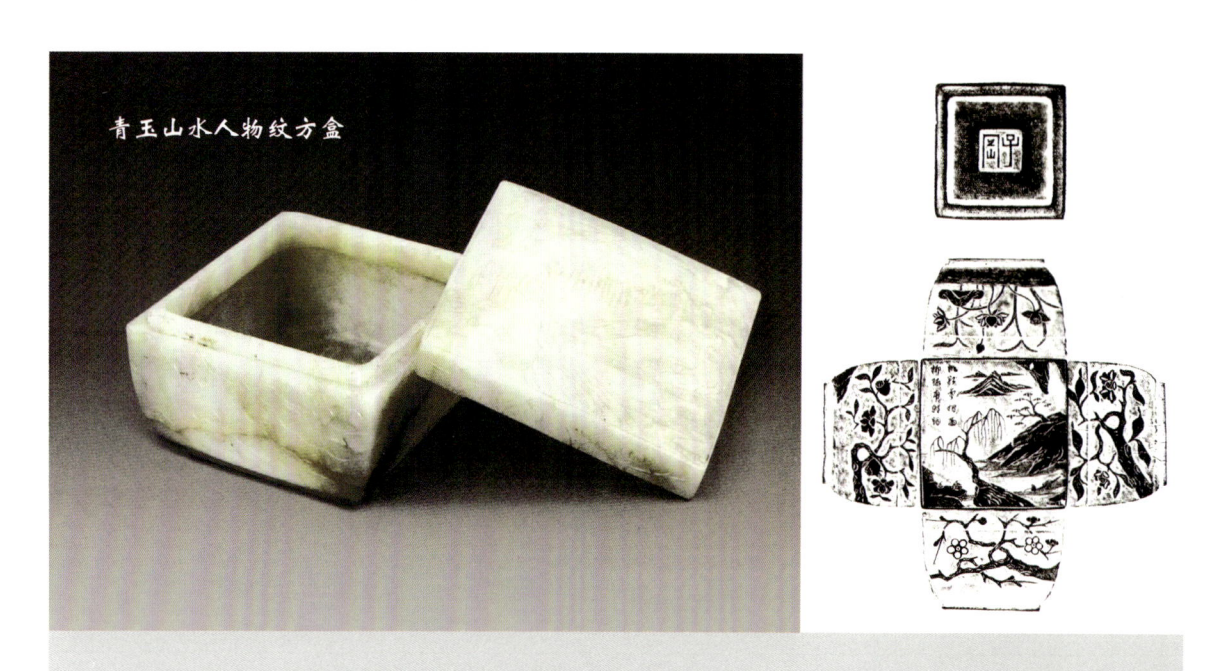

青玉山水人物纹方盒

青玉山水人物纹方盒，盒身四面浅浮雕桃花、荷花、石榴、山茶。盒底镌刻篆书"子冈"阳文方印。盒盖表面浅浮雕山水、垂柳、房舍，左下角二人相顾，右下角一人坐于船头垂钓。盖面左上方镌刻草书"桃红含宿雨，柳绿带朝烟"。明代玉器大致可分两类。一类器形硕大、碾琢粗率，有"粗大明"之称，代表了北方的玉雕特色。另一类精巧雅致、细润可爱，为江南的玉雕风格。本品即属于后者。清宫旧藏。

④ 不挠而折，勇之方也。（质地坚硬，不能弯曲，只能折断）

⑤ 锐廉而不忮，洁之方也。（断口有棱角，但不很锋利）

以上五条归纳显然是古人对和田玉特点的精辟总结。而其他各个品类，许慎称为"石之次玉"和"石之似玉"等。

和田玉双螭抵尾镂空白玉佩

规格：54mm×52mm×8mm

重量：29.5g

螭龙是神话传说中龙的一种，它寓意吉祥美好，同时也象征男女的真挚爱情。关于螭龙的由来有两种主流的说法：传说螭龙是中国古代神话中龙的来源之一，其为一种海兽，也称螭尾，有防火之能，所以多将其置于屋顶之上，以求消灾避火；另一种说法是螭龙在龙的九子中排行第二，古书中记载"其二曰螭吻，性好望，今屋上兽头是也"。根据这两种说法，螭龙的原型很大程度上应该是源自人们的日常生活中。其在中国古建筑或器物上多作为装饰之用，好水克火，肚大能容，是祥瑞之兽。

此和田玉玉佩为清朝传世遗存，玉面微麻，质感沧桑，分外朴拙古雅，醇厚高逸。通观此器，做工概略精当，造型舒展，比例协调，镂空规整充分，浮雕纹饰自然，布局合理紧凑，圆厚稳实，不失风雅。其精工妙做，穆然和静。

三 和田玉子料金翅貔貅把件

规格：74mm×56mm×37mm

重量：185.5g

貔貅乃自古以来就广为人知的瑞兽之一，传说是龙的第九子，有独角、双角两种不同的外形，独角者被称为天鹿，双角者被称为辟邪，辟邪便是指貔貅了。貔貅作为祥瑞之兽有纳财进宝之能，传说其以金银财宝为食，并且只进不出。其流传的形象有短翼、鬃须、卷尾的特点，从古至今都被人们视作吉祥之物。此雕刻貔貅神态炯炯有神，金翅线条流畅细腻，色彩艳丽，体态端庄，不论是观其形，还是赏其意，都给人以一种凛然于心的感觉。

此摆件为天然原矿子料，皮色金黄，新疆和田产，顶级成色，料质细腻，温润油亮，体量硕大，绝非普通料质可比。雕刻出此把件，不仅需要高超的技艺，更需要准确掌握和田玉的特点，通过工艺充分地将玉质展现出来。此玉造型为貔貅，圆雕俏色，金皮化翅，题材祥瑞。从古至今，上至帝王将相，下至普通百姓都对貔貅寄予了美好的期望，相传收藏和佩戴貔貅除了可以开运招财、逢凶辟邪之外，还有着镇宅守业、保佑平安、促进姻缘等作用，所以人们都视貔貅为好运和吉祥的象征。在民间更有"一摸貔貅运程旺盛，再摸貔貅财运滚滚，三摸貔貅平步青云"的美好祈愿。

藏品细部

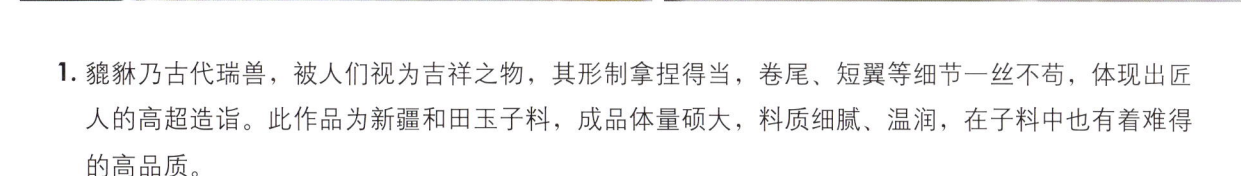

1. 貔貅乃古代瑞兽,被人们视为吉祥之物,其形制拿捏得当,卷尾、短翼等细节一丝不苟,体现出匠人的高超造诣。此作品为新疆和田玉子料,成品体量硕大,料质细腻、温润,在子料中也有着难得的高品质。

2. 天然原矿子料,金黄色的皮色,皮色天然纯正,局部呈现点点黑色。貔貅昂头挺胸,炯炯有神,体态饱满、庄严,给人以一种威武雄壮之感。

3. 此款把件的经典所在,金皮化翅,俏色巧雕,足见玉雕匠人的深厚功力,不仅雕刻技艺超群,更能准确把握玉石的特点,因材施教,将玉石的天然之美与人工雕琢完美地结合到一起。

知识点解析

中国和田玉矿的分布和特点

和田玉是中国四大名玉之一，在我国玉石界有着举足轻重的地位。从我国地质学的角度来说，和田玉有着十分清楚和明确的科学定义。和田玉是指广泛分布于中国昆仑山脉，由中酸性岩浆与镁质大理岩接触交代而形成的一种变质岩，通过颜色进行分类，品种有白玉、青玉、黄玉、碧玉、墨玉等。和田玉是一种由微晶体集合体构成的单矿物岩，其结构紧致、质地坚韧、杂质少以及具有典型的成矿地质条件，都具有世界性意义。

白玉夔凤纹合符

两片合符表面一浅浮雕夔凤、夔龙，中心圆形开光内镌刻阳文篆书"同心"二字。另一表面中心圆形开光内亦镌刻相同的文字，四周等距装饰浅浮雕变形拐子龙纹，间饰阳文篆书"如""月""之""恒"四字。合符内里一等距浅浮雕四兽首，左右对称间饰阳文篆书"含""和"二字，上下为圆、方凸榫各一。圆榫表面镌刻阳文"☰"（乾）及围绕的双龙，方榫表面镌刻阳文篆体"隆"字。另一内里圆形开光左右浅浮雕相向夔凤二，上下为圆、方凹槽，与凸榫正好相对。两片对合，了无缝隙，工艺之高超，由此可见一斑。清宫旧藏。

中国自兴隆洼文化发展以来距今已8000多年，历朝历代虽饱经起伏、若干盛衰，但一直经久不衰，形成了以和田玉为主的独具一格的玉文化，其历史之久、延续时间之长、分布之广、做工之精、器形之多样、影响之深，任何国家和地区都难以企及。

在中国古代文献中，尚无一本书籍是专门针对和田玉的产地做详细、系统的记载，而是零星地分散在各类文献中，如《山海经》《尚书·禹贡》《尔雅》《吕氏春秋》《韩非子》《太平御览》《史记》《汉书》等。这些记述既不详细也不确切，随着时代的更迭很多地点都已无从考证，其中许多产地更是神话传说，而非真实地点。但有些文献的记述还是有一定参考价值的，如下表所示。

古文献中的玉产地和玉名

地区	古地名和玉名
西北地区	大秦（菜玉）、雍州（球琳、琅玕、天球）、梁州（璆）、昆仑山脉（璆琳、琅玕）、钟山（玉）、西夜国（玉石）、沙车国（青玉）、华山（大玉）、蓝田（美玉、好玉）于阗（玉石）、葱岭（玉）
东北地区	医无闾（珣、玗、琪、夷玉）、扶余（赤玉）、挹娄（青玉）
华北地区	霍山（球玉）
东南地区	扬州（瑶琨）
中南地区	日南（好玉）、交州（赤玉）、楚山（璞玉）
西南地区	西蜀（黑玉）

1. **中国和田玉矿的分布**

根据地质方面的资料，中国已知的矿带、矿床或矿点计有几十处之多，分布于十几个省区。

通过中国和田玉分布示意图可以了解到我国全境基本都有和田玉的产出，并非只存在于新疆、青海等地。所以不能盲目地追求产地。这里一部分产区我去过，每个产区都有自己的特色，当然也有不少非常优质的玉料产出。

2. **新疆维吾尔自治区**

在我国和田玉矿分布最多的地区就是新疆。其中南疆昆仑山至阿尔金山矿带，自西向东包括塔什库尔干、叶城、皮山、和田、于田、且末、若羌等重点矿区，矿带长一千多公里；而北疆天山矿带，其主要以玛纳斯玉矿带为主。

中国和田玉分布示意图

3．青海省

青海省是我国和田玉矿分布较多、产量较高的省区。其矿带有属东昆仑山矿带，此矿带主要于格尔木地区较为集中，包括三岔口、九八沟、拖拉海沟、万宝沟、大灶火、小灶火、野牛沟等；其他矿带还有北部祁连山一带、西部芒崖以及中东部都兰。

4．其他地区

我国和田玉资源分布十分广泛，除上述提到的之外，其他的产地包括有：甘肃省东部地区的临洮马衔山，西部地区的安西马鬃山；四川省的汶川县和石棉县；陕西省于陕南秦岭凤县；西藏自治区的藏南地区，其包括日喀则、拉孜、昂仁、那曲、萨嘎等；贵州省南部的罗甸县；广西壮族自治区中部大化一带；福建省的南平地区；湖南临武县的香花岭地区；江西省北部的弋阳和南部的兴国；江苏省南部地区的溧阳小梅岭；河南省西部的栾川；辽宁省的岫岩和海城一带；等等。

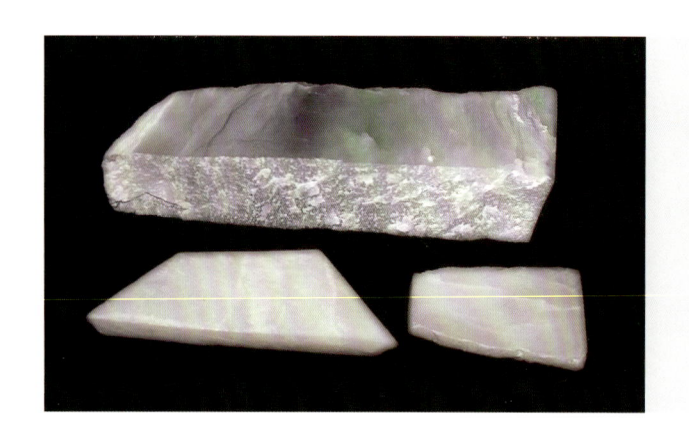

这块和田玉青海料，是非常有特点的一块料，有翠青，有烟紫色，是北京大学宝石鉴定中心王时麒教授的收藏。

答疑解惑

为什么说玉玺是古代皇权的象征？

中国印石文化的发展历史可谓源远流长。长久以来，以印章代表符证已经成为人们的一种习俗风尚，其在历史上也有着各具特点的名称，如印章、印记、条记、图书、关防、钤记等；另外还有符、牌、券等称呼的物品，其功能和作用也和印章相仿。在中国的传统中，印章因其本身的内容和功能的不同被分为两种类型：有征信作用和没有征信作用。有征信作用的印章是具有一定的法律效应的，在一定程度上可以充当凭信工具；而不具征信作用的印章，通常称为闲章，这也是由于这类印章形制多样不拘一格，且涉及内容广泛而复杂。两类不同作用的印章，在漫长的历史长河中不断发展、创新、交相呼应，编织了中国印章艺术绚烂的发展史，更成为我国艺术宝库中的重要组成部分。

在中国历史中，皇帝的宝玺作为印章艺术的一种，有着超然的历史地位。在两千多年的历史长河中，皇帝的印章称为玺或宝，古代社会的等级制度森严，皇帝是最高统治者，有至高无上的权力，受万民敬仰。在古代的典章制度中，不仅明确规定了皇帝的种种特权，而且皇帝使用的各种专用名称和文字，也被规定为神圣不可侵犯。普通的臣民所使用的印章只能称为印或者章，而

清皇帝亲亲之宝

清二十五宝之八，通高7.7cm，印面7.2×7.2cm，藏于北京故宫博物院之交泰殿内。白玉质，交龙纽。据《交泰殿宝谱》，此宝作"以展宗盟"之用。

皇帝的专有印章才能称为宝玺，代表着国家至高无上的权力。历代王朝的传位和更替，是以帝王的宝玺传递和更换为标志的，中国历史上"传国玺"之说和历代帝王对"传国玺"的重视和争求，充分说明了中国人的这一观念。从秦六玺到清朝的二十五宝，中国皇帝宝玺制度，有一个发展和完善的过程，到明、清两朝，宝玺制度更加系统和完备，从管理机构到制造数量，从玺文内容到材质纹饰，无不有严密的规定，特别是清代更是达到顶峰。故宫博物院收藏着数千方明清帝后的各种宝玺，既有皇帝的传国至宝，也有大量内容广泛、用途多样的各式闲章，是研究明、清

两朝的典章制度史、思想史、文化史、哲学史、宗教史、宫廷史、印章艺术史、铭刻学的重要实物资料，对我国古书画文物的鉴定和古籍善本书目的鉴别，有着不可代替的作用，对开拓文化艺术史的研究和发展有着重要的历史意义和现实意义。

"玺"这个字很有意思，它上面是"尔"，下面是"玉"，古人造此字，意思是上天授尔宝玉为天下君，尔当宝之以执掌天下。在现今中国故宫博物院中存放着我国各个历史时期的珍宝无数，这其中有相当的一部分文物都是以新疆所产和田玉为原料所制成的传世珍品。而要说在这众多的珍宝之中，哪一件最能代表古代皇权，那就非宝玺莫属了。尤其是新疆和田玉所制作的宝玺都较为珍贵，清代乾隆帝曾说："盖大子所重，以治宇宙，申经纶，莫重于国宝。"正因为宝玺作为国家的权力象征之物，更可作为统一天下的凭证，所以中国历朝历代的统治者都将宝玺征信的作用、材质的名贵度和精美的雕刻技艺当作重中之重。

皇帝信宝

白玉质，交龙纽方形玺。汉书篆书满文篆书。棉10.5厘米见方，通高6.5厘米，纽高5厘米。附系黄色绶带。"以征戎伍"之用。清宫旧藏。

规格：190mm×130mm×75mm

  此摆件为和田玉子料整料制作，原石整皮包裹，皮色致密、细腻，富于变化，颜色由黄到红，过渡自然。玉雕匠人在尽量保留原料皮质的基础之上，运用浮雕、透雕、镂空雕等多种工艺，在规避掉原料的天然不足之后，将原石的自然之美和人工的雕琢完美地结合在一起。整件作品色彩分明，构图严谨，通过皮色和肉质的不同颜色，使摆件呈现出丰富的层次感，同时更利用俏色巧雕，将凤凰雕刻得栩栩如生。

  凤穿牡丹是我国经典传统吉祥图案。在古代传说中，凤为百鸟之王，而牡丹贵为花中翘楚，丹、凤两者的美好寓意相结合，有着夸姣、光明和幸福之意。在民间的传统文化中，更常以凤凰和牡丹同框为题材绘制纹样，有着"凤穿牡丹""凤喜牡丹"及"牡丹引凤"等多种美好的寓意，被视为吉祥、富贵的象征。

藏品细部

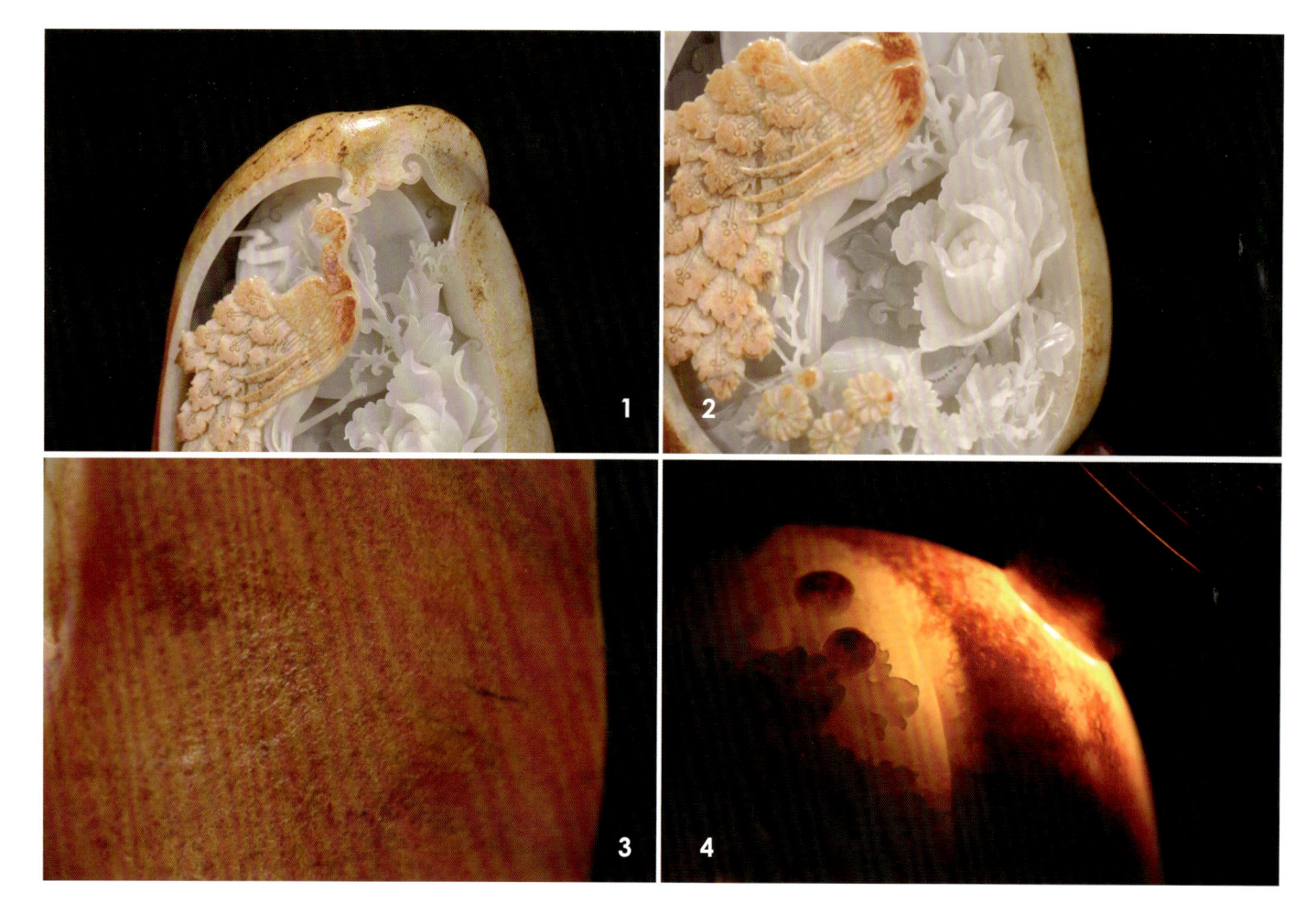

1. 凤凰为传统吉祥图案。相传凤为群鸟之长，是羽虫中最美者，翱翔天际时百鸟相随。凤凰更被尊为鸟中之王，代表平安、祥瑞。各类纹饰、雕刻常常以此进行创作，凤可单独出现，也有凤和凰成双成对出现。历代均有，并各具特色。

2. 牡丹，自从唐代起就被推崇为"国色天香"，一直被人们视为吉祥富贵、繁荣幸福的象征。牡丹地位尊贵、统领群芳，有着高贵、典雅的气质，寓意富贵吉祥，一直是深受人们喜爱的题材。

3. 此摆件背面未上工，完全保留了子料的原始皮质。近观可见皮质致密、细腻，有着犹如肌肤般的质感，皮色呈现黄色到红色的自然过渡。

4. 在红皮位置打透射光，可见光线无法深入肌理，并且呈收缩、聚拢状，这些都是皮下料质紧实、致密的表现。

知识点解析

中国和田玉重点产地介绍

我国是著名的和田玉产出国之一，玉器制作和玉文化在世界范围内都有着深远的影响。而就产地来说，公认新疆所产和田玉质量为最佳，其产区矿带自昆仑山北麓，从西到东，长约1100公里，断断续续分布有几十个矿点，集中于昆仑山、天山和阿尔金山地区。总体来讲，新疆地区的和田玉的质地比较细腻，油脂光泽强烈，温润感好，因此在引入中原以后，逐渐为人们所接受并崇尚，逐渐取代了各地方玉，成为我国玉器加工制作的主要原料。

1. 新疆地区

① 昆仑山地区：

昆仑山号称"万山之祖"，作为新疆产和田玉的重要产地，其东起且末，西至塔什库尔干，在绵延长达1200公里的昆仑山脉和关联的河流之中，大大小小分布着20多处玉矿，由此构成中国和田玉最重要的一条矿带。此矿带的矿区以出现和田玉子料而闻名，高品质者其结构为毛毡状纤维交织结构，内部相互交织，细腻紧致，普遍具有强油脂感，但也不是绝对的，每块玉料都是单一的个体，需要具

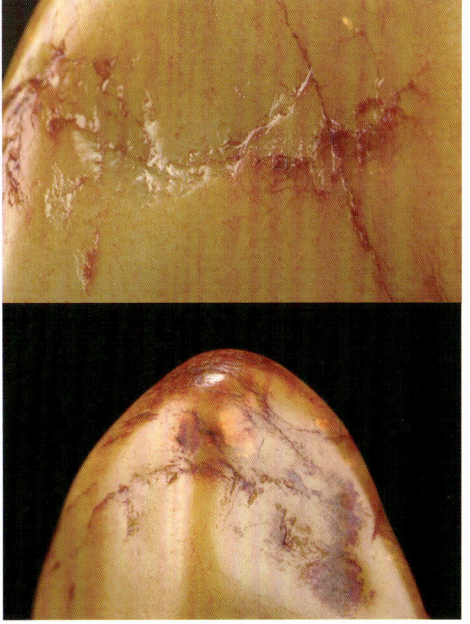

体客观的评价。

昆仑山脉矿带矿区众多，其中塔什库尔干矿区以生产青玉为主，矿体呈脉状、透镜状，主要产于蛇纹石硅灰石透闪石化大理岩中；于田矿区主产白玉和青玉，其主要矿床有四处，其中又以皮山县的玉矿最为有名，其矿体产于透闪石大理岩中，呈囊状或透镜状，厚度可达数十米至上百米；且末矿区矿体产于白云石大理岩中，呈不规则囊状，也有呈条带和脉状者，大多为山料，以盛产糖玉、黄口料、青花而闻名，也是和田玉的重要产地之一。

2017年9月，我到新疆和田考察，追根溯源了解和田玉产地的现状。虽然初到新疆的几天不太顺利，但随着时间的推移，淘到了几块和田玉原石子料，算是小有收获。左图中的是枣红皮全包裹的和田玉子料，皮色深厚；右图为和田玉青花子料的原石。在原料稀缺的当下，这些是非常珍贵的标本，有很高的参考和研究价值。

② 天山地区：

天山地区主产碧玉，因主产于新疆的玛纳斯县境内，也被称作玛纳斯碧玉。玛纳斯碧玉组分矿物属透闪石至阳起石系列，产于北天山超基性岩带上，呈绿色调，质地坚韧细腻，呈现纤维交织状结构。在显微镜下观察可见其微晶透闪石质量占比为75%～90%，粒径为0.01毫米至0.03毫米，其次有针状透闪石占比为5%～15%，粒径约为0.5毫米。玉矿中常伴有5%～10%的细针状阳起石、钙铝榴石、铬尖晶石以及绿泥石等。

③ 阿尔金山地区：

产于阿尔金山地区的和田玉，其矿体主要产于超基性岩石中，特点为透闪石中含有一定量的铁。该地区主要产出碧玉，其形制与玛纳斯碧玉非常相似，另外青玉也有少量产出。

新疆玛纳斯碧玉白菜摆件

规格：175mm×80mm×60mm
重量：1068.4g

　　白菜是传统题材，寓意众多，最为流行的有两个：其一，取白菜的谐音"百财"，有聚财进宝、百财聚来的含意，还可以取"摆财"的发音，所以白菜多摆件呈现；其二，则以白菜的颜色和外形取义，给人一种坚贞、清白的感觉，所以白菜也被赋予了坚贞不屈、两袖清风的寓意。在民间传说中，玉白菜无一不是美丽、清澈、善良、诚实、正义的化身，寄托了人们美好的期望。玉白菜又称"横财（菜）就手"，寓意一切意外之财来得容易，由于白菜本就是寻常之物，这一寓意很是接地气。是家中陈设，馈赠亲朋的佳品。

　　此件满绿碧玉白菜摆件，由顶级和田玛纳斯碧玉制作，菠菜绿色，内含条带状的墨点和墨带，但颜色非常浓郁，不偏不倚，无白斑或灰带，呈现强烈的油脂光泽。此物器型硕大，造型饱满，以材料见长，工艺水准上乘。

2. 辽宁岫岩地区

辽宁岫岩地区产玉早已世人皆知，但是长久以来人们只知岫岩产蛇纹石玉，但不知其还出产和田玉。随着近年来研究的逐步深入，兴隆洼文化、查海文化及红山文化所用的主要玉料基本都是岫岩所产的和田玉。可以说，岫岩和田玉的开发和利用有着悠久的历史，在我国玉文化历史长河中有着重要的地位和意义。岫岩玉也叫岫玉，因产于辽宁省鞍山市岫岩满族自治县而得名，其广义上可以分为两类：一类被称为老玉，而老玉中又有山料和子料之分，子料在当地又被称作河磨玉，属于透闪石玉。其质地凝重朴实，色泽淡黄偏白，皮质发育很厚，高品质者质地不逊色于新疆玉料，是一种珍贵的璞玉；另一类是岫岩碧玉，属蛇纹石质类，当地也称瓦沟玉，其质地坚实、细腻，颜色为绿色至湖水绿，高品质者其颜色为深绿色、质地通透、少瑕疵者为珍品。与新疆和田玉相比，岫岩玉因为质地不够纯正，含有一定量的蛇纹石而多显黄色或绿色色调，导致其凝脂感和油性有所不足。此外，其硬度和比重较新疆和田玉也略低。

形成阶段	白云岩沉积阶段	白云岩变质阶段	热液交代成玉阶段	风化作用阶段
形成时代	早元古代早期（23亿年左右）	早元古代（20亿年左右）	晚期早元古代末期（18亿年左右）	新生代（6千万年至今）
地质作用与成矿作用	浅海相沉积，形成了分布广泛巨厚的大石桥组白云岩系，为岫岩玉的形成奠定了丰富的物质基础。	区域变质作用，使原岩发生变质和变形作用，白云岩重结晶形成白云大理岩，黏土质和硅质等杂质成分重组合形成橄榄石、透辉石、硅镁石、长柱状透闪石等。	伴随强烈的变质作用和混合岩化岩浆作用，形成了富硅的热水溶液，当热液沿裂隙进入大理岩中，发生交代作用，热液中的Si和H_2O与大理岩中的Ca和Mg结合形成了蛇纹石玉和透闪石玉的原生矿床。	近代地质作用，裸露地表的玉石受到Fe_2O沁溶液的浸染，使部分蛇纹石玉形成花玉，部分透闪石玉变成糖玉。部分玉石矿体因地壳运动抬升较高，经过风化、破碎、搬运和沉积，形成了坡积、洪积和冲积砂矿，即"河磨玉"。

岫岩玉的成矿深化模式

左图中展示的为辽宁岫岩产的透闪石，属于和田玉的范畴，也就是文中提到的"河磨玉"。很多藏友印象中子料只产于新疆，其实不然，这件河磨玉的把件就是子料制成。通常河磨料由于含铁量较高，都会或多或少的发青色调，但是这件子料手把件颜色白皙，玉质莹润，并且带有黄皮，质量上乘，非常难得。

河磨玉手把件

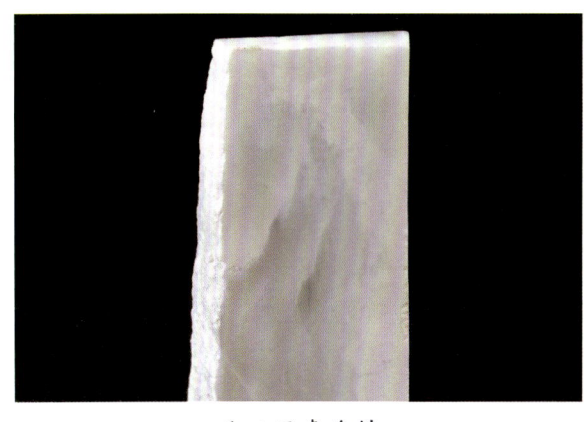

和田玉青海料 　　　　　　　　　　　　　青海料(左)与和田料(右)对比

3. 青海格尔木地区

昆仑山脉绵延数千公里贯穿东西，其东部山脉缘入青海省部分，青海格尔木所产出的和田玉正源于此处，其西距离新疆若羌县约300公里，在地质构造背景上与新疆和田玉同出一脉。青海地区所产出的玉料主要以矿采山料为主，有很少量山流水料，尚未见子料，也称昆仑玉。青海和田玉按其颜色可分为白色、青色、灰色、翠色、烟紫色等。其主要特点为料质透明度较高，颜色常伴青、灰色，内部质地不够均匀，常有大量水线或絮状物。其结构看似比较细腻，但实则松散，质感不够细腻而水润感强烈，缺乏好玉"凝脂"般的油润感和凝重感，且手感相较新疆和田玉也有轻飘之感，玉料的总体品质较新疆地区有所差距。

青海产出的和田玉是有老坑料和新坑料之分的。所谓的老坑料是指经过地质作用裸露地表的原生矿料，经过长期的风吹、日晒、雨淋等因素，通过经历大自然的筛选去其糟粕，保留下了质地、结构、密度都相对优质的玉料，这类玉料在矿山表层就可开采，往往玉质上佳；还有一种说法是指以前已经进行过开采的矿口，历经长时间的开发已经不再开采，但随着市场需求的加大，对矿口探查再次发现矿脉并被开采出来的原料，也可以称为老坑料。而新坑料就是指通过人工挖掘、机器作业或者爆破，在地表之下所开采出的原生玉料，这种玉料由于埋藏于地下，未经过自然的甄选，所以品质参差不齐。

青海和田玉矿床远景

和田玉青海老坑香插

规格：48mm×20mm×15mm

重量：63.9g

  香插为老坑青海料，经典的香插造型，兼具艺术性与实用性。将老坑料独有的油润度和细腻肉质体现得淋漓尽致，有不次于子料的温润感。虽然在白度上有所不足，但是瑕不掩瑜。相比于产地，玉质才是王道。

4. 江苏溧阳小梅岭地区

  江苏溧阳小梅岭地区和田玉矿床属于接触交代型，主产于江苏溧阳市小梅岭村东南部横贯宜溧地区的茅山支脉上，小梅岭玉矿体是由古生代富镁质碳酸盐岩与酸性侵入体接触，发生接触交代变质所形成的。小梅岭玉的质地、成分都与新疆和田玉接近，但是尚未达到致密的毛毡状交织结构，且透闪石的颗粒度大小不均，结构密度相对有所差距，所以小梅岭玉质整体来看在硬度、密度、光泽度、油性等方面对比新疆和田玉有明显不足。梅岭玉石矿体呈白色至灰白色，有少量为淡绿色至青绿色，质感呈现微透明至不透明，油脂感一般，表面为玻璃质光泽并且具有一定的方向性，不同方向观察光泽强度有所差异。小梅岭玉的开采和使用目前在历史文献中未有记载，其玉矿于20世纪80年代发现，而且市场占有比例很低，对其相关的科学研究相对滞后，有待日后进一步地探讨。

江苏小梅岭玉料　　　　　　　　　　　台湾省花莲玉料

5. 台湾省花莲地区

台湾省花莲和田玉是3000多年前卑南文化所制玉器的主要来源，有着悠久的使用历史。花莲玉是台湾省花莲县丰田西林山区所产出的玉石，亦有"丰田玉"的叫法，由于产自台湾省，也称为"台湾玉"。该区和田玉主要产于片岩的接触带上及岩体内蚀变的超基性岩——蛇纹岩，有着高含铁量，阳起石为主要组成矿物。透光观察可见玉质内有大小不等的黑点，鉴定为残留的铬铁矿。其开采规模在20世纪70年代平均每年开采量达到440吨左右，占当时世界年产量的一半，但到1986年因环境污染等问题而停产。花莲产和田玉可主要分为三类，即普通玉、蜡光玉和猫眼玉。普通玉的颜色为黄绿色至暗橄榄绿色之间；蜡光玉有两种主要色彩呈现，分别为淡绿带黄或淡绿带蓝；猫眼玉呈黄带绿、棕色或黑色，具有特殊的猫眼效应，是由于受定向构造应力作用而发育成为一组平行的纤维状晶体。

6. 湖南临武县香花岭地区

香花玉是近年在湖南新发现的玉种，香花玉属于透闪石质玉，可以理解为广义和田玉，因产于临武县香花岭地区而得名。其矿物组成以透闪石为主，阳起石和金属矿物等为辅。内部结构呈现纤维交织状、长柱状和放射状，打光为半透明至不透明，颗粒度比较均匀。其摩氏硬度在6至6.5，密度为$2.97 \sim 3.10 g/cm^3$，折射率$1.61 \sim 1.62$。香花玉颜色主要呈青色至墨绿色，色泽沉稳庄重，质地细腻，更有着良好的韧性。其原生山料玉质较好，体量普遍较大，绺裂较少，完整度高，是十分优质的玉石加工、制作原料，当然与优质新疆和田玉相比在凝脂感和油润度上仍有差距。

笔者于2017年随国检专家来到湖南省进行学习、考察，实地感受并了解香花玉这一玉种。香花玉因产地而得名，其颜色与和田玉中的青玉和碧玉非常相似，区别之处在于临武县这个地方的锡矿特别出名，所以香花玉会有锡矿的伴生，同时内含物会有典型的硫化铁，就是黄铁矿，同时还富含钙、镁、铁等元素。优质的香花玉其玉质细腻，颜色也很漂亮，只是产业链尚未成熟，如果可以控制开发成本，加以精工细琢，一定可以有好的销路。

7. 四川汶川龙溪地区

龙溪玉产于四川汶川龙溪乡直台村地区，也称岷玉。根据科学研究，其玉料曾作为三星堆文化和金沙文化玉器的主要来源。玉矿主要产于结晶灰岩夹透片岩中，玉料通常呈不规则的透镜状或薄层状，产状说明其受剪切应力所产生的局部高应变带所影响。龙溪玉的基本色调除了黄绿或淡绿色，还有绿、深绿、青灰及灰白色，但都较浅而不够鲜艳。其比重为2.9~3.01，摩氏硬度为5.57~5.70。龙溪玉为致密隐晶质结构，但结构不甚均匀，质地也稍显粗糙，由于定向组构的存在，裂纹比较发育，容易破碎，因而块度较小，表面光泽也较为暗淡，但是抛光之后可见油脂光泽。龙溪玉基本上是由透闪石组成，含有少量白云石及微量滑石、绿泥石和伊利石等，偶尔可见石榴石、楣石及石英微脉的出现。

四川汶川龙溪玉

答疑解惑

和田玉为什么名列四大名玉之首？

在我国古代，先民们并没有鉴别各类玉石的能力，他们只是以美石为玉，如水晶、玛瑙、松石、琥珀、蜜蜡等，任何美丽的石头都可以被加工成饰品。随着先民们对自然世界的认知和理解的不断深入，其鉴赏能力和审美都在不断地提高，选取玉石的眼光也越来越挑剔。经过长年累月的经验积累和知识传承，以和田玉、独山玉、岫岩玉和蓝田玉（或绿松石）为首的四种玉石脱颖而出，它们以其不凡的历史地位、独特的魅力和杰出的艺术文化价值得到了人们的一致认可，成为我国著名的四大名玉。

然而，这四大名玉虽各具特色，但无论是历史评价，还是在人们心中的地位，总会有高下之分。而和田玉在四大名玉中始终独占鳌头，这又是为什么呢？让我们首先将这四大名玉主要构成的矿物、部分物理性质及外观特征排列出来，从科学的角度加以比较。

名称	主要矿物	密度（g/cm³）	硬度	细腻度	质地	光泽
和田玉	透闪石	2.95～3.1	6～6.5	好	纯	油脂光泽
独山玉	斜长石、黝帘石	2.73～3.18	5.5～6.5	一般	混杂	油脂光泽
岫岩玉	蛇纹石、透闪石	2.61～2.91	2.5～6.4	较好	较纯	玻璃、油脂光泽
蓝田玉	方解石、蛇纹石	2.6～2.9	3～4	一般	较纯	玻璃、油脂光泽
绿松石	含水的铜铝磷酸盐	2.6～2.9	5～6	一般	混杂	玻璃、蜡质光泽
备注	1. 和田玉的韧度是所有玉石中最高的。2. 岫岩玉大多为蛇纹石玉，也有少量的河磨料，河磨料属透闪石玉。					

由表中的参数可以看出，只有和田玉和一部分岫岩河磨玉为透闪石玉，而且横向对比密度、硬度、细腻度、质地等参数，和田玉都独占鳌头。因此，从物理性质的角度来看，和田玉自身的品质无愧于四大名玉之首。

在我国，古人一直以美石为玉。虽然知识和认知有限，但早在8000多年前，古人就已经可以通过有限的方法正确地分辨和田玉的品质高低。早期，以东北和内蒙古相交的部分区域诞生的兴隆洼文化和红山文化，就已经以玉石为主，虽然当时的玉料非常稀少，却创造了无比辉煌的早期玉文化。

出土中国目前为止最早雕琢玉器的兴隆洼文化，开创了中国用玉之先河，是先民们主动使用玉器的开始，史学界称兴隆洼文化为中国玉文化的源头。

发现中华第一龙"c形玉龙"的红山文化玉器，地处中国东北地区，其风格质朴豪放，对各种动物形象的艺术概括，具有特殊的装饰美感。

而随着时代的发展，自新石器时代晚期，和田玉逐渐东移，在距今大约4000多年前，当时的先民们怀揣着玉石，以昆仑山北麓的和田为起点，穿越重重沙漠、戈壁，跋山涉水，历经千辛万苦，进入万里之遥的中原腹地。他们用自己的生命和智慧，开辟出了举世闻名的"玉石之路"，即是2000年之后"丝绸之路"的前身。自此，西域和中原通过美玉紧紧地联系在一起，共同塑造了华夏文化的灿烂辉煌，和田美玉更成为民族团结的历史见证。

"玉石之路"

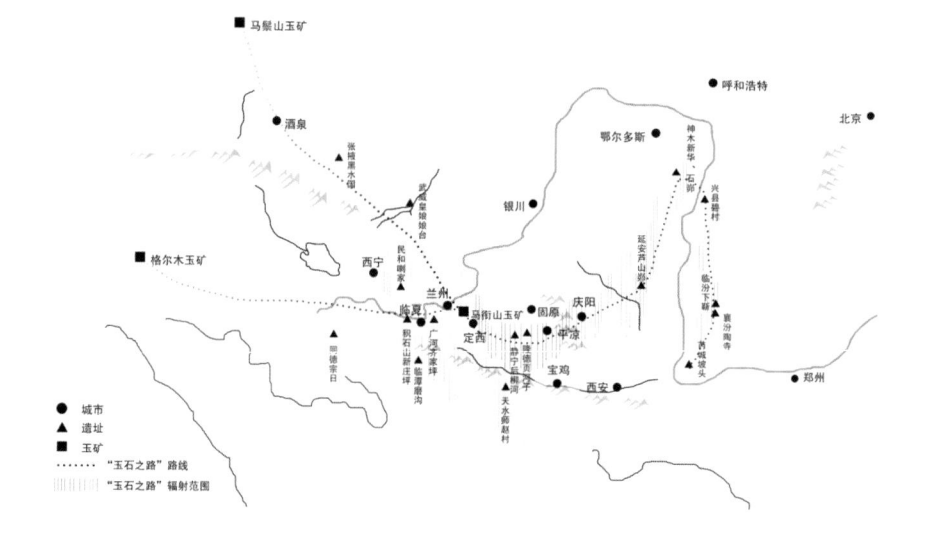

随着中原王朝的统一和建立，和田玉所制作的宝玺更成为权力的象征，被历代帝王奉若珍宝并不断传承、延续下去。到了东周时期，在孔子倡导的"君子比德与玉"的思想之下，和田玉更成为文化的载体和精神的象征，在人们心中逐渐形成了仁义、高尚、坚贞的含义。而以和田玉所制作的玉器更是有着不凡的历史地位，其作为当时社会形态、经济信息和历史文化的载体，所涉及的领域包括政治、经济、文化、人文、艺术等各个方面。

玉文化不仅仅蓬勃发展于中国，在世界范围内也是影响深远。世界真正形成玉文化的地区，主要集中在环太平洋的三个区域：东亚、中美洲和南太平洋岛屿。其中中美洲和南太平洋岛屿的玉文化圈，根据自然条件、玉器造型、仪式功能以及审美倾向等因素分析，最终都极有可能始于一源，即东亚玉文化圈，而中国作为玉文化的中心，就如引擎一般，推动着东亚和世界玉文化的不断前行。

世界三大玉文化圈

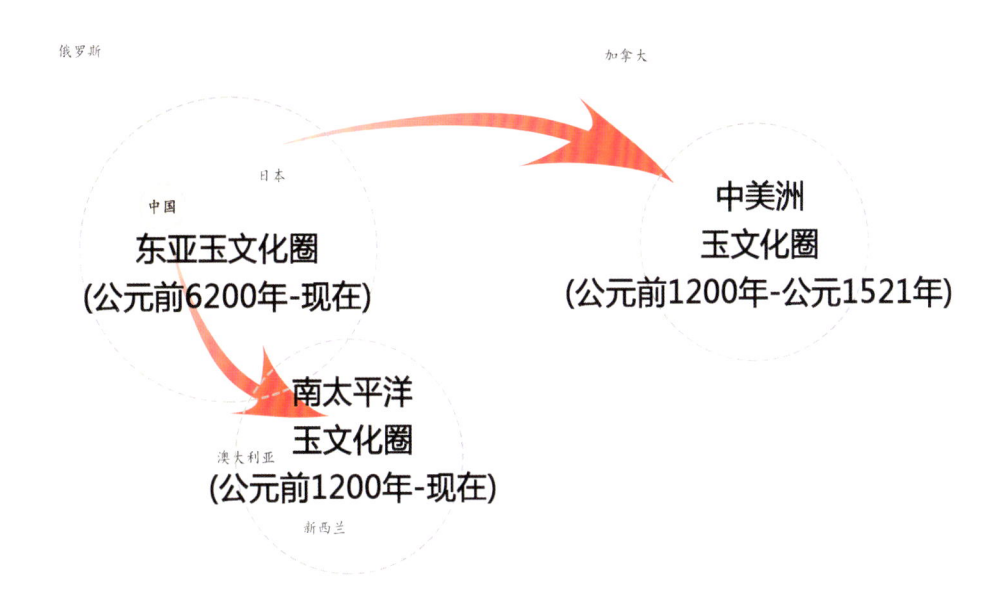

俄罗斯　　　　　　　　　加拿大

日本

中国

东亚玉文化圈
(公元前6200年-现在)

中美洲
玉文化圈
(公元前1200年-公元1521年)

南太平洋
玉文化圈
(公元前1200年-现在)

澳大利亚

新西兰

所以，通过以上分析我们不难看出，和田玉的价值不仅仅体现在物理性质、文化内涵、影响范围、历史地位等层面，还体现在其作为文化艺术的高端载体和思想品德的传承上都远高于其他玉石，无愧于四大名玉之首的称谓。

五、和田玉镂空马到成功平安牌

规格：57mm×8mm
重量：54g

  此平安牌款式新颖，脂白细腻的和田玉搭配18k金镶钻，工艺细腻，一丝不苟，层次感强，准确地刻画出马儿奔腾的形象。平安牌是由和田玉镯心料雕琢而成，马儿好似呼之欲出，寓意马到成功、一路锦程。"马到成功"这一词语出自"秦皇拜石"的传说。有诗曰："万马千军御驰道，始皇拜石得成功。"形容事情的发展一帆风顺，自始就已经确定了最终的成功。其意通俗易懂，成为最朗朗上口的成语之一。

  此玉质地温润如脂，精光内敛，圆环代表平安，而环中骏马动感十足，体态优美，似要奔腾而出，任意驰骋，细致入微的刻画，舒展矫健的造型，都让人感受到了匠人的不凡技艺。一路锦绣的美好寓意更是锦上添花，是一件不可多得的和田玉佳品。

藏品细部

1

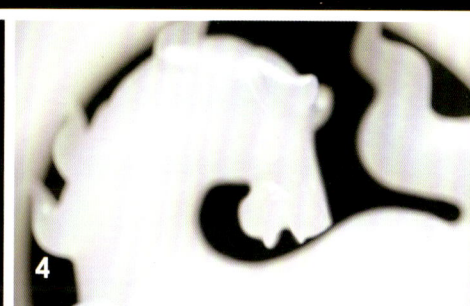

2 **3** **4**

1. 马到成功平安牌其设计新颖，将马到成功与平安健康结合到一起，搭配18K金镶钻工艺，玉质、技艺、镶嵌完美地集于一身。

2. 玉质细腻、白皙，油脂感强烈，无任何瑕疵，通过镂空技法准确地刻画出骏马跳跃、奔腾之态，形象生动、自然。

3. 18K金精工镶钻工艺，回纹装饰，尽显奢华、尊贵，令传统题材散发出现代艺术气息。

4. 此玉雕刻细致入微，鲜活灵动，骏马昂首回望，体态优雅，神采飞扬。

凝脂美玉

知识点解析

世界和田玉矿的类型

世界范围内，和田玉矿主要是以蚀变超基性岩型为主，属于蚀变大理岩型的和田玉矿只占少数。蚀变大理岩型主要分布在中国（和田、岫岩、格尔木、小梅岭、龙溪等）、俄罗斯（乌拉尔的比基利亚、贝加尔湖东的维季姆）、乌兹别克（塔苏河）和澳大利亚（科维尔）等少数几个国家。在世界范围内和田玉矿可大体分为北带和南带两大类。北带位于北纬30°～60°，主要矿床集中分布于西欧地区、东亚地区和北美地区；南带位于南纬15°～45°，矿床数量相比北带较少，主要分布于东南非洲、大洋洲和中南美洲。目前全世界已发现的和田玉矿床有120余处，主要的矿区有70多处，分布在20多个国家和地区。

世界闪石玉矿分布图

俄罗斯乌拉尔比基利亚；乌兹别克塔苏河；俄罗斯东萨彦岭基托伊河；俄罗斯东萨彦岭乌利克河；俄罗斯外兴安岭维季姆河；巴基斯坦；缅甸；韩国；日本；中国；德国哈茨；德国图林根；波兰西里西亚；德国巴伐利亚；瑞士阿尔卑斯；意大利亚平宁山；法国尹泽尔河；芬兰乌兴马卡；非洲马拉维；非洲莫桑比克；澳大利亚新南威尔士；澳大利亚勒克瑙；澳大利亚科维尔；新西兰纳尔逊；新西兰阿尔胡拉；新西兰奥塔格；巴布亚新几内亚；新喀里多尼亚；阿拉斯加加克布克河；阿拉斯加加舒格纳克；加拿大利伯曼；加拿大与空；加拿大卡西卡尔；加拿大奥米内卡；加拿大利卢埃

特；加拿大拉布拉多；加拿大魁北克；加拿大纽芬兰岛；美国希金斯山；美国库尔图斯山；美国库雷山；美国门多西诺；美国马林县；美国蒙特里县；美国图禾里县；美国怀俄明州；美国威斯康星州；美国佛蒙特州；巴西巴伊亚州。

由此可见，不仅在国内有多个和田玉的产地矿点，全世界范围内也有几十个大的矿点。可能很多人会对这样的结论十分震惊。那新疆和田究竟是不是最好的产区呢？在没有把所有矿点研究明白之前，谁也不敢说。

世界其他主要和田玉产地

1. 俄罗斯

俄罗斯有着广阔的国土面积，其和田玉的产地也是分布广泛，主要集中在布里亚特共和国、乌拉尔山脉、克拉斯克雅尔斯克边区、伊尔库茨克州等地。俄罗斯和田玉与新疆和田玉对比可以发现，两者在矿物组成、化学成分等方面都非常相似，主要差异体现在矿物形态和内部结构等方面。不仅分布不够均匀，颗粒也较粗，而且存在片状变晶结构、中粗粒变斑晶结构、碎裂结构和过渡结构，这些因

和田玉俄罗斯碧玉白菜摆件

此白菜原料为俄罗斯碧玉，玉质缜密细腻，脂感浓厚。圆雕白菜，脉理清晰，叶片柔嫩，自然卷曲，雕琢技巧精湛，形象惟妙惟肖，透过光线可见玉质的晶莹剔透。此件作品最大的特色是其颜色繁多，阳绿、白色、黑色自然相间，过渡自然，玉雕匠人最大限度地利用原料，创作出了最能体现原料价值的作品。白菜取其谐音为"百财"，寓意百财聚来。除了字面的意思之外，白菜还有着事事顺利、连年丰收、吉祥如意、运势如山的含义，寄托了人们对于美好生活的期盼与向往。

素都影响着俄罗斯和田玉的品质。提到俄罗斯，藏友肯定先想到的就是碧玉，俄罗斯所产的碧玉成色鲜艳、质感好，目前市场占有率很高。而俄罗斯所产的白玉受其特性的影响，有着白度高、结构和密度稍差、油性不足的特点。

2．韩料产地

韩料是广义和田玉料，其主要产自朝鲜半岛南部春川当地的蛇纹石岩中，矿区的主要含矿层由白云石质岩石组成，玉料就产于白云石质岩层中。矿区出露的地层包括前寒武纪白云大理岩和角闪石片岩，均为二叠纪晚期侵入的花岗岩体。目前春川玉只出产山料，未见子料，其玉石主要由透闪石构

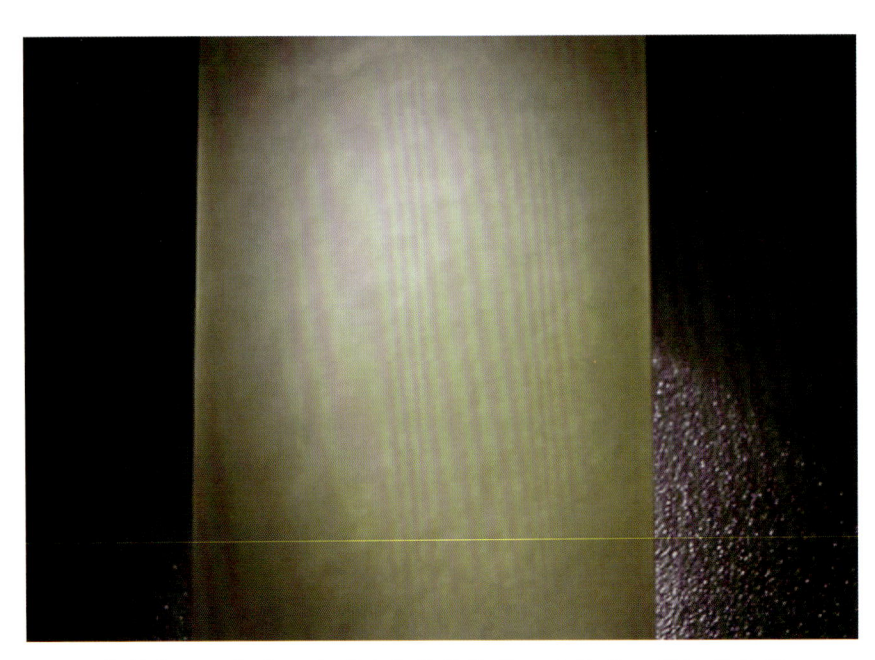

韩料和田玉打光可见其内部结构松散，呈糊状，颗粒感较强。

成，与之相伴的还有绿泥石、透辉石、钙铝榴石等。其玉料的特点为料质普遍显青黄色，玉质普遍不高，较差的打光可见内部结构呈米糊状，颗粒感十分明显，且油脂感不强。春川玉的化学成分和矿物组成与其他各地的和田玉区别不大，但硬度和密度稍低，以目前所产的原料质量来看还属于中低档原料。藏友们在选购时可依据韩料的颜色、结构特征加以区分和判断，也可以根据价格进行考量。

3. 澳大利亚

澳大利亚南部科威尔地区的和田玉矿床，其在1965年被当地农民Harry Schiller发现，1974年被鉴定并确认为和田玉矿床，1987年成立了公司并在此进行玉石开采。科威尔玉矿床的地质成因和产出环境都与新疆和田玉矿类似，为中酸性长石质侵入岩和中元古代的白云质大理岩接触交代而形成。其矿体呈透镜状、扁长透镜状和层状，最大的矿体长约40米，宽约3米。科威尔玉矿石多呈现暗绿色至黑色，其共生矿物常有绿泥石、绿帘石、斜黝帘石、滑石和长石等。澳大利亚目前是非常重要的白玉产出国家，产量很高，作为近些年新开发的矿区，澳大利亚科威尔地区已经受到越来越多的关注。

综上所讲，世界范围内和田玉的产地众多，矿床的种类各异，颜色更是丰富多彩。目前在国家标准中和田玉的名称并不具备任何产地的意义，只要主成分为透闪石就可称为和田玉，而这一广义概念则将世界范围内的各个产区都包含其中。随着市场的不断发展，将会出现更多的来自不同国家和地区的和田玉商品，合理地开发和利用每种玉料的优点，扬长避短才是和田玉市场的正途。

澳大利亚碧玉

答疑解惑

按地质成因和田玉有哪些分类呢？

和田玉按照地质成因的区别有着不同的分类。按形成和田玉的不同母岩可分为碳酸盐岩蚀变型和超基性岩蚀变型两大类；而按形成和田玉的不同地质地貌环境可分为原生矿床和砂矿床两大类，砂矿还可细分为坡积型、洪积型和冲积型等。

根据形成母岩不同可分成以下几类。

1. 碳酸盐岩蚀变型

此类和田玉矿床是由富含Ca、Mg的白云岩或白云质大理岩经富含Si和H_2O的岩浆热液或变质热液交代蚀变而成，其化学反应式可简单表示如下：

$$5CaMg(CO_3)_2 + 8SiO_2 + H_2O \rightarrow Ca_2Mg_5(Si_8O_{22})(OH)_2 + 3CaCO_3 + 7CO_2\uparrow$$

（白云石）（氧化硅)(水）→（透闪石）

新疆的和田、于田、且末，青海的格尔木等主流矿区都属于该类和田玉矿床。该类型的矿床所产

和田玉金玉满堂挂坠

出的和田玉以透闪石为主，伴有极少量的阳起石，玉石的颜色以浅白色为主，辅以白色、青色、黄色及浅绿色等多种色调，也可能出现含石墨成分的墨玉。

2．超基性岩蚀变型

此类和田玉矿床是由超基性岩（橄榄岩、辉橄岩等）在强烈的自变质过程中，经富含Ca、Si、H_2O的热液交代蚀变而成，其化学反应式可简单表示如下：

$5Mg_2SiO_4+4Ca_2+11SiO_2+2H_2O \rightarrow 2Ca_2Mg_5(Si_8O_{22})(OH)_2$

（镁橄榄石）　（氧化硅）(水）→（透闪石）

$5Fe_2SiO_4+4Ca_2+11SiO_2+2H_2O \rightarrow 2Ca_2Fe_5(Si_8O_{22})(OH)_2$

（铁橄榄石）　（氧化硅）(水）→（阳起石）

此类型的玉矿包括新疆的玛纳斯玉矿、阿尔金山玉矿、青海的祁连山玉矿，芒崖玉矿，还有台湾

和田玉碧玉薄胎玉壶

省的花莲玉矿等。其出产的和田玉主要以阳起石为主，透闪石为辅，玉石的颜色以绿色为主，同时又呈现多种色阶，市场上一般称为碧玉。

上述两种不同类型的矿床所产的和田玉在外观特征上就有较为明显的区别，而其主要化学元素成分和微量元素成分的含量也各不相同。在超基性岩蚀变型矿床和碳酸盐岩蚀变型矿床所产的和田玉中进行化学元素的对比，前者的铁的含量明显高于后者，而镁和硅的含量又是后者明显较高。在微量元素对比中，超基性岩蚀变型矿床所产的和田玉，其铬、镍、钴明显高于碳酸盐岩蚀变型。通过对比可知，目前中国和田玉矿主要以碳酸盐岩蚀变型矿床为主，而世界各国总体上以超基性岩蚀变型矿床为主。

根据产出地质地貌环境不同可分成以下几类。

1. 原生型和田玉矿床（山料、原生料）

原生料是指埋藏于母岩（碳酸盐岩或超基性岩）中的和田玉原料，其多呈现出脉状、团块状或透镜状等。此种原生矿料一般产于高山之上，需耗费大量人力物力进行开采，其开采出的原料为大小不等的块状，带有明显的棱角，市场上称为"山料"。

新疆和田玉山料原矿和打光图片

2018年3月我到于田考察时，终于见到正宗的于田山料白玉，这块开口的料非常好，又白又细。山料是开采自海拔5000米左右的山上，打眼然后用炸药爆破取料，所以横竖的碎裂很多，不太好取材，但确实质地非常好，果然名不虚传，这种高质量的山料有的甚至可以媲美子料了。

2. 砂矿型和田玉矿床（次生料）

次生料是指由于地壳运动等原因，原生和田玉矿体逐渐暴露在地表之外，在这种地质作用下原生料发生破碎，而后再通过冰川、河流、风沙等各种自然搬运作用，将其移动到各种地表环境中富集下来，从而形成了次生的和田玉矿床，"子料"就是这种矿床所产出的。根据玉料所产出的环境的不同，砂矿型和田玉矿床又可细分为坡积型、洪积型和冲积型。

① 坡积型和田玉砂矿（山流水料）

在雨水、河流、重力等多种自然力量的作用下，山上的原生矿石逐渐脱离母岩沿山坡滚落，并慢慢地沉积散布于山坡地势相对低凹的地方，这就是坡积型砂矿的形成过程，此种玉料市场上一般称为"山流水"料。坡积型的玉料因为较短的移动距离，所以基本保持了原始形状，呈现棱角状或次棱角状，如果埋藏时间长，经风化作用也可出现皮质。

坡积型和田玉砂矿（山流水料）

② 洪积型和田玉砂矿（戈壁料）

洪积型和田玉砂矿主要是由于短期的暴雨引发洪水，其水量大且流速快，这期间洪水携带大量原生玉料冲出山沟达至开阔地，同时洪水的流速由于地势的平缓迅速减慢，并沉积形成洪积扇，这便是洪积型砂矿的形成过程。由于洪水的搬运距离很长，使原生玉料在不停碰撞磨损下，逐渐呈现次棱角状。我们常常见到的和田玉"戈壁

这是我在和田大巴扎市场考察时看到的一块碧玉原料，没有黑点，典型的戈壁料，有风化，没有皮子，非常的典型。因为戈壁滩没有水，没有铁的二价态到三价态转换的条件。

料"就属于洪积型砂矿的范畴，只是相较于其他的洪积型砂矿，"戈壁料"的形成更为特殊。其需要洪水将原生玉料冲刷到戈壁滩上，而后此处戈壁滩由于外在因素一直处于干旱的气候之下，玉料也就不断遭受着阳光、风沙的磨蚀和风化作用，久而久之，逐渐形成了"戈壁料"所特有的似麻点状的表面构造。

③ 冲积型和田玉砂矿（子料）

当山坡和山间沟谷中的和田玉原石随洪水搬运至河流中时，由于流水的长期作用，原石经历滚动磨蚀和相互碰撞，棱角逐渐圆化，外形多呈现浑圆状或次圆状，而当河水改道，原石埋藏于泥沙层中，经过长时间的风化作用，表层可形成厚度不等的皮层，这就是冲击型和田玉砂矿的形成过程，市场上俗称"子料"。由于和田玉原石在河水中经过长期的磨砺，一些质地粗糙的部分被逐渐肢解或磨掉，从而提高了质量。因此，子料相对于山料，总体质量有所提高，这就是为什么市场上流行说子料比山料好，子料比山料贵的根本原因。

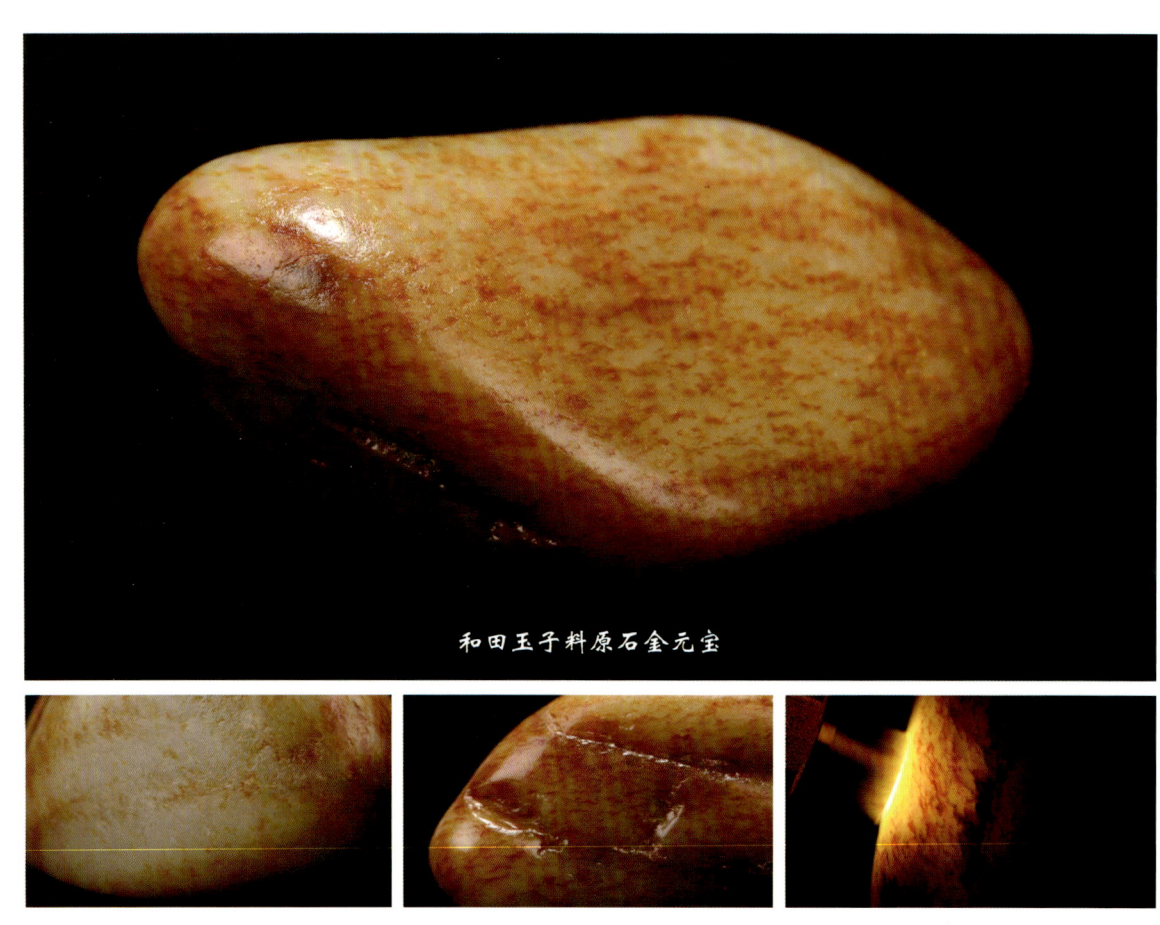

和田玉子料原石金元宝

此块子料整体形态自然，玉质细腻，表皮均匀、润泽，打光可见光线聚拢不发散，说明其结构紧实、致密。

这是我在考察时看到的一块体量硕大的子料，超爱的一块料，手感光滑得像小孩儿的肌肤一样，就是太大，一块就34千克，玉质为白色，全包裹满皮。

以上元懋翔展柜中的展品是我多年收集到的和田玉子料原石，可以看到它们的体量、大小、形状、质地、皮色均有所不同。其中一块子料经过天然的打磨，形似一棵竹笋般，让人不禁感叹大自然的鬼斧神工。

六 和田玉羊脂级盘龙印玺

规格：86mm×61mm×47mm

重量：478g

  这方和田玉盘龙印玺，有着同类作品难以企及的高级别，采用羊脂玉级白玉精工细作，技艺之精湛，足以成为元懋翔的经典之一。印玺为立体圆雕，印身光素，尽显玉质大美，印底无印文。上方雕独龙盘旋其上，昂首仰望，竖角张目，须发飘扬，躯干遒劲，龙爪紧抓玺面，端肃敦仪，凛然生威，雕工精巧，技艺卓绝，其造型气势非凡，立体感极强。这是笔者非常满意的一件作品，此等高规格、高品质的印玺与故宫内的藏品相比也是不遑多让，正可谓藏之重宝，卓尔不群。

  自发现伊始，和田玉就是国之珍宝，有着尊贵的地位，而在古代，皇帝用印方能称之为玺，以和田玉为材质制作的玉玺更是权力的象征，充分展现了皇家制器法度之精深，皇权之威仪。而龙在中国更有着至尊的地位，其神话传说众多，是祥瑞之兽，更象征着九五之尊，对国人更有着特殊的精神意义。玉、玺、龙这三者的完美结合，造就了这方雕龙印玺的不同凡响，其有着吉祥安康、事业如虹的美好寓意，作为一类独特的艺术品类，其收藏价值和艺术价值更是难以估量，是真正的典藏之宝。

藏品细部

1

2 3

1. 龙的形象是古代中国人综合了走兽、飞禽、水中动物和爬行动物的优长而形成的。这件作品运用透雕、镂空雕等多种技法将龙的神韵表现得惟妙惟肖。

2. 龙头圆而丰满，脑后披鬣，龙角挺拔有力，整条龙盘旋而上，躯干苍劲有力，尽显威严、霸气之感。

3. 此作品采用和田羊脂级白玉制作，玉质精光内敛，白皙脂润，灯光之下不见一丝结构，玉质内部纯净无瑕，工料双绝。

凝脂美玉

知识点解析

按和田玉的颜色分类

原料标本一 　　　原料标本二 　　　原料标本三 　　　原料标本四

原料标本五

　　以上的图片都是我在新疆考察时收集到的原料标本，有部分是和田玉材质，也有一些是石质成分，并且与和田玉伴生。可以看到，无论是皮色还是玉色均不尽相同，这也直接说明了和田玉的颜色种类十分丰富。

　　对于和田玉来说，颜色是判断玉质的一项重要标志，自古以来人们就对玉的颜色十分重视。而如今我们根据颜色可以将和田玉分为有色玉和青白玉两大类，其中，青白玉包括和田玉白玉、和田玉青玉，有色玉则包括碧玉、糖玉、黄玉、墨玉以及青花玉五个种类。当然这种分类标准由于每个人对颜色的理解和定义不同，也可以分成：白玉、青白玉、青玉、黄玉、碧玉、墨玉、青花玉和糖玉八个品种，这种分类方式中将青白玉分为白玉、青白玉、青玉三个小类。还有一种为和田玉红玉，由于其类型较为稀有、特殊，在很多分类中都不将其列入其中。

　　和田玉的颜色异常丰富，有白、青、绿、糖、黄、黑等多个色系并伴有一系列的过渡色。使用颜色作为和田玉的命名方式，其范围有限，具有一定局限性，而且还容易与其他玉石相混淆。因此和田玉的分类不仅以颜色定义，还要结合产地和产状。和田玉大部分呈现单色，少数同时拥有双色甚至多色，玉质为半透明至不透明，高品质者结构致密，抛光后有油脂光泽。

和田玉多宝手串

此多宝手串以白玉、青玉、碧玉、墨玉、青花、黄沁料及多种皮色搭配而成，以椰壳作为隔片，手腕上的经典。

在2017年9月的实地考察过程中，我来到了著名的玉龙喀什河畔，为一探究竟，我抱着"豁得出去，捡得到玉"的决心，决定亲自下水找寻一番。在河边随意地捞了几块石头，作为参考，给大家讲一讲和田玉的黄沁料。黄沁料是和田玉子料中的一种，有着褐黄至黄褐色的颜色。实际上，黄沁料颜色的成因与山料的糖色如出一辙，都是通过由外至内，经由玉料的外皮沁入玉石的内部逐渐过渡所形成的。大部分黄沁料有着深浅不一的变化，这是由于后期河水中的三价铁离子，经过长时间的冲刷，沁染致色。

滚滚雪山水流淌下来，清澈明亮，河床里的沙石疏松绵软，踩在上面不出十几分钟脚便会陷下去，再站片刻大概就是膝盖的位置了。不带多想我便上了岸，后面得知，之前挖掘机挖玉致使河道内留下几十米的深坑，下面的沙石都是又软又松的，有些地方只要踩上去不出几秒就会陷下去了，还是颇具危险性的。虽然听完后顿感后怕，但作为一个专家也作为一个学者，平时大多是只见原料、成品，从未踏入了解孕育了如此美玉的发源地，而这次的机会足以让我慢慢享受这种返璞的感觉。

答疑解惑

和田玉的颜色为何如此丰富多彩？

和田玉作为矿物集合体，虽然其基本矿物组成大致相同，但根据成矿原因的不同，和田玉内的化学成分也略有不同，所含杂质也是多种多样的。同时地质作用所产生的变化和在各类微量元素的作用下，导致了不同产地的和田玉千差万别的颜色，而主要的致色元素有Fe、Ti、Mn、Cr等，和田玉的颜色也随着这些元素含量的增高而改变。为了更好地对和田玉的品类加以区分，我们很有必要了解和田玉颜色的形成机制。

1. 蚀变透闪石岩——白玉

白玉中的透闪石结晶呈显微纤维变晶状结构，优质者其含量可达99%以上，晶粒一般为0.01mm×0.001mm，亦有更细微的0.0001mm×0.001mm，结晶较粗的为0.1mm×0.01mm，有的可达0.5mm×1mm。其结构为显微毛毡状结构，透闪石纤维呈现变晶交错分布，颗粒度均匀一致，局部有磷灰石、白钛石等零星分布。和田玉之所以为白色主要是因为透闪石矿物颜色本就为无色或白色，且玉质内的二价铁离子存量微少尚未被分解，所以未被致色。

2. 蚀变阳起石透闪石岩——青玉

青玉为透闪石和阳起石结晶呈显微纤维变晶状的集合体，优质者的透闪石含量可达到95%以上，而阳起石含量的多少决定了是否更加呈现青色。其晶粒一般为0.01mm×0.001mm，亦有更细微的0.0001mm×0.001mm，有的可达0.5mm×1mm。其内部透闪石纤维变晶交错分布，常可见方解石、白云石残晶等。由于青玉内透闪石和阳起石中二价铁离子含量较高，导致阳起石组分增长，所以颜色呈现青、绿为主的色调，同时亦伴有深浅的变化，属于原生现象。

3. 蚀变阳起石透闪石岩——青白玉

青白玉之所以会形成白中闪青的颜色，主要是由于其内部的透闪石和阳起石两种矿物占比变化所导致的，更准确地说，就是由玉石内部阳起石含量所决定的。透闪石中Mg会被Fe置换，从而由透闪石过渡为阳起石，这种过渡也导致了颜色的变化。随着阳起石的比例增加，白玉会转变成青白玉，甚至由白玉转变成青玉。这是岩石蚀变中的一种原生现象。

青玉秋山图饰

青玉，整器略作长方形，底边平直，其他三边随形琢制。玉饰双层透雕双鹿漫于柞树间。一鹿回首，与另一鹿隔树相望。柞树叶及玉饰的底边保留黄褐玉皮，渲染出一派秋后黄叶满林、衰草连绵的景致，与契丹、女真族的秋山活动正相契合。清宫旧藏。

白玉双虎纹佩

白玉，带褐色皮。透雕子母虎，旁附山石、柞树，下承圆环，可系绦带。辽、金时期，契丹、女真贵族有四时捺钵的传统，"春水""秋山"是其中最具特色的活动。所谓"春水"，即于开春冰雪初泮之时，到河中凿冰捕鱼，纵海东青擒捕天鹅；所谓"秋山"，即于深秋时节入山猎鹿、捕虎。就玉雕作品而言，春水玉常以海冬青、天鹅为主角；秋山玉则通常雕饰柞林、山石间的动物，并巧妙地利用玉皮的颜色，渲染秋天的景致。清宫旧藏。

4. 微铁染蚀变透闪石岩——黄玉

黄玉中的透闪石和阳起石中二价铁离子分解为三氧化二铁，其颜色呈黄色，且十分稳定，经过漫长的过程，便形成了黄玉的黄色。黄玉中的透闪石和阳起石呈显微纤维变晶状，高品质者含量可达到99%以上，晶粒一般为0.01mm×0.001mm，结晶较粗的为0.1mm×0.01mm，有的可达0.5mm×1mm。其结构为显微毛毡状，颗粒度均匀。

5. 强铁染蚀变透闪石岩——糖玉

糖玉由于外在的三氧化二铁和锰元素的长期侵染，逐渐形成了红褐色，并且其本身的透闪石和阳起石中的二价铁离子分解也是致色因素之一。糖玉的颜色多在局部呈现糖色，属于次生变化颜色。糖玉的内部结晶呈现微纤维变晶状，优质者含量可达99%以上，晶粒一般为0.01mm×0.001mm，结晶较粗的为0.1mm×0.01mm，有的可达0.5mm×1mm。糖玉内部的透闪石为纤维变晶交错分布，颗粒度粗细不一，分布也有不规则的情况出现。

6. 石墨化蚀变阳起石透闪石岩——墨玉

墨玉黑色的形成主要是由于接触变质时期生成的石墨浸染玉质从而着色，其颜色的深浅、浓淡与玉质内所含有的石墨量成正比，属岩石蚀变现象。墨玉中的透闪石和阳起石为显微纤维变晶状，高质量者的含量可达到90%以上，晶粒一般为0.01mm×0.001mm，亦有更细微的0.0001mm×0.001mm，有的可达0.5mm×1mm。墨玉中的透闪石纤维为变晶交错，具有显微毛毡状结构，内部透闪石和阳起石之间有质点状石墨分布，颜色至深者通体呈现黑色。

和田玉的颜色可谓异常丰富，这其中翠青色是铬和铁元素致色，碧玉主要是铁元素、铬元素致

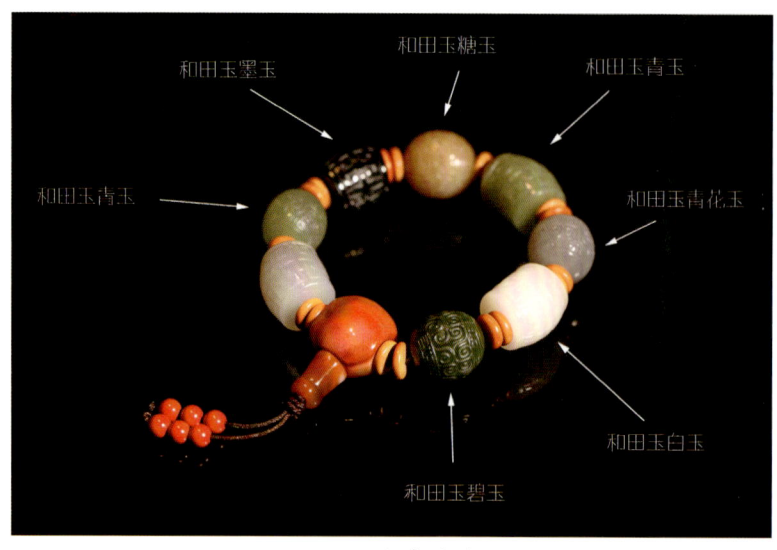

和田玉多宝手串

色，烟青色是铁和钛元素致色等。自然界中的微量元素使和田玉的颜色丰富多彩，这对我们研究和田玉的产出矿床条件非常重要。各种颜色的和田玉之间相互的关联，具有非常典型的特征，这些有助于以后更深层次理解颜色间的区别，也有利于寻找新的和田玉矿床。

和田玉多宝手串

规格：9粒

所谓多宝手串就是将各类不同材质、不同颜色的珠子进行混搭的一种手串形式，其起源可追溯到藏饰。多宝手串材质可谓五花八门，搭配更是没有任何局限性和固定模式，可以完全根据喜好和个性进行DIY，所以其深受当下藏友们的青睐。多宝手串的色彩搭配和佩戴效果是最为重要的，材质的名贵程度和繁复的工艺反而次之，相比其他的各类玉石制品不仅价格适中，而且通过手串可以尽情展现创意和个性。

此手串由白玉、碧玉、青玉、墨玉、糖玉、青花玉组合成串，色彩搭配亮丽、协调。每一颗珠子都刻有回纹，玉质细腻，温润有泽。淋漓尽致地展现了和田玉在色彩和种类上的优势。色彩丰富，玉种多变，搭配得宜，是和田玉多宝手串美感的保证。

知识点拓展

冲积扇与洪积扇？

1. 冲积扇

山地中河流从山麓间的出口流入平坦地区后，由于地形的变化导致坡度骤然降低，从而使水流的搬运能力大为下降，河水中挟带的各类砾石、沙土和碎屑物质等也逐渐堆积下来，从而形成了山麓间出口向外延展呈现辐射状的扇形堆积体，这就是冲积扇的形成和由来。冲积扇多由常年性或季节性的河流出山麓后堆积形成，是以山麓谷口为顶点向开阔低地展布而形成的扇状堆积地貌，是冲积平原的组成部分。从空中俯视可见冲积扇为一扇形平面结构，河水从山麓间流出的位置可看作扇形的顶点，此位置坡度较大，多由砾石和筛滤堆积物组成，有着中间厚实两侧稀薄的特点；随着河水流出进入平坦地区，扇形中部的坡度也明显放缓，并逐渐堆积了大量的砂砾石并夹杂黏土，同样呈现中间堆积厚，两侧相对较薄的特点。其形成面积受到河流长短、水流量大小的影响，可达数百平方千米，并且沉积物具有明显的分带现场，所挟带砾石的磨圆程度也相对较高。由于不同的地形构造和气候环境，导致各个地区的冲积扇有着不同的特点，而其发育时期更与扇面的几何形态有着密切的关系。

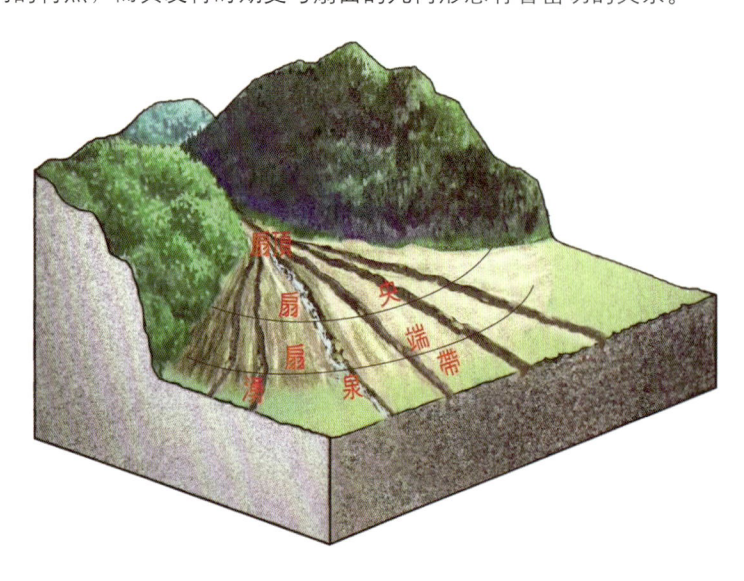

冲积扇示意图

2. 洪积扇

洪积扇与冲积扇其实非常相似，其成因基本相同，但在形成规模、具体形态上有所不同。而最主要的区别在于洪积扇是由干旱或半干旱地区的暂时性的河水出山麓口所堆积形成的扇形地貌。由于形成洪积扇的山地河水多为暂时性，且河流相对短小陡急，流量也不稳定，其所形成的扇面规模相对较小，物质组成也混杂无序，其中砾石、泥沙、黏土混积在一起，洪积物的磨圆度差，一般介于次圆状和次棱角状之间，层理不明显的同时分选性也相对不理想，但是有着较强的透水性。由于山麓前可能出现的构造断裂下降导致高低差巨大，其洪积物的厚度可达数百米。而由一系列洪积扇互相联结，所形成的地貌被称为洪积平原，又称山麓洪积平原。

冲积扇示意图

3．冲积扇和洪积扇的区别

冲积扇和洪积扇主要的区别在于形成冲击源头的河流是常年或季节性质的，还是短期、暂时性的。干旱或半干旱地区由暂时性的洪流引起的山前堆积为洪积扇，而常年持续的河流所引起的山前堆积为冲积扇。所以说两者的成因基本相同，河水都是通过山麓处的出口流向平坦地区，只是规模形态有差异而已。洪积扇有着成形快且急促的特点，少有季节性或常年河流；冲积扇则与季节性或常年河流的冲积有关。

对于冲积扇的研究有益于研究砂矿矿床，想彻底分清山料、子料、山流水料、戈壁料的区别，和冲积扇是分不开的，冲积扇的坡度陡不陡峭、河流路线复不复杂、冲积扇的面积大不大，冲积扇的各个部位能够存在什么量级的砾石，都是一门学问，这对于寻玉找玉是必备的基础知识。

洪积扇俯视图

七 和田玉子料灵芝如意把件

规格：57mm×8mm

重量：54g

  灵芝是自然生长的一类真菌生物，由于古代的知识水平有限，且灵芝少而难得，再加上人们对于健康的渴望，使得灵芝逐渐成为"仙草"的化身，有着健康长寿、吉祥如意之意。而在匠人的眼中，灵芝的造型和天然的纹路独特而非凡，以其为原型逐渐演变为"如意"。如意作为饰品，多用于陈设品，或作为定情信物，其造型或图案也出现于建筑装饰、日常服饰和各类器具上。如意的主要形状特征为：头部为灵芝式样的云头状，柄尾稍稍弯曲。制作如意的材质更是种类繁多，主要以玉石、翡翠、金、玛瑙、珊瑚等居多。

  此如意由和田玉子料雕琢而成，玉质硬朗致密，老气十足，白度细度更是上乘。匠人随形施艺，将原料雕琢成灵芝如意的造型，婉转有度，陈设观赏之余也适于把玩。此器工料俱佳，如意整体造型凹凸有致，可见制作者的细致用心。

藏品细部

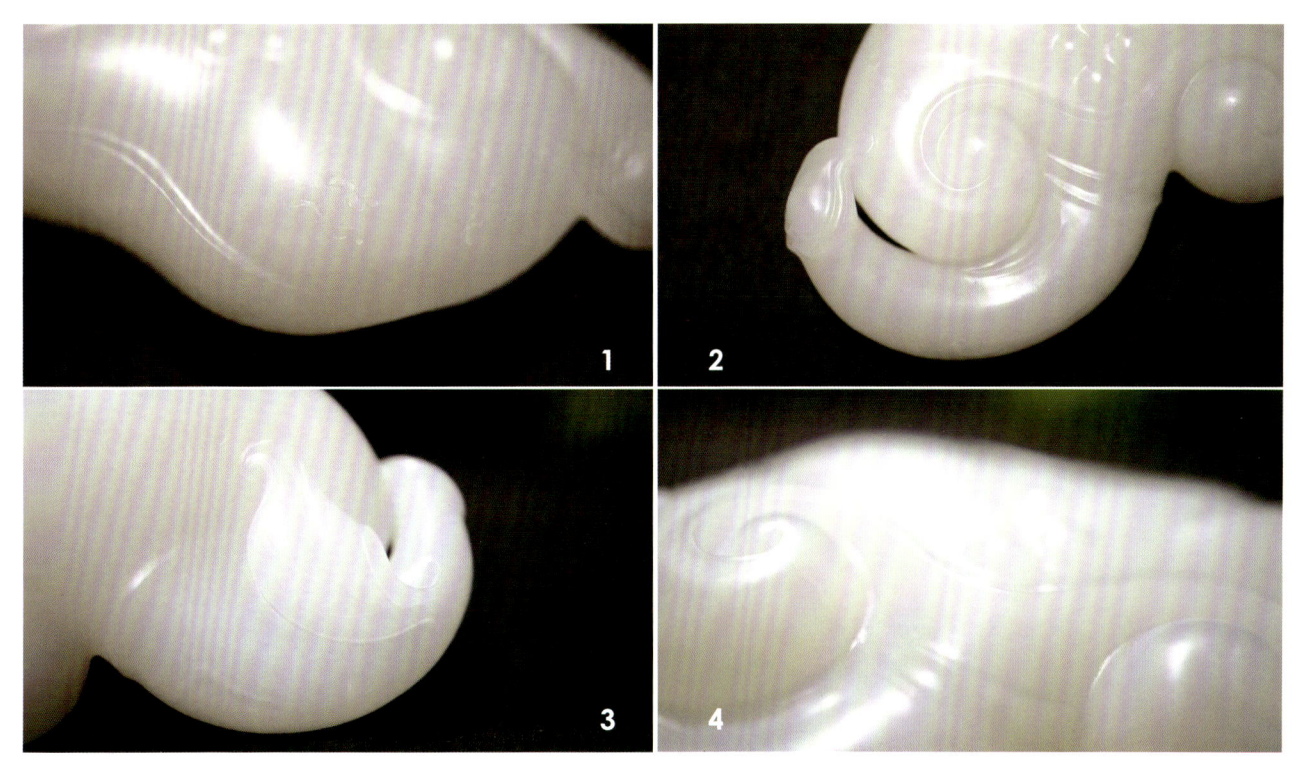

1. 此玉为和田玉老料所制,玉质致密、老气,光照下聚光性极佳,玉器表面光泽内敛、精光奕奕,凸显玉质的上乘。

2. 通过和田玉子料原本的形状就势而雕,将灵芝的形态生动、自然地勾勒出来,其柄状部稍稍弯曲,与云头状的灵芝部分浑然天成。

3. 玉器背面也是一丝不苟,看似简单雕刻的叶片,实则细腻、到位。叶片整体微卷,呈现自然的态势,叶脉清晰,线条一气呵成,彰显制作者的功力。

4. 灵芝的造型线条优美,错落有致,在尽显玉质之大美的同时,配合最佳的雕工,可以说是工料双绝,形意俱佳。

知识点解析

和田玉白玉概述：白璧无瑕，浑然天成

在我国，和田玉白玉以其不凡的品质和特性在人们心中有着特殊的地位，被称为玉中之美者。众所周知，和田玉有着异常丰富的颜色，因颜色的不同可以分类为白玉、青玉、黄玉、碧玉、墨玉等，而这其中白玉又是和田玉中最为珍贵的品种，其所具有的白、润、细的特点更是成为判断玉质高低的标准。在世界范围内所产的和田玉中，以绿色为主色调的和田玉占比较高，浅色和田玉相对占比很少，白色更甚，而新疆地区正是以盛产高品质白玉而闻名，特别是羊脂白玉更为玉中珍品，让人心驰神往。

在我国悠久的历史长河中，和田玉一直是以白色为贵，虽然时代不同，对玉的理解和认知也有所偏差，但是白玉始终占据着重要地位，历代所制的玉器也以白玉为主流。白玉顾名思义其色以白为主，摩氏硬度为6～6.5，化学性质非常稳定，玉质坚实而且韧度高，高品质的白玉其透闪石的含量可达99%以上，且杂质极少，颜色也并非是一白到底，而是呈现脂白色，给人以强油脂感。以上的这些特点也造就了和田白玉洁净无瑕、致密坚韧的品质，而这种品质同时也反映出了现实中人们坚忍不拔、百折不挠的勇气和精神，因此更让人对其推崇备至。

白玉花耳嵌宝石错金碗

白玉，花蕾耳，花足。碗外壁阴刻碾磨出花卉、枝叶形状，于凹槽内镶嵌金片。花瓣处以金片托底，内镶包红宝石。足底亦饰嵌金枝叶。碗内壁镌刻乾隆五十一年(1786年)御制诗《咏和阗白玉碗》："酪浆煮牛乳，玉碗拟羊脂。御殿威仪赞，赐茶恩惠施。子雍曾有誉,鸿渐未容知。论彼虽清矣，方斯不中之。居材实艰致，良匠命精追。读史浮大白，戒甘我弗为。"内底镌刻隶书"乾隆御用"款。清宫旧藏。

高规格的和田玉白玉应该有着温润、细腻、坚韧、色白、皮俏五个主要特质，这五个特质彼此联系、相互作用才能成就一块上品的和田白玉。而作为一件精美的玉雕作品，除了上述白玉本身的特质之外，匠人的独具慧眼、奇思妙想的创意和鬼斧神工的技艺，对一件玉制品的价值更是有着巨大的影响，白玉就更是如此。高价值的白玉原料本就稀有珍贵，对其进行二次加工创作就更需细腻、谨慎，匠人们通过反复的观察和琢磨，再辅以最佳的技法和题材，才能将白玉的质、色、形完美地展现。玉石业向来有"三分料，七分工"的说法，两者相辅相成，才能将一件件精美绝伦的白玉制品呈现在人们眼前。

和田玉子料人生平安把件

答疑解惑

和田玉是越白越好吗？

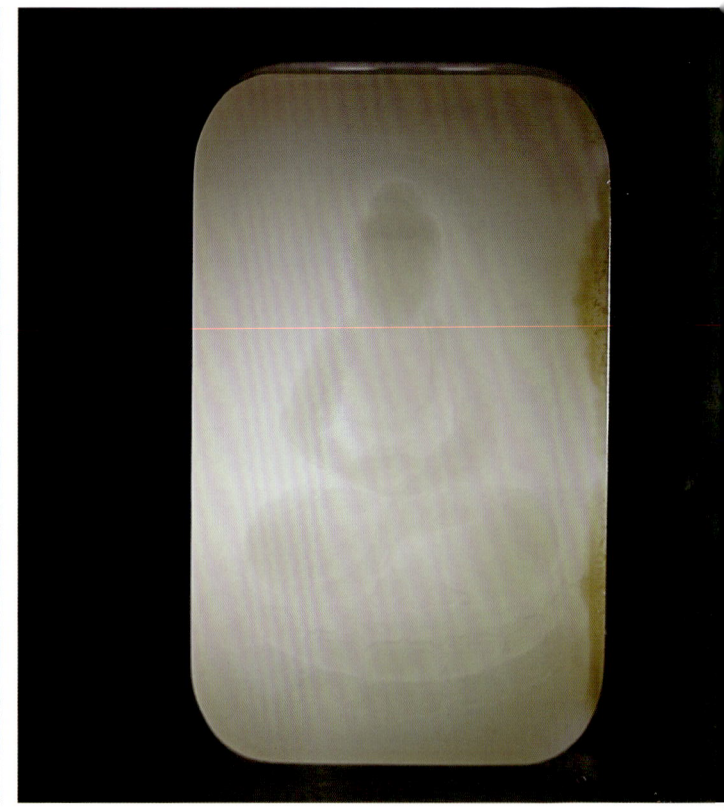

和田玉释迦牟尼挂坠

  和田玉依据颜色而命名的话可以分为白玉、青玉、碧玉、墨玉和黄玉等多个品类。而这其中又以白玉最受人们的推崇，不仅占据市场成为主流，其价值横向对比其他品类更是高出一筹。因此很多对和田玉不了解的人就认为只有白玉才是好玉，颜色越白的玉其价值也越高，在购买和田玉时陷入了唯白是从的怪圈。在这里我想告诉大家，白度确实是和田玉的一个重要指标，但并不是唯一，大家千万不要陷入这个误区。从颜色来看的话，确实是白玉的价值最高，但是真正的好玉其内涵和价值不仅限于颜色，其细度、净度、润感、皮质、雕工、寓意等都是要考量的因素，综合的判断才能为一块好玉验明正身。若是单纯地以白度来界定和田玉的优劣，那其他颜色类别的和田玉又做何评价呢？

白玉颜色对比

由图中可以看出，同样是白玉，放在一起对比，白度差异明显，质感也有所不同，评价和田玉的优劣，不仅是白度，还要综合多方面因素判断。

白度是评价白玉优劣的重要因素之一，但不能成为根本性的标准。一块白玉即使其有着非常高的白度，但是看起来是一种惨白色，十分呆板，而且玉质明显缺乏油性，那就不能称作一块上乘的好玉。比如，俄罗斯白玉和贵州罗甸白玉就有很白的颜色，但是其结构不够细腻，内部的颗粒度大，明显欠缺油润感，这时白度就不能作为判断玉石品质的首要标准，而是要提升其他要素的优先级。如今，新疆产的和田玉资源有枯竭的趋势，高品质的白玉就更是凤毛麟角，我们玉石藏友们要通过不断的学习理论知识，从多角度去认知和评判一块玉的品质和价值，避免进入盲目崇白的误区。

上图中展示了六块和田玉的素牌，在对比之下白颜色的差异巨大。在没有对比的情况下，对颜色的判断会倾向于个人的主观因素从而产生偏差。

知识点拓展

寻玉的必经之路：塔克拉玛干沙漠

为了对新疆地区进行实地考察，我在2017年9月从北京出发，到达乌鲁木齐后，一路南下，苍凉壮阔的景色不时映入眼帘，在穿越茫茫戈壁滩后，终于抵达了新疆和田地区，并横跨中国最大的沙漠：塔克拉玛干沙漠。其位于新疆南疆的塔里木盆地中心，是世界第十大沙漠和第二大的流动沙漠，同时也是中国最大的沙漠，亦被称为"死亡之海"。在世界各大沙漠中，塔克拉玛干沙漠是最神秘、最具有诱惑力的一个，这里常年黄沙堆积，狂风呼啸，寥无人烟，一座座金字塔形的沙丘屹立在沙漠上。

整个塔克拉玛干沙漠东西长约1000公里，南北宽约400公里，面积达33万平方公里。其年平均蒸发量高达2500～3400毫米，但年平均降水量不足100毫米，最少时甚至只有四五毫米，如此严苛的自然条件让人对其心生敬畏。站在沙漠中放眼望去，平原上到处都屹立着连绵不绝的金字塔形沙丘，不时肆起的狂风使沙丘不停地移动，更吹起数米高的沙墙让人寸步难行。而当你不只是听说过沙漠的宏伟，而是身在其中切身感受一番之后发现，周围荒无人烟，只有流沙存在时，你心底的震撼真的是无以言表，仅剩感叹。

为了找寻和田玉，我们一行人必须要穿越一段沙漠腹地。塔克拉玛干沙漠有着大面积的流动沙丘，最高者甚至可达300米左右的高度。不仅是面积，沙丘的类型更是复杂多样，复合型沙山和沙垄连绵起伏，宛若憩息在大地上的黄金巨龙，而金字塔形的沙丘群，更是有着多样的形态，变化莫测。矗立的胡杨在艳阳的照射下，泛着浓浓的黄金光彩，仿佛是从天际延伸而来的金色丝带，缠绕大地之后又蜿蜒消逝到天际的尽头。此景，恐怕塔克拉玛干是唯一的，而这个浩瀚地域为寻玉之旅更增添了些许奇幻与神秘的色彩。

塔克拉玛干更有着辉煌的历史和文化，最著名的当属途经塔克拉玛干沙漠整个南端的古丝绸之路。一路走来尽是弯弯曲曲、清晰且有规律的波纹，好似水面涟漪，苍茫天穹下的塔克拉玛干无边无际，能于缥缈间产生一种震慑人心的力量，千百年来，它的威名让人踌躇不前。曾经在这里还埋藏着人类古老而神秘的高度文明，西域三十六国之一的精绝国、楼兰古城，想象着沙漠腹地静默着诸多曾经有过的繁荣，不禁令人心驰神往。令面对此景的每一个人都心生情愫，敬畏自然，感慨人生得失的微不足道。我心中突然浮现出了一句话"不要只知一味索取，更重要的是要知道感恩"。

　　塔克拉玛干沙漠被誉为"死亡之海"，而这条沙漠中的奇迹——阿和沙漠公路可谓是"死亡之海的生命线"，是一条生命之路。路基十分坚固笔挺，路面也甚是平整，汽车时速达到百公里时也丝毫没有颠簸之感，一望无际向前延伸，其雄伟壮观的气势动人心魄，有位和田本土作家也曾写诗赞美这条公路，的确任何一个来到这里的人，行驶在沙漠公路上，都会发出同样的感叹。

　　迎着朝阳踏上旅途，继续驰骋在阿和沙漠公路上，阿和沙漠公路为发展和田地区打开了一条重要通道，现在它已是和田与北疆各地的交通命脉，继塔里木沙漠公路之后建成的第二条沙漠公路，全长424公里，堪称中外筑路史上的壮举。路旁的一道道芦苇和小灌木丛纵横交错，"沙漠之魂"的胡杨随沙丘起伏绵延。沿途的美景必定会惊艳到你，这与城市美是不同的，是朴素、是舒心、是毫无拘束的。大地之美只有亲自前来，才会深有感触，假若不身临其境，你就永远不会知道世间竟有此处。

八 和田玉羊脂级竹笋手把件

规格：73mm×43mm×27mm

重量：108.4g

在中国，梅、兰、竹、菊并称为"四君子"，其中，竹子以其挺拔有节的特性为人们所推崇，其性质朴而醇厚、清奇而典雅，形文静而怡然。竹子四季常青，其形态纤细而柔美，秀逸富有神韵，是青春永驻、幸福长寿的象征。而竹子弯而不折的特质，更使其有着宁折不弯的豪气和中通外直的度量。所谓"未出土时已有节，待到凌云更虚心"，更将竹子高风亮节、刚正不阿的气度完全表达了出来。

羊脂级和田白玉子料竹笋，皮色犹如飘洒的金黄笋皮。这富有生命力的竹笋给人蓄势待发之感，更有一种生机盎然的气息迎面而来，仿佛让人嗅到了山间竹叶的青涩之味。冒尖的春笋正呈向上生长的状态，正值枝繁叶茂时，每一片叶子都雕工精细入微，纤毫毕现。羊脂级油润玉质，莹润剔透，白似凝脂，细腻流畅，细节刻画得非常清楚，把竹笋无限的生机展现得淋漓尽致，予人以无限期许。

藏品细部

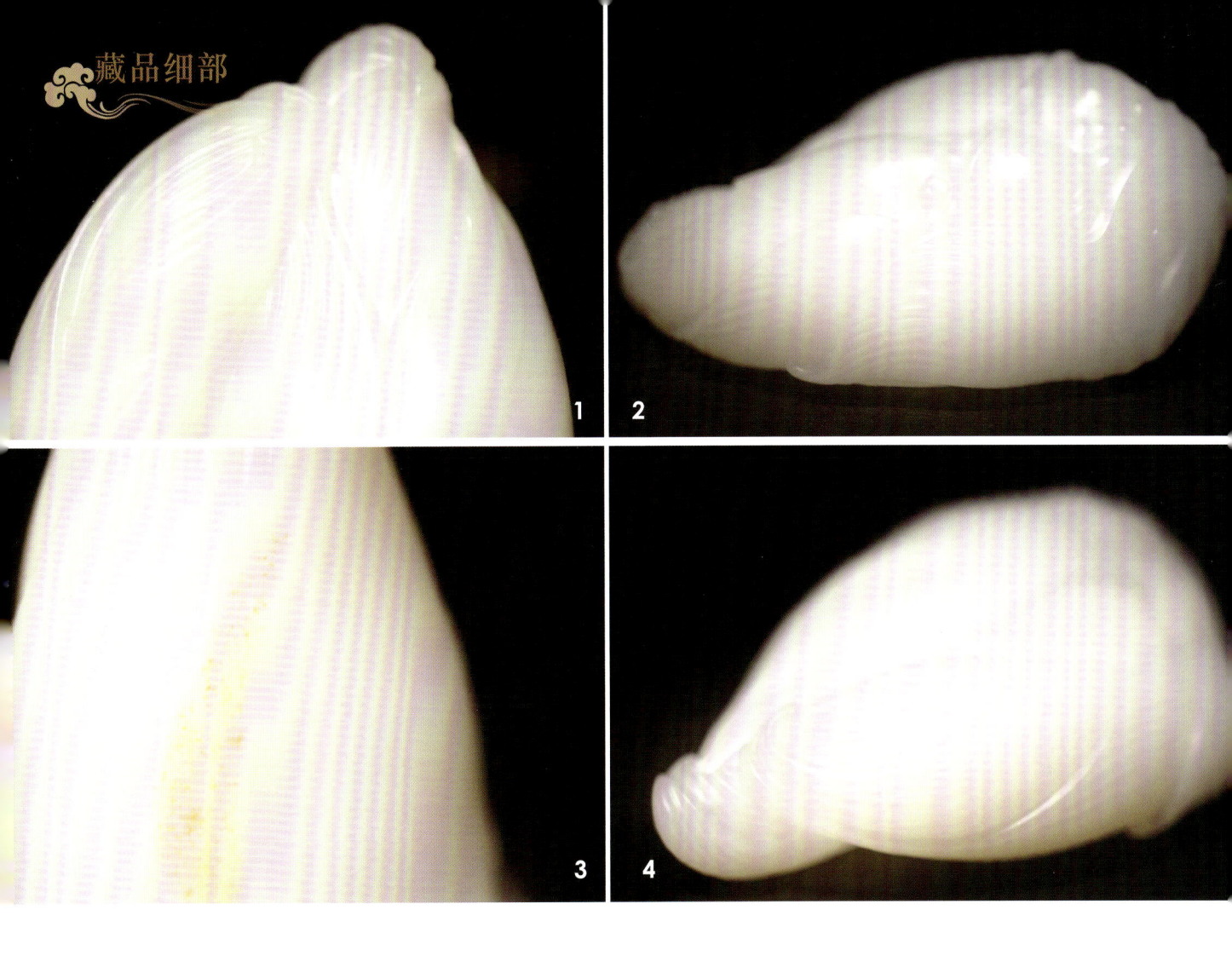

1. 此玉为和田玉子料所制,为竹笋的造型,羊脂级的玉质搭配精湛的工艺,最大限度地凸显了玉的润、细、白。展现出春笋才露尖尖角,正欲蓬勃向上的生长姿态。

2. 此玉不仅玉质极好,更加难得的是体量硕大,无一丝的杂质和裂隙,非常完美,而且玉雕匠人在雕刻出造型的同时,最大限度地保留材质,将这块羊脂级的美玉完美地呈现在人们眼前。

3. 侧面可见保留的原始皮质,皮色呈淡淡的金黄色,洒在玉质表面,薄薄的一层,无法深入肌理,这也进一步说明玉质的细腻、致密。

4. 春笋寓意蓬勃生长,生机勃勃,其每一片叶子的雕工都细致入微,纤毫毕现,其叶脉线条卷曲、灵动,细节十分到位。

凝脂美玉

87

知识点解析

如何才能称为羊脂白玉？滋润纯洁如凝脂，质厚温润无瑕疵

白玉是以颜色进行分类的一种和田玉，而针对不同白度还可以进一步的分类，如象牙白、鸡骨白、雪花白、鱼骨白、羊脂白等，其中以羊脂白为白玉中的最高品级，无论品质或价值都是顶级。羊脂白玉也称为"羊脂玉"，正如字面意思一样好似羊脂的玉石，其质地纯洁细腻，含透闪石达99%，颜色呈均匀柔和的羊脂白色，有的略带微黄或微青色，油脂光泽非常强烈，质地不仅致密细腻、光洁坚韧，而且基本无绺裂、杂质及其他缺陷。

总的来说，"羊脂"是一个形容词，羊脂玉是一个等级，并没有明确的范围定义。根据和田玉影响价值的三大要素：白度、润度、细腻度来判断，各项都达到最优的才能算羊脂玉。在古代因为开采条件的制约，明清两代所产的和田玉并没有现代开采的质量高，也就是说，随着生产力的进步，和田玉的整体水准也在提高。所以一些文献或史料记载的羊脂玉，当在博物馆一睹真容时总是让人略感失望。这里还涉及一个问题，玉评价要结合当时的时代背景，在同时期中，最优质、最好的玉料，就被

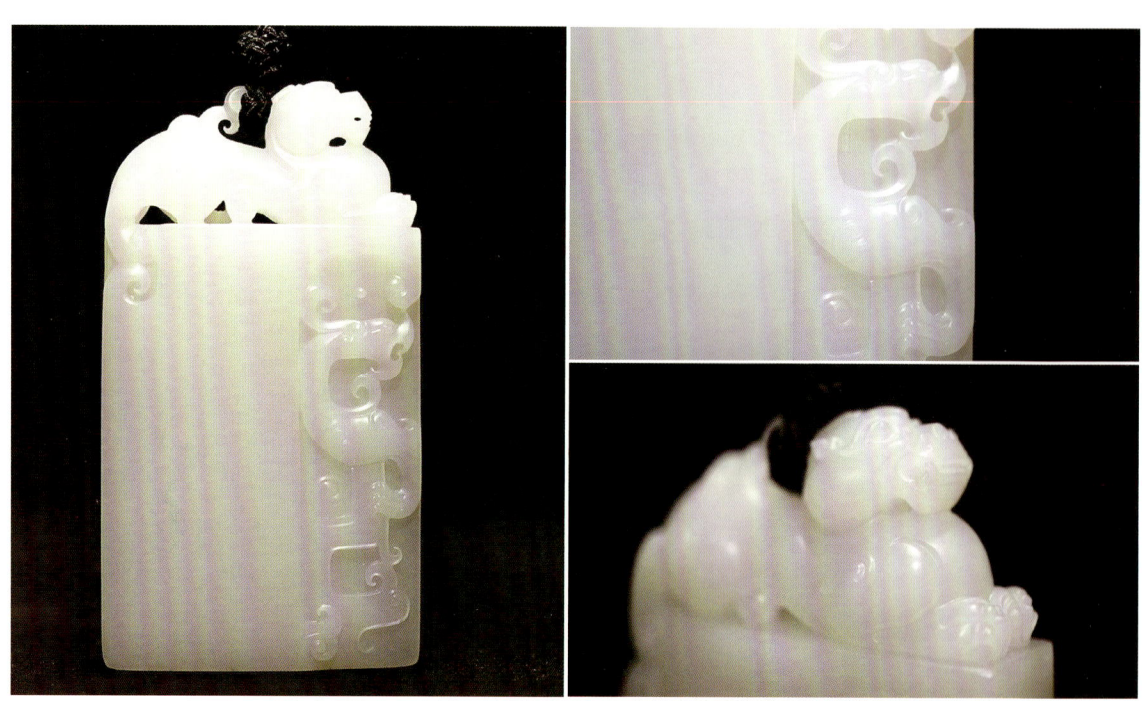

和田玉子料龙纹貔貅方牌

称为羊脂玉。同时羊脂玉主要强调的是油脂光泽，并没有一味地强调颜色，这也给有一些微微发黄的玉料留出了空间。所以羊脂玉可以不是顶级白，但必须是质地极为细腻，油性很强的玉料。

1．产量

自古以来，人们就了解并推崇羊脂白玉的价值，视其为玉中极品。这不仅仅是因为羊脂白玉顶级的品质，更因其产量稀少，珍贵异常。俗话说，物以稀为贵，虽然稀少会导致价格高昂，但羊脂白玉之美总是让人心驰神往，久久不能忘怀。能够拥有之人毕竟只是极少数，但是羊脂白玉无穷的魅力总是让人一见倾心，无法忘记它的美丽，始终对其推崇备至，价值也是经久不衰。

2．耐久性

在自然界中大多数的宝玉石都有着坚而不韧的特点，而和田玉由于其产状和结构特性使其在物理性质上刚韧兼备，羊脂白玉更是其中的翘楚。和田玉子料由于形成过程中经历了自然的筛选，经过"摸爬滚打"后去其糟粕，保留了玉质最为细腻坚韧的部分。同时高品质的和田玉有着毛毡状纤维交织结构，这种结构比普通的纤维交织结构更加致密、紧致。以上两点使羊脂白玉有着坚实的质地和超强的韧性，可传承百年。

3．传统文化

传统文化一直是影响玉石价值的重要因素之一，却常常被人们所忽视。其实在悠久的历史中，中国人就逐渐形成了崇尚玉器的传统，更创造出了丰富、完善的玉文化体系，这正是由于和田玉有着一种不张扬、不造作的含蓄内敛之美，十分契合中国传统文化的审美观和价值观。特别是羊脂白玉，其细腻浑厚的质感，色如凝脂的净白，精光内敛的色泽，更将和田玉的传统文化推向巅峰。佩戴一块好玉，更是一种身份的象征。

4．体积小

体积小，便于携带和收藏把玩，也是羊脂玉价值高的一个因素。自古以来，达官显贵、富商巨贾都对投资珠宝玉石情有独钟，羊脂白玉由于高昂的价值，良好的耐久性，长期保值增值的特性，更是成了不二选择。将大量的货币带于身上会十分的不便，但将价值集中在小巧的玉器上，这样就可以随时随地地将大量资产秘密地保存和转移，很大程度上方便了收藏者，更赋予了和田玉新的价值。自古以来，金银财宝虽然也有上述的作用，但终究无法企及羊脂白玉的价值。

答疑解惑

古人是如何开采玉石的？

古人由于缺乏有效的开采工具和手段，只能采取拣捞玉石、挖玉、攻玉等方法。由于和田玉的子料主要富集于河流下游的河滩和河道中，所以拣玉和捞玉就成为古代采玉的主要方法。这种采玉方法主要适用于春季和秋季，其原因在于，夏季较高的气温导致山上的冰雪融化，河水挟带了大量的玉石碎块自上游而下，最终沉积在浅滩、河道中，此时由于水位升高，无法进行玉石的采集。而随着秋季的来临，此时的河水温度适宜，气温下降也让水位走低，富集的玉石便显露了出来，利于人们发现和采集。到了春季，气温的回暖使冰雪融化，沉积的玉石再次显露出来，又成为采玉的忙碌季节。古代文献中也有对拣捞玉方法的记载"玉璞堆积处，其月光倍明"，"月光盛处必得美玉"，意思就是说在夜晚伴着月光更易于发现河中明亮的和田玉子料。

青玉礼乐立人耳纹杯

青玉，杯沿阴刻圆圈纹，杯腹阴刻双勾"工"字纹地上高浮雕11位伎乐女子，或吹笙、箫、笛、排箫，或弹琵琶，或击鼓、拍板，或引吭高歌。另有鹿衔灵芝卧听仙乐。杯两侧各有一仙女脚踩祥云双手攀扒于口沿。杯内里高浮雕如意云头。器外壁以"工"字形等几何纹饰为地装饰浮雕主题图案的做法，在南宋的瓷器、金银器上即已出现，并为元代所承袭。而在杯近口沿处装饰一周阴刻圆圈纹的做法，唐、宋、辽时期的陶瓷、玉器上均有所见。清宫旧藏。

和田玉子料红皮观音挂坠

规格：62mm×39mm×21mm
重量：71.7g

而挖玉是指在已经干涸的古河道或者浅滩、河谷阶地等地方的砂石层中挖掘、寻找和田玉。这些地方与河水都有着密切的关系，其中存在的和田玉也是由河水挟带而来，只是随着时间的推移，或河水干涸，或河流改道。挖玉的采集方式相对效率有所降低，但是局限性小，不易受到季节变化的影响。根据古书上的记载，古人在很早的时候就会上山进行和田玉原生料的开采，这就是所谓的攻玉。开采山料比子料要难得多，原生玉矿多在昆仑雪山高海拔之处，交通险阻，高寒缺氧，十分艰辛。同时，采玉者必须要具有相当的识别能力和丰富的经验，不仅要胆大心细，同时要尽可能大且完整地把玉料从岩石中分离开来。虽然开采原生玉料过程艰辛，甚至有生命危险，但是古人仍然为了采玉寻宝而甘愿涉险。

在上千年的历史发展中，随着人们审美意识的提高，对和田玉品质的认知也越来越全面，使人们也更加向往和追求美玉、好玉，对和田玉原料的需求量也是日益增加，人们也从最初认识和田玉到采集和田玉，从捡拾子料到上山开采原生山料。尤其到了清代，随着技术和运力的相对提高，上山采玉的情况更是逐渐增多。当然，由于古时人们的开采技术十分落后，所以玉石的开挖主要以拣捞玉石、挖玉为主。

这是我在2018年3月考察玉龙喀什河时看到的情景，正值枯水期，河床上会有人三五成群地采挖玉石，他们使用最简单的工具翻挖河床，这不仅要付出巨大的体力，同时也要具备一双慧眼，能从千万块的鹅卵石中找到玉料。

一些专业挖子料的挖玉人，则会用抽水机冲刷河床！这些挖玉人个个都独具慧眼，很远的距离就能一眼看出来哪个是子料，哪个是石头。玉龙喀什河的水非常清，都是山上融化的雪水，特别清凉，还很甜。现在是枯水季，一公里宽的河床就都是细小的水流，支撑着整个地区的生活，真可谓是生命之源啊！

精品图赏：新疆和田玉玉雕作品

碧玉鸭蛋青貔貅手把件

规格：60mm×35mm×31mm
重量：103g

  此件碧玉鸭蛋青貔貅手把件，玉质油润，细腻无比，周身颜色沉稳、均匀，细糯之感好似豆沙一般。精雕细刻貔貅造型，比例得当，大小适宜，上手温润，握感舒适，是难得的碧玉鸭蛋青精品。

和田玉子料龙凤镂空牌

规格：79mm×20mm×12mm
重量：62.1g

  和田玉龙凤牌，镂空双面雕工，团龙团凤，周围的乳钉纹雕刻更是得法，复杂而有规律，尽显古朴大方。龙凤牌象征着五谷丰登，丰衣足食。此作品侧面可见黄皮，皮质相对疏松，皮色侵入玉质较深，说明玉质不够致密，可见子料并非都有高品质。

和田玉子料玉米挂坠

规格：64mm×28mm×28mm
重量：73.5g

　　这件和田玉玉米挂坠油润度高，造型雕刻惟妙惟肖，寓意多子多福。运用天然子料皮色俏雕蝙蝠，有福在眼前之意。现代雕刻多会保留玉石的原始皮质，既可增加子料的辨识依据，又可做俏色处理，令成品价值提升。

九　和田玉子料青白玉太狮少狮把件

规格：86.5mm×57.7mm×52.8mm

重量：283g

　　狮子是百兽之王，其身姿雄伟，勇猛异常，威震八方。自唐代以来，就有着将一对石狮子摆放在大门两旁的习俗，用来镇宅治邪。狮子根据造型的差异，有着不同的寓意。"太狮少狮"为中国传统寓意纹样，图案一般为一只大狮子怀抱一只小狮子或者大狮子身旁伴一只小狮子。其寓意步步高升，象征高官厚禄、官运亨通；而作为家庭之用摆放狮子，能起到镇宅守门、消灾解祸、祈福平安的作用。

　　此把件为青白玉材质。工匠以简单写实的风格，粗犷刚劲的琢玉技法，以圆雕为主要方式，制作出双狮嬉戏的把件。其中太狮神情威严有力，目视前方目光如炬，而幼狮抬头仰望太狮，双爪紧贴其身，温顺乖巧的造型生动传神。太狮少狮也有狮子滚绣球之意，因"狮"与"事""嗣"谐音，所以双师并行又有"子嗣昌盛""事事如意"的含义。

藏品细部

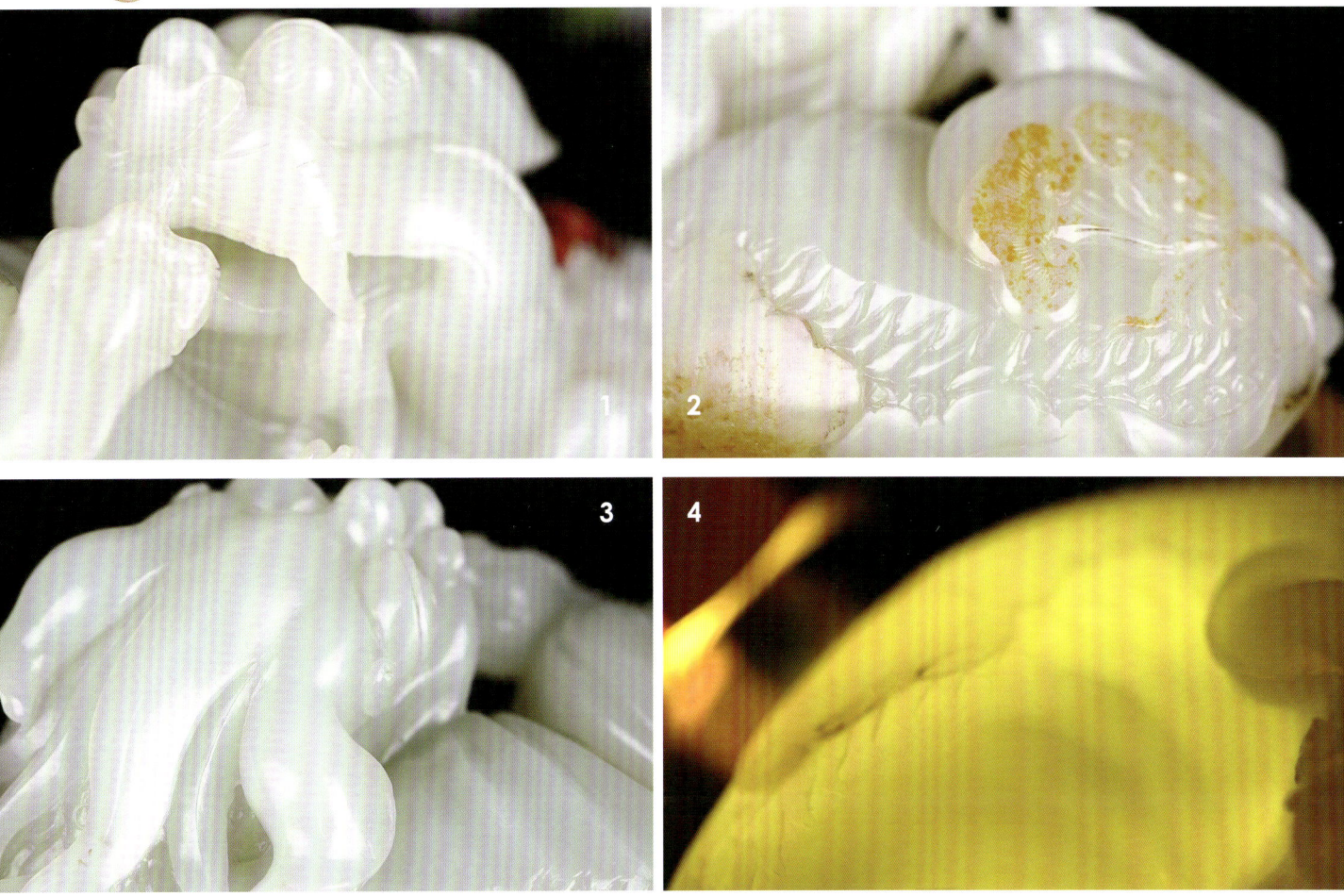

1. 此玉器为青白玉子料材质，体量大，颜色呈青白色，圆雕太狮少狮造型，雕工粗犷豪迈，尽显狮子神态的威武、庄严。

2. 子料基本都会留有皮色，这款也不例外，洒金皮颜色浓艳，通过浅浮雕俏色成灵芝的造型，寓意美好，在突出玉质的同时，使狮子造型更加有层次感。

3. 此狮子造型生动、写实，虽然子料的颜色发青，但是玉质上佳，在头后部大片留白的部位可见明显的油脂光泽。

4. 打透射光可见内部玉质细腻、结构几乎不可见，虽然颜色为青白色，但品质依旧保持了子料的高水准。

知识点解析

和田玉青白玉概述：淡雅青质，似白非白

和田玉属于镁质大理岩与中酸性岩浆岩接触交代而形成的一种变质岩。其主要组成是由角闪石族中透闪石、阳起石类质同象系列的矿物，也被称为钙（镁/铁）硅酸盐的水合物，化学成分中Fe和Mg之间可以进行完全类质同象代替作用，也称为相互置换。通过两种元素之间的置换，和田玉中透闪石和阳起石的比例也会随之发生变化。随着Mg元素不断被置换成Fe元素，透闪石逐渐转变为阳起石，也同时导致了玉质颜色的变化。阳起石比例的增加就会使白玉转变成青白玉，甚至是青玉。也就是说，和田玉中铁元素含量的增加，导致了玉颜色的不断变深。

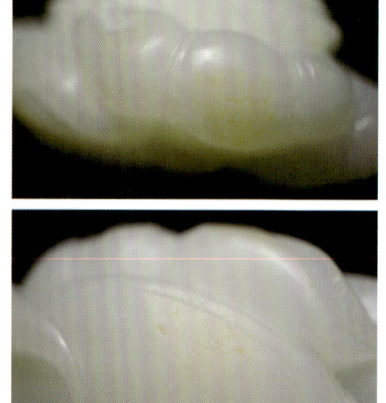

和田玉青白玉富甲天下摆件

通过上面的介绍可以得知，青白玉是白玉与青玉之间的过渡品种，其颜色介于白色与青色之间，有着似白非白，似青非青的柔美颜色。好品质的和田玉青白玉其质地应十分细腻，油脂感强烈，几乎不可见内部结构，也少有肉眼可见的杂质、瑕疵等。由于青白玉的原料有着块度大、完整度高等特点，因此多用来做成器皿。目前来说，青白玉是现在和田玉市场上的主流，因其颜色能被大众所接受，价格又相对平稳，虽然玉质略有发青，但贵在其肉质相对细腻，也有一定的润度。同时，通过匠人的高超技艺，配以适合的题材和工艺对青白玉加以创作，反而有助于其价值的提升。用高品质青白玉制作的各类玉器，有着非常高性价比的收藏性。

答疑解惑

难道"青白玉"就低人一等吗？

目前的市场上，最受藏友追捧的非和田玉白玉的子料莫属了，其价格也是居高不下。究其原因，不仅在于人们对子料品质的认同，也有追求白度的因素在里面。但真的有那么多白度高且品质好的子料吗？其实不然，很多情况下白度特别好的和田玉往往玉质不佳，能和白纸媲美的"白玉"可能失去了温润含蓄的美感，而显得干涩苍白。而且颜色过白的白玉通常也不会给人以美感，更多的时候其白色给人的感觉是惨白。而和田玉青白玉子料，它虽然在白度上逊色一等，但在细度、油性等方面，未必比白度很高的子料要差，相反可能除了颜色，在细度、糯性和油性等指标上，青白玉的品质可能更佳。但目前的市场中青白玉的价格比白玉要低很多，其实说到底是由于青白玉的颜色不符合大众的口味，综合对比之下未必输人一等，反而具有极高的性价比。

从以上两张图片可见，虽然都为白玉，但实际的玉质并非纯白色，而是带有发青和发黄的颜色。颜色无法达到一级白的级别，但是光下可见内部玉质洁净，无杂无裂，颗粒感几乎不可见，玉质上乘。

这里就涉及一个概念，就好比我们刚刚接触翡翠的时候，人们都认为颜色是越绿越好，而忽略了种水等其他因素，当白色的高冰翡翠价格直线飞升时，大家才认识到，翡翠并不是单纯以颜色来论品质，还要结合水头、种地等多方因素综合判断。其实这跟和田玉是一个道理，大家在一味地求白度的同时，却忽略了玉质、产状、皮色等多方面的因素，这就变得本末倒置，从而无法判断真正好玉的价值了。当然，我们追求的是"既白又润"的好玉，但是很多白玉会呈现出干涩之感，而青白玉往往相对脂润。在预算不足以选购到羊脂玉的时候，青白玉也不失为一个好的选择。

精品图赏：俄罗斯和田玉玉雕作品

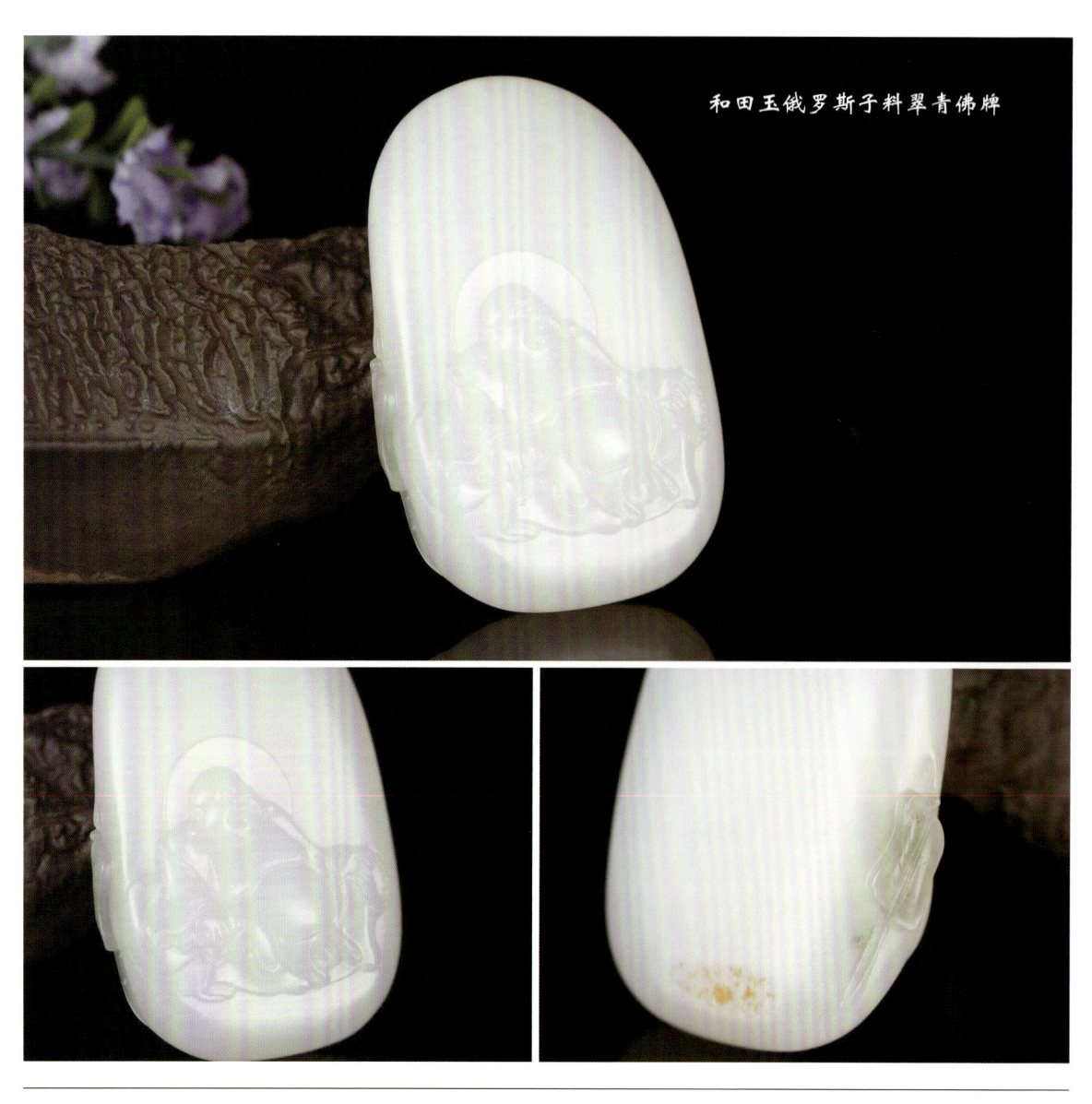

规格：56mm×37mm×13mm

重量：49.9g

  此玉牌由俄罗斯产白玉子料制作而成，玉质上佳，浅浮雕刻画弥勒造型。子料多产自新疆和田，俄罗斯产出极少，非常难得。这件作品保留了天然的黄皮，最特别之处是还带有翠青色，其分布于白玉底之上，颜色鲜活灵动，如春日枝头的嫩芽，给人生机盎然、蓬勃向上之感。

和田玉俄罗斯子料双色皮连年有余挂坠

规格：61mm×31mm×14mm

重量：31.6g

  这款和田玉连年有余挂坠原料产自俄罗斯，工料俱佳。红、黑双色皮，糯白玉的底子，油脂感尽显。常见的子料多为一种颜色的皮色，出现双色皮甚至多色皮的情况极为少见。通过观察可见此挂坠的皮色过渡自然，薄薄一层浮于玉质表面，说明玉质坚实、细腻。

十 和田玉沙枣青子料

沙枣青

这是我在库尔勒市场上淘到的一块沙枣青子料,纯天然子料,有着非常自然的形状和皮色,肉质特别细腻,油脂感十足,绿色中透着一点蓝色调,非常典型。

和田玉沙枣青因其独特的颜色,上佳的品质,虽然属于青玉的范畴,却被划分出来,成为一个独立品类,足见市场对其高度的认可。沙枣青是青玉中"一细"的原料,一细就是最细的意思,说明其有着非常细腻的肉质,同时颜色绿中带蓝,非常沉稳,很受市场的欢迎。沙枣青虽然被归类为青玉,但其玉质与青玉有着很大的差别。这主要是因为其含有大量的直闪石,而非透闪石,所以有着青中泛蓝的特殊颜色,玉质更如同豆沙一样细腻温润,脂感非常的强烈。打灯光照射,会有聚光效果,但光打不透,通过肉眼观察其结构基本不可见。如果藏友有幸入手一块沙枣青原料,用手触摸,其玉质会给人以肌肤一般的奇妙质感。以上这些特点使和田玉沙枣青目前价格居高不下,在当下的和田玉市场中异军突起。

这里再给大家普及一个小知识,就是上文中提到的"直闪石"。什么是直闪石呢?直闪石属于闪石一族,闪石族中可以分成透闪石、直闪石、角闪石等,全部都属于硅酸盐矿物系。由于直闪石和透闪石属于同族矿物,因此分别以两者为主成分的玉石,其物理性质和光学性质也十分的接近,但由于直闪石玉是平行排列的结构,除了具有和透闪石玉相同的光泽外,还会呈现出丝绢状纹理,并且直闪石玉的颜色也非常丰富,比如粉色、紫色和青蓝色等颜色都是很有代表性的。而直闪石含量高者出现在青玉之中,就是我们所说的沙枣青了。

知识点解析

和田玉青玉概述：幽淡隽永，雨过天青

青玉是和田玉中出产量最高的一种玉，在和田玉数千年的发展史中，青玉虽然没有白玉那般备受重视，但也绝不是碌碌无为。从商周到战国，青玉都是使用量最大的一种和田玉，虽然自汉代开始白玉备受宠爱，但青玉也并未退出历史的舞台，一直在和田玉的分类中占有自己的一席之地。青玉和白玉一样，属于接触变质成因所形成的玉石，由于内部所含的阳起石的占比不同导致了颜色的差异，青玉的颜色是从淡青到深青色等，深浅不一且跨度较大，大家比较熟悉的颜色有竹叶青、虾子青、杨柳青等。青玉由于含有更多的阳起石，其玉质凝结有序，晶体更细更均匀，这也就是大部分青玉质地细密，而白度特别高的玉料却往往细度不佳的原因。

除了以上的颜色之外，在青玉中还有一种非常特殊的品类，在自然光下看起来非常接近黑色，这就是黑青玉。在黑青玉当中，产自新疆塔什库尔干塔吉克自治县马尔洋乡皮里村的黑青玉最受人们喜爱，俗语称为塔青。高品质的塔青细度好、油性佳，玉质甚至可媲美子料，有着"黑羊脂"之称。这里还要特别说明，目前在广西大化也产出一种黑青玉，其原石多带有黄色石皮，料质细腻，颜色漆黑，基本不透光，与塔青有很高的相似度。但是这种广西黑青玉在检测机构是无法出具和田玉的鉴定证书，原因就在于其成分虽然含有透闪石，但是铁阳起石的含量过高，已超出标准范围，因此只能称其为富铁阳起石质玉，这也是其颜色深邃的原因，大家在选购时要特别留意。当然更不能将这类黑青玉称为墨玉，因为在国标中明确说明墨玉必须是石墨致色，这部分内容在后面章节有详细介绍。

青玉扳指

此件青玉扳指质地呈现墨绿色，颜色深沉、凝重，玉质中更伴生黄铁矿，在光线照射下金光熠熠，与玉质本色形成极大反差，特点十足，既可佩带把玩，更是一件标本级的藏品。

青玉单纯从价值上来看，似乎无法与白玉、黄玉等相比，但是青玉也有其自身鲜明的特点：其颜色纯净，质地温润细腻，其山料往往块度较大，高品质者更有着致密的交织结构，韧性上佳，同时存量丰富，从古至今青玉都是制作大型玉雕作品的重要原料，大大丰富了玉雕作品的创作。在早些年前，由于青玉未受到人们的足够重视，因此存在资源开发无度，浪费性使用的现象。近年来，青玉玉雕作品越来越受到人们的重视和喜欢，而由于开采其原料的产出也在不断减少，高品质青玉的珍稀度日益彰显出来，价值也在不断地提升。

明·青玉荔枝纹匜

青玉，稍带糖色。器身及足均椭圆。器口沿阴刻俯仰"山"子文，器身浅浮雕荔枝及枝叶纹。器身一侧出龙形把，龙首探伸于器口上方，龙背起脊，两侧装饰卷云纹。匜是古代盥洗时浇水的用具。匜形椭长，前有流，后有鋬，有的带盖。青铜匜在西周中晚期出现，多有四足。春秋时有三足和无足匜两类。战国的匜一般都无足。清宫旧藏。

青玉作为和田玉中产量最大的一个玉种，其也有子料产出。但是早期人们一听到青玉子料就一脸嫌弃，对其嗤之以鼻，同样是子料，青玉和白玉的待遇可谓天壤之别。现在，这种情况已经大为改观，越来越多的藏友渐渐地把目标转向了青玉子料，这是什么原因呢？其实，当下和田玉的收藏热度持续不减，高品质白玉的需求不断，但资源却已日渐枯竭，人们不得不把目光转向其他品类，青玉便是其中之一。尤其是青玉的子料，其有着非常细腻油润的质地，古朴而浑厚，色泽虽不艳丽但有内敛之美，低调而不低俗。除此以外，以青玉所做的雕刻作品，即使是素活也能体现其质感，而借由青玉本身的质地，更能让雕工尽显，同时青玉上佳的脂份感与好工艺更是相得益彰。可以说，好的青玉子料有着不输于其他子料的优秀品质，同时其价格横向对比还是非常接地气的，有着很好的投资、收藏价值。

答疑解惑

如何区分和田碧玉与和田青玉？

虽然青玉和碧玉的矿物组成主要都是透闪石和阳起石，但是通过研究发现这两种玉矿形成透闪石的方式不尽相同。和田玉青玉、青白玉、白玉中的透闪石是由于中酸性侵入岩与白云石大理岩接触交代形成的；而碧玉大多是蛇纹岩型矿床由于地质环境的改变，导致温度、压力的增加以及变质热液的作用而生成的透闪石。青玉和碧玉都是和田玉的重要品种之一，两者虽然成因不同，成分也有所区别，同时各自也有一定的特征，但是两者在一些特点上又有重合和相似之处，对于接触和田玉不多的藏友，难免会造成混淆。以下就给大家介绍青玉与碧玉两者之间的一些区别以及各自的属性特点。

和田玉古玉双龙青玉环

碧玉猫眼手串

1. 质地

从地质成因上来看的话，青玉和碧玉属于不同的分类，青玉为碳酸盐岩蚀变型，而碧玉为超基性岩蚀变型，两者之间由于矿床的类型不同导致不仅外观特征上有一定的区别，而且透闪石和阳起石的比例也不尽相同，另外两者的主要化学元素成分和微量元素成分的含量也有所差异，同时碧玉中还含有少量的铬尖晶石以及石墨点、绿泥石和辉石等，在组成成分上也更加复杂。青玉相比碧玉，其成分更加单一，且内部结构排列规整，所以质地更加的均匀、纯正；而碧玉因矿物组成更加复杂，颗粒度也是大小不等，导致其质地通常不太均一。

2. 颜色

青玉与碧玉的颜色不仅跨度大而且色阶多。青玉的颜色一般为淡青色至深青色，有一定的跨度，其中竹叶青、虾子青、杨柳青等颜色具有代表性；而碧玉颜色以绿色为基础色，常见颜色为黄绿色至墨绿色，颜色至深者呈现黑色，市场上主流的碧玉颜色为：菠菜绿、阳绿、浅绿、鸭蛋青等。通常来说，青玉的颜色分布均匀，统一性强，不论外在颜色如何变化，打光其内部颜色仍然会呈现青色；碧玉的绿色通常分布不均，通常含有点状黑色矿物晶体、天然瑕疵和花纹，打光之下可见内部呈现绿色调。

新疆粉青玉

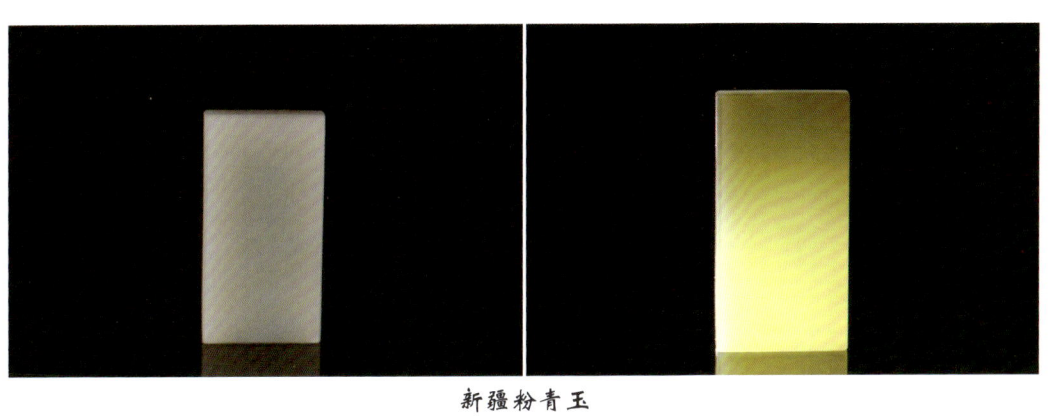

叶城青玉

俄罗斯老坑碧玉

青海青玉

四种不同产地的碧玉和青玉在同框之下对比，可见颜色有着明显差异。

3. 价格

在人们的印象中，碧玉的价格始终是高出青玉一筹的，这与碧玉的颜色密不可分。高品质的碧玉其玉质细腻油润，黑点较少，且色泽艳丽者绿色犹如翡翠一般，给人以生机勃勃之感，惊艳非常，以其制作的碧玉饰品如手镯、挂坠等深受人们的青睐，价格也相对高昂。而青玉由于其高产量和相对暗淡的颜色，导致人们对其关注度一直不够，因此未受到市场的垂青。而近些年随着和田玉产量的降低，人们也逐渐将视线转向了青玉，特别是青玉子料，凭借自身的特点和较高的品质获得了藏友的一致认可，其收藏潜力和价值也在不断提升。

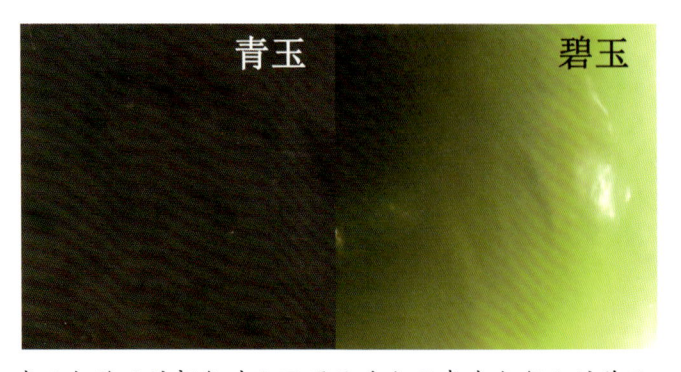

青玉与碧玉的颜色对比可明显看出两者在色彩上的差异。

十一 和田玉新疆黄玉财神挂坠

规格：52mm×39mm×22mm
重量：63.3g

作为和田玉的四大主色玉之一，和田玉黄玉有着极高的价值、稀有的产量和不菲的身价。黄玉也有狭义与广义之分，其中以产自我国新疆地区的原生色黄玉子料最为罕贵，其有着色泽纯正、细腻如脂的高品质，甚至可以与羊脂白玉一较高低。

此把件为新疆和田黄玉子料所制，颜色为熟栗色，在尽量保留了子料形状的基础之上进行了创作，财神造型体态富足，神情生动自然，在方寸之间精准地把握住了财神的神髓。顶级的原料辅以完美的工艺，造就了此件难得的黄玉精品。

顾名思义，财神自然是掌管财富的神仙，受到各方人士的喜爱和崇拜，但其实财神并非只是特定的某人或单一的形象，在我国民间的信仰中，大家耳熟能详的有正财神赵公明、文财神刘海、武财神关公等。可以说，财神这一形象寄托着人们安居乐业、大吉大利、富贵平安的美好心愿，反映了劳动人民真切的期望和质朴的情感。

藏品细部

1. 此玉为正宗新疆和田玉黄玉子料财神，文财神体态雍容，是一位有着长胡须样貌的长者，神态和蔼，笑脸盈盈。

2. 此挂坠细节雕刻线条流畅、栩栩如生，文财神手持钱袋，动作自然，潇洒自如。现代社会中人们多以佩戴玉财神来祈盼工作顺利、心想事成。

3. 圆润的体态彰显出文财神特有之气质，有招财进宝、财源滚滚的美好寓意，令人敬仰。背面不上工更体现玉质沉稳、浑厚的色泽。

4. 打光可见光线无法深入内部，足见料质的致密，其黄栗般的颜色更是深入内部。

知识点解析

和田玉黄玉概述：黄侔蒸梨，精光内蕴

黄玉是和田玉中极为珍贵的一个品种，质地细糯、色泽纯正的黄玉更是稀有名贵，原料极其难得，价值可比肩羊脂白玉。黄玉的价值自古以来就已被人们所了解并认同，而古人更以黄色为尚，视为君权的象征，自宋代至清代黄玉就一直被皇家所垄断。明代的高濂在其所写的《遵生八笺》一书中就有："玉以甘黄为上，羊脂次之；黄为中色，且不易得，以白为偏色，时亦有之，故而令人贱黄而贵白，以见少也……"这充分说明了自古以来高品质的黄玉就极少产出，其价值也就不言而喻了。

黄玉束荷式花插

清代，黄玉，卷沿处呈褐色。花插作丝带束荷叶之形，卷柄为足，表面碾琢叶脉纹。此器造型优雅，设计精巧，是难得的案头陈设佳品。花插是清代重要的案头陈设之一，用以簪插花卉、装点居室，材质、造型均十分丰富。清宫于康熙年间设造办处，网罗各地名匠，专门制作皇家器用。其中玉作、如意馆的玉匠几乎都来自苏州。苏州玉雕以工巧、繁缛、精美著称，以制作小件器用见长，与扬州专擅大型山子雕琢不同。此花插颇具苏州玉雕秀丽之风。以玉石之坚硬，诠释花枝之柔美、繁盛、碾琢技艺之高超，由此可见一斑。清宫旧藏。

黄玉主要产自昆仑山、阿尔金山一带，是典型的气成热液矿物，产于花岗伟晶岩、酸性火山岩的晶洞、云英岩和高温热液钨锡石英脉中。其摩氏硬度达到了6.5，质地致密温润，硬度、韧性极好，具有典型的油脂光泽，内部结晶的颗粒度普遍较小，打光观察难以见其结构。黄玉的颜色由淡黄色至焦黄色之间，可细分为熟栗黄、蜜蜡黄、秋葵黄等，对于各种黄色的形容就如字面意思一样很好理解。而这其中"黄侔蒸栗"者被公认为是最佳的颜色，意为黄色如新剥开的熟栗子一样，也就是甘黄色。而以上这些出众的特质使黄玉不仅是极品的玉材，更极具收藏价值。

从狭义上来说，黄玉就是特指我国新疆地区所产的原生黄色和田玉料；而其实从广义上来说：只要主色调是黄色的和田玉，都可以称为黄玉。以上的定义很容易理解，下面将黄玉分为子料和山料来阐述一下我的观点和意见。

1. 黄皮子料

黄皮子料是由原生的和田玉山料后期沁色所形成的子料，这种子料的特征是密度普遍较高，一般在2.95g/cm³以上，内部的玉质颜色要一致，而且皮肉分离，外观呈黄色，所以称之为黄玉。上述的特征中所谓分离的意思就是原料的肉质呈黄色或白色，而它的外皮多呈现为黄色、红色或黑褐色等，外皮与内部的玉质颜色上有着明显的差别。这是由于原料的玉质相对比较致密，在形成子料的过程中外部的致色元素无法沁入玉质内部，只在表层形成了皮色，而这种皮色通常与内部的玉质有明显的差异，这就是皮肉分离，也是黄皮子料的一大特征。

2. 黄沁子料

黄沁子料是白玉或者其他颜色的玉种在形成子料的过程中，由于外部的致色元素沁染而形成了黄色的玉质，这类子料现在也被归类为黄玉的范畴，也就是我们通常所说的黄沁子料，属于次生色黄玉。

黄玉子料

黄玉珍贵稀少，为玉中精品，可与羊脂玉媲美，黄玉还是新疆和田玉的四大主色玉之一，柔润如脂、质地细腻。而这次我在考察中便有幸收到一块黄玉子料，得到了这个小宝贝心里美滋滋的。斑斓的黄皮实在是太美了，毛孔自然，简直就是教学标本，令人爱不释手，虽然仅是一小块，但它的皮质以小见大，用来做镶嵌当戒指光想想都会觉得心旷神怡。

这种黄沁子料和黄皮子料都是由三价铁离子后期沁染致色,但是其皮色和玉质颜色相对一致,也就是皮肉不分的特点。而能被称为黄玉的黄沁子料肉质要部分甚至全部被沁成黄色,沁皮可深可浅,黄皮和黄沁的主要区别就在于沁色的深度。而这一点也说明黄沁子料的质地相对疏松,因此外部沁入的颜色才能深入玉质肌理,将其整体染色。这里需要特别注意,很多黄沁料都是石英岩质玉,外观更是极其的相似。

和田玉黄沁子料蝙蝠观音挂坠

规格:73mm×37mm×19mm

重量:80g

3. 黄玉山料

黄玉的山料产地众多，新疆且末的黄口料、青海的黄玉山料、辽宁岫岩的河磨料等，都可以定义为广义上的黄玉。这类黄玉由于是山料，所以品质参差不齐，玉质也有较大的起伏，同时颜色大部分不够纯正。比如大家比较熟知的黄口料，其颜色就呈现明显的黄绿色。不过藏友们也不必太过纠结，毕竟正宗的黄玉在市场上已是稀少难觅，不论是山料还是子料，广义的还是狭义的，其都有着自身的定位和价值，藏友们只需根据自己的喜好和需求进行选择就好。

通过以上的介绍，大家应该对原生色黄玉和次生色黄玉有了一定的了解，两者都是子料也有着相近的颜色，但颜色是先天形成还是后天形成是两者决定性的区别，而主要体现就在于皮色和玉质。目前的市场上，真正的原生色黄玉子料非常稀有，可谓是凤毛麟角，而黄沁子料虽然在品质上有所不足，但是其相对更为常见，价格也要亲民很多，不仅很好地填补了黄玉市场的空缺，也得到了有此类需求的藏友的认可。目前原生色的黄玉子料自不必说，高品质的黄沁子料在市场上也不多见，黄玉的受欢迎程度可见一斑。而且因为长期以来黄玉的定义都不甚清晰，所以还具有一定的市场空间。

目前黄玉虽然产地众多，但品质良莠不齐，资源逐渐成匮乏之势。但是就在今年，甘肃马衔山的和田玉矿脉被发现，并确认其为新的和田玉产区。马衔山位于甘肃省临洮县，呈西北-东南走向，而其中的马衔山玉矿位于临洮县峡口镇政府北约9公里处。这里目前已发现一座山峰出产玉矿，以黄玉为主。这里的开采方式主要是在矿脉露出位置人工敲击剥离原生玉料，或捡拾已风化剥落的原料，亦有少量子料产出。其黄玉颜色以绿、黄为主，常泛有大面积糖色，表观常见枝脉状黑色、暗褐色侵染物质(商业上和民间俗称"蚂蚁脚"或"藻丝纹")。

甘肃马衔山产和田玉主要组成矿物为较纯的透闪石，次要矿物为透辉石、绿帘石、磷灰石、榍石、斜黝帘石等，主要为显微纤维变晶或毛毡状变晶结构。其化学成分特征SiO_2含量为57.06%～58.44%、MgO含量为23.42%～24.13%、CaO含量为12.24%～13.04%。其产出和田玉呈玻璃光泽至油脂光泽，莫氏硬度为6～6.5，密度为$2.95(+0.15,-0.05)g/cm^3$。

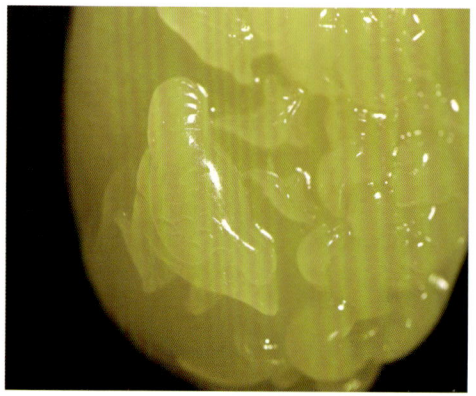

和田玉新疆黄玉喜鹊登枝挂坠

答疑解惑

和田玉原生色与次生色的区别

我们的藏友在接触和田玉的过程中，常常会听到"原生色"与"次生色"两个词，并为此迷惑不解。究竟什么是和田玉的原生色和次生色呢？下面将为大家一一解答。

所谓原生色是指玉石在成矿的过程中，其本身就具有的颜色，主要指山料。属于原生色颜色的有白玉、青玉、碧玉、黄玉山料、墨玉等，这些颜色都是在漫长的岁月中不断地蜕变、融合，最终呈现在人们的眼前。根据颜色的不同来定义和田玉，并以此颜色来进行命名，是最简单且有效的区分和田玉品种的方式。

而次生色又分为天然次生色和人为次生色两种。在和田玉形成之初，也就是成矿过程中，其被围岩包裹得密不透风，玉矿始终保持稳定的状态。但随着时间的推移，在漫长的地质作用下，玉矿由原先的环境逐渐暴露在地表之外，并与周围的河流、岩石、土壤等接触，由于渗透、浸泡、风化、氧化等各种作用，导致外部的致色金属铁离子沁入玉中，而玉矿中的成分也发生了变化，最终使玉的色彩发生改变。这种色彩的改变是玉矿的原生环境发生变化，并在自然作用下所产生的，不同的作用下显现出的次生色也不尽相同，但完全没有人为因素的影响，这就是天然次生色。

了解了什么是天然次生色，人为次生色就很好理解了。由于各种人为的因素导致玉石的颜色变化，就是人为次生色。玉石被开采之后，被制作加工成各类玉器并融入了人们的日常生活，在长期的接触、佩戴、盘玩的过程中使玉受到沁染从而改变了其颜色。除此之外，通过化学手段对玉石进行人工染色，也是一种人为次生色，但这通常是不法商贩用以造假牟取暴利的一种手段，不仅破坏了市场的经营秩序，而且染色的化学品对人体也有一定的伤害，这种次生色完全不可取。总结来说次生色就是通过物理、化学或人为等因素，使玉的原生色受到沁染，从而改变了玉石表皮甚至内部的颜色。

还有一类人为次生色就是古玉的沁色。玉器在进入墓葬之后，在地下掩埋了几百年甚至上千年的时间，由于地下环境呈现出不同的酸碱度，这让玉石产生了沁色，例如鸡骨白、血沁等。

知识点拓展

新疆黄口料

黄口料是一种与和田黄玉有着相似外观与颜色的玉料，其大部分呈现浅黄色调，黄色中泛青绿色。其综合品质虽然无法与新疆产的黄玉相媲美，但是其中的高品质者有着接近的质地和颜色，在黄玉本就稀缺的当下，很好地填补了这部分市场的空缺，目前越来越得到了藏友的认可和青睐。其实从广义上来说，黄口料就是黄玉的一种，只是颜色和玉质有所不及，但品质上佳的黄口料其颜色不仅与黄玉近似，而且玉质也能呈现出浑厚油润的质感。目前，随着市场对黄口料需求的增长，黄口料的产量也在不断减少，其主要产地在新疆的且末、若羌、黑山等地，另外俄罗斯、青海也有产出，而这其中又以若羌和黑山的品质更佳。

于田市场 黄口料原料

在新疆考察期间，我购入了几块黄口料原石作为样本，回北京自己的实验室测一下，看看到底是不是透闪石，虽然看起来很像，但也怀疑是蛇纹石。白云岩矿床里经常伴生蛇纹石，石棉矿里也有伴生，通过当地人的介绍，图中浅色的这块原料是若羌产的，深色的是于田产的。二者的含铁量不一样，而且于田的原料上还有一块成分不明的白色矿物，有待进一步鉴定。

黄口料也是原生色致色，黄口料因形成时间、矿物元素含量等不同，而表现出不同的色调。以我们所熟知的几个产地举例：若羌可以说是最为著名的产地，其所产的黄口料由于本地富含铁元素，导致颜色最为纯正，为暖黄的色调，部分微微闪青绿色；而黑山地区由于临近铜矿带，所以其黄口料颜色偏绿色；且末所产黄口料更是常与糖玉伴生为其特点。所以说每个产区所产的黄口料都因地质因素的区别而呈现出不同的特点。

　　黄口料也有老料与新料之分，老料通常有着料质浑厚细腻、油润光泽的特点，局部会伴有糖色，其黄色相对更加纯正、鲜艳；而新料料质偏通透、水润，结构不够致密、性脆，颜色多以淡黄色偏绿色调为主，综合品质与老料相比有所不及。老料黄口料早已为人们所知，最出名的老料并非是新疆所产，而是来自辽宁的黄口料。我国东北地区的黄口料主要产自辽宁鞍山境内岫岩偏岭镇，与新疆所产的和田玉一样，也有子料和山料之分。山料当地俗称黄白老玉，市场上也称为东北黄口料；而子料就是我们常说的老河磨玉，这类老料的特点是黄色调比较纯正，玉质温润细腻，具备子料应有的形状和特征。在早

和田玉新疆若羌黄口料貔貅把件

规格：71 mm×39mm×25mm
重量：134.5g

　　此款把件的原料产于新疆若羌，有着很标准的浅黄色，料质比较细腻、浑厚。黄口料为山料，很多黄口料玉质相对疏松、内部交织感差，颗粒度粗大，在雕刻创作过程中往往不易雕刻；尤其如青海等地所产黄口料水透性强，性脆干涩，只能制作成小件配饰等。但是此块貔貅把件并未出现以上情况，可以说是非常难得。特别是黄色质地纯正，并不掺杂绿色调，雕工更是传神到位，黄口料的精品，具有很好的收藏潜力及升值空间。

年间这种子料产量就很低，目前更是稀缺，想要找到一块颜色正、结构好、少瑕疵的好料更是难上加难。在当地还产一种黄色的岫玉，其颜色与黄白老玉非常近似，但是两者并不是同一玉质，所属的分类更不一样。黄白老玉属于透闪石玉，而岫玉属蛇纹石玉。

对比图

从以上对比图可以看出，新疆和田产的黄玉其颜色可呈现出甘黄色或艳黄色，色泽纯正、饱满；相比之下新疆产的黄口料可明显看出色泽偏淡，颜色的饱和度低，色泽不纯正，偏青黄色。对比糖玉的图片，其两者的颜色颇有相似之处，其实，从定义上来说只要是黄色就是黄玉，只是呈现出的颜色不同，根据个人的审美和定义不同，认知也会有所不同。

和田玉黄口料颜色对比

图中可以看出黄口料的颜色区间跨度还是很大的，从绿色调到黄色调，颜色的变化十分丰富。

十二　俄罗斯老坑碧玉手镯

圈口：60mm

　　绿色在我们的日常生活中随处可见，是各类植物的主色调，其象征生命力，给人以充满活力之感，同时又给人以和平、自然、真实的感觉。而在任何的宝玉石中，绿色都是最常见、最受人喜爱的那一抹亮色，在和田玉家族中也不例外。和田玉中的绿色主要源自于碧玉，其颜色色阶宽广，色彩饱和度高，是由超基性岩经过热液蚀变形成的。高品质的碧玉色泽呈阳绿色，好似翡翠一般，魅力让人无法抗拒。

　　此手镯为俄罗斯老坑碧玉所制，其呈现翠绿色，颜色娇艳，玉质温润细腻，光泽柔和饱满，给人以精光内敛之感。在玉器行中，有一镯二牌三把件的说法，说明做手镯所用的原料必定品质上佳，除了玉质好以外，无裂纹、无瑕疵也是必备的条件。不过手镯虽好，却有着挑人佩戴的小缺点，圈口的大小决定是否能够佩戴，有眼缘的镯子未必就一定适合，藏友们切不可心急，一切随缘即可。

藏品细部

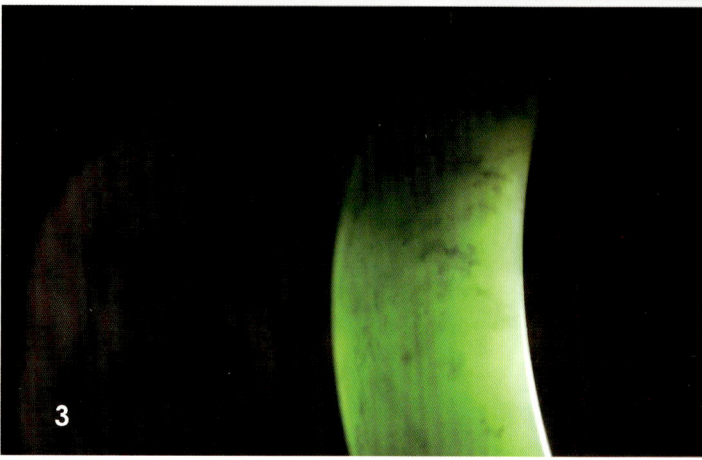

1. 此玉整体为翠绿色，颜色均匀，娇艳动人。

2. 透过细节图的展示可见玉镯的内部质地细腻，作为碧玉其表面更是无任何黑点、杂质，实属难得。

3. 打透射光可见其结构紧实、致密，碧玉的绿都是一团一团的，如果没有这些团状色块，那么碧玉的颜色将会呈现青灰色。

知识点解析

碧玉概述：青若蛋壳，绿如夏荷

碧玉是和田玉中的一大品类，是一种半透明绿色调的和田玉，颜色和结构不甚均一，摩氏硬度在6～6.5。根据形成母岩的不同，我们已知碧玉是由超基性岩蚀变而成，其主要组成物质中阳起石为主，透闪石为辅，两者的含量占比在69%～95%。此外碧玉还含有尖晶石、铬铁矿、蛇纹石、绿泥石和辉石等杂质成分，在组成成分上更加复杂，也是其材质上黑点多的主要原因。相比其他颜色的和田玉，碧玉的致色成因更加多样，除了阳起石中的铁元素外，镍、钴、铬等元素也有一定的含量。特别是铬元素致色会让碧玉呈现出阳绿色，翡翠的阳绿色同样也是铬元素所致，所以两者颜色有相似之处。目前碧玉的产地众多，但主产地无外乎俄罗斯、新疆、青海、加拿大等，其中俄罗斯碧玉由于颜色鲜艳深得人心，成为市场的主流，有很高的市场占有率。

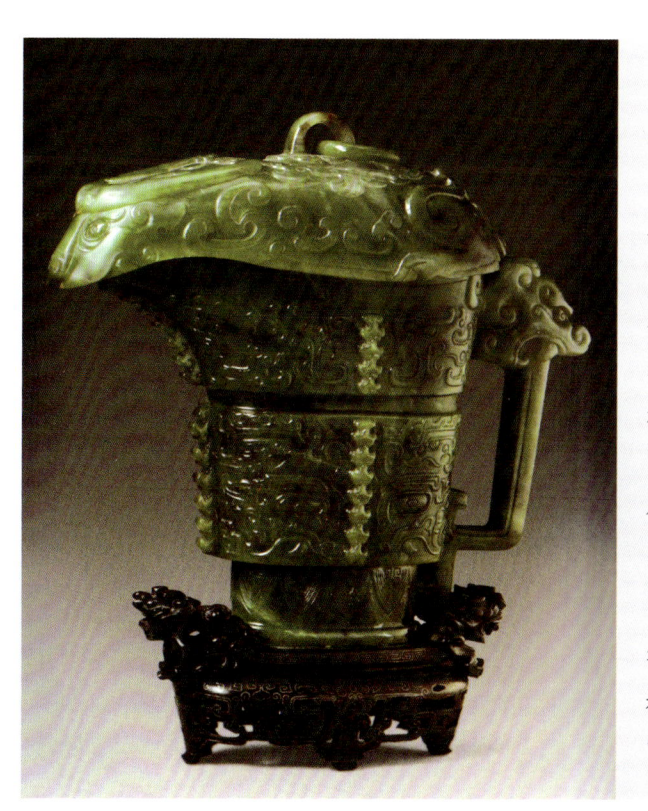

碧玉兽面纹匜

碧玉，有墨色斑块。器盖表面通体浮雕作兽形。桥形钮，上套一环。器身表面以四条等距凸棱分割成四个装饰带，分别装饰浅浮雕夔龙纹和兽面纹。近足饰蕉叶纹一周。兽吞式柄。内底镌刻"作司寇彝周建用惟百零四方永作祐"。外底镌刻"大清乾隆仿古"。盖内镌刻乾隆己亥（乾隆四十四年，1779年）御制诗《题绿玉司寇匜》："一握和阗玉，琢为司寇匜。率因从古朴，非所论时宜。韭绿犹余润，粟黄从诩奇。四方永作祐，博古式铭词。乾隆己亥春御题。"末署"比德""朗润"二印。清宫旧藏。

绿色亦是和田玉中最常见、最主要的颜色之一。碧玉同比其他颜色的和田玉，由于含有更重的致色元素，使其颜色以绿色为基础色。目前市场上常见的碧玉颜色由浅绿色至暗绿色，色差较大，颜色纯正者可呈现出鲜艳的绿色，深受藏友的欢迎。精品的碧玉应具有细腻的质地，均匀的颜色，油脂般的光泽。目前和田玉的原料日渐匮乏，精品的白玉已是凤毛麟角，藏友们则是把目光聚焦到其他颜色的和田玉上，碧玉就是其中之一。而碧玉丰富的绿色调也给了藏友更多的选择，这其中菠菜绿和鸭蛋青是最负盛名的两个颜色。

1. 菠菜绿

菠菜绿是现在最热门的碧玉品种之一，这正是源于其颜色。那到底什么才是菠菜绿呢？借用《天工开物》中的表述"碧如菠菜"，其色绿如嫩菠菜叶，娇嫩阳绿，鲜艳夺人。可以说这段描述已经很

和田玉俄罗斯碧玉串珠

规格：6mm×108粒

碧玉串珠，搭配红色的朱砂，黄色的鸡油黄蜜蜡，白色的纯银配饰，通过跳色处理，更加凸显玉质。珠粒为菠菜绿的顶级碧玉，俄罗斯老坑原料，质地细腻，颜色均匀，呈现浓艳的菠菜绿色，十分亮眼。

直观地表达出菠菜绿的特点,而在众多的碧玉产地中,俄罗斯的菠菜绿最为娇艳动人,郁郁葱葱的绿色给人以清新之感。不过再好的菠菜绿碧玉,也要结合玉质来看,毕竟玉石是天然之物,尤其是碧玉由于内含的致色元素和杂质较多,导致其存在多有黑点、颜色不均、质地疏松等问题,所以高品质菠菜绿碧玉的价值也是不断走高。

俄罗斯菠菜绿碧玉手镯

2.鸭蛋青

鸭蛋青是现在主流的碧玉颜色之一,可能有人觉得名字有些俗气,但是"鸭蛋青"这一名词形象贴切地描述出了这一颜色的本质,就是如鸭蛋壳一样的青色。这种青色是一种介于蓝色与绿色之间的颜色,两者相互融合称为青色。正因为如此,所以鸭蛋青的颜色范围宽广,是偏蓝色调的淡绿色,可浓可淡,颜色很淡雅的亦被称为粉青。除了具有独特的颜色外,鸭蛋青的玉料通常都比较细腻、紧实、脂感好,也很少有黑点、棉、浆等瑕疵,同比其他和田玉色系,在玉质方面具有先天的优势。当然,鸭蛋青也并非完美,其原料也有不足之处,皮裂、色斑、生长纹等都是常见的瑕疵。

鸭蛋青和菠菜绿都是和田玉碧玉中的经典色系,在现在的市场中也是公认的主流颜色,二者可谓各具特色。

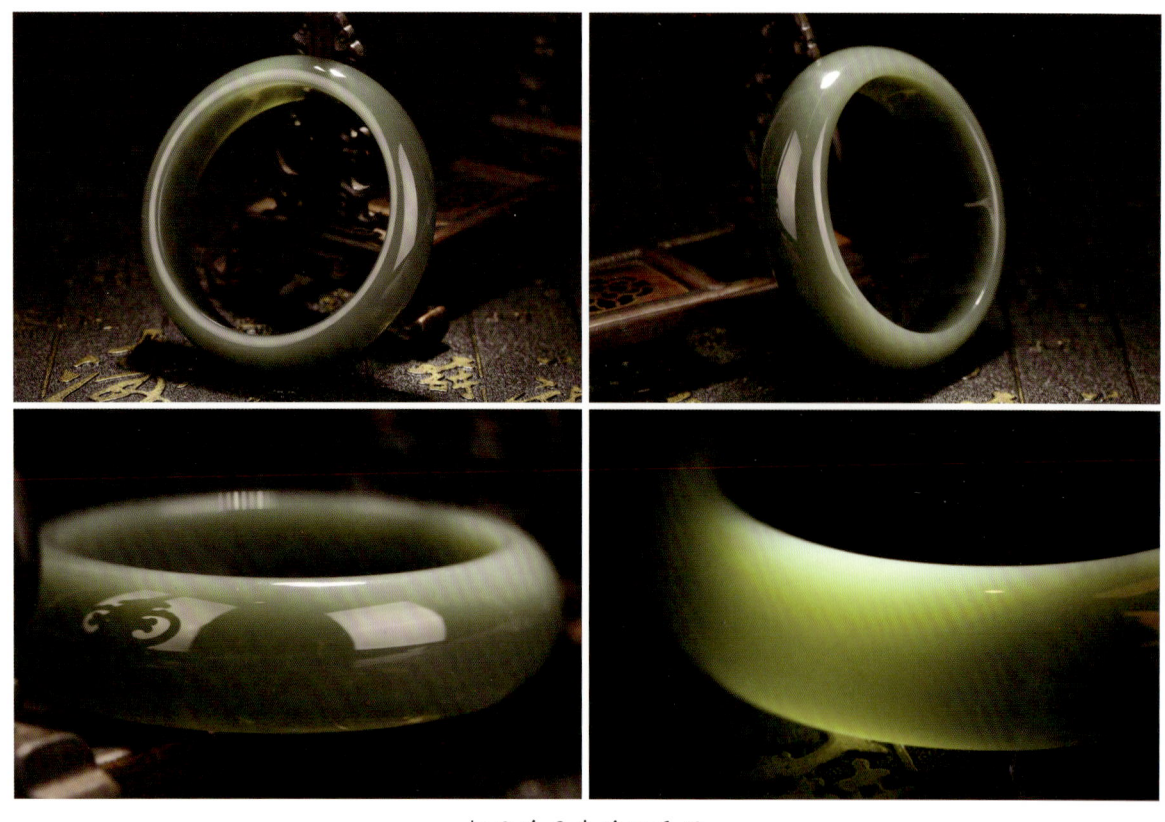

极品鸭蛋青碧玉手镯

圈口：58mm

  此款鸭蛋青手镯，玉质极佳、无绺裂，料质纯净，几乎无黑点，最重要的是颜色娇艳动人，非常难得。打光可见光线不散，有聚光性，肉眼几乎不可见其内部结构，质地的细腻一览无余，鸭蛋青的颜色更是纯正均匀，无杂色也无偏色。此手镯虽然并无任何雕工，但材质可谓是顶级原料，在目前的市场上也是难得一见。

碧玉的主要产地

1. 新疆碧玉

  目前，国内外玉石市场上存在许多不同产地的碧玉，新疆碧玉的主要产地是天山山脉的玛纳斯，清代已有开采，有子料、山料和山流水之分。玛纳斯碧玉属于较为重要的碧玉品种，因产于新疆玛纳斯县而得名，亦是不可多得的高档碧玉品种。其有着质地细腻坚韧、油脂感强、绿色调成熟稳重等特点。通过对矿区出产的碧玉做了系统的分析和研究，我们可以了解到新疆碧玉有着经典的纤维交织结构，矿物呈纤维状交织排列，因此碧玉的质地相对细腻紧致有韧性。碧玉属于超基性岩蚀变型，其主要矿物组成为阳起石，这也就意味着其铁元素含量更多，同时其他致色元素的参与使新疆碧玉整体呈现绿色至深绿色调，给人以沉稳之感。因为以上的特点，新疆碧玉深受人们的喜欢，特别是很多成熟女性都对其情有独钟，把其作为购买和田玉饰品的首选。当然，从市场的占有率来看还是俄罗斯碧玉更受欢迎，新疆碧玉的颜色整体偏深，夹杂有点状或条带状的白色斑纹，而且黑色包体多且大都是其不足之处。值得注意的是，明清两代故宫所藏碧玉器物皆出自玛纳斯。

2. 俄罗斯碧玉

俄罗斯碧玉近些年在中国市场火爆异常，主要是由于其有着艳丽骄人的绿色调，这种鲜艳的阳绿色使俄罗斯碧玉有着似翡翠的质感。俄料一般以山料为主，高品质者为翠绿色或阳绿色，色调明丽，有着细腻的玉质，呈油脂光泽，很多首饰级的碧玉都源自俄罗斯。当然，碧玉的通病，玉质中的黑色包裹体也困扰着俄碧，同时俄碧相对容易产生裂纹，结构中普遍存在的萝卜纹也都是其特点之一，在选购时要注意挑选少黑点、结构致密、无瑕疵、颜色鲜艳的优质俄料。

清·碧玉山水人物图笔筒

浅色碧玉，周身浮雕崖壁、山石、松树、桃枝。山崖上立一女子俯视，下方松树下立二长衫冠帽男子，翘首仰望，似有所语。宋代因高足家具的出现以及玉器世俗化的进一步推进，玉质文房开始流行，历元、明而不衰。清代笔筒材质多样，举凡玉石、牙角、竹木、雕漆皆而有之，纹饰丰富多彩，人物、山水、花鸟、走兽不一而足。其制作之精，流传数量之巨，为历代之冠。清宫旧藏。

水上漂和田碧玉薄胎碗

此款碧玉薄胎碗采用了"水上漂"工艺，所谓"水上漂"是制作薄胎器皿时所用到的雕刻技艺，其最大特点是玉器胎壁薄如蝉翼，将玉器放入水中可浮于水面之上，是一种高难度的雕刻技巧。薄胎的制作要达到"在手疑无物，定睛知有形"的艺术效果，要求制作者艺高胆大，同时还要具备丰富的经验和稳健的手法。此薄胎碗色泽浓郁，又见沉穆冷峻，几乎无墨点，壁薄匀如纸，通透无瑕，轻触悦声如磬。尤其难得的是碗壁上浮雕枝蔓花叶如行云流水，构图纹饰疏密得当，饱满精细，形制古雅端丽，比例规整得当，赋予其庄重和美丽。

目前白玉市场逐渐饱和，碧玉市场正欲开发，好的碧玉精品不仅仅要有好的玉质，更要有完美的雕工作为辅助，如此可称上品。此款薄胎碗，运用碧玉的特性加上薄胎的工艺，使这件作品给人以碧绿如荷、晶莹剔透之感。

规格：直径15cm，高6.5cm
重量：130g

俄罗斯碧玉，是碧玉市场的主要原料来源之一，其以颜色娇嫩鲜艳，料质干净瑕疵少而闻名。市场上很多碧玉成品，如手镯、挂件、吊坠、摆件等都以俄罗斯碧玉所制作。俄罗斯碧玉产地主要产区分布在乌拉尔山脉、伊尔库茨克州、克拉斯克雅尔斯克边区、西伯利亚矿区等地。俄碧也有"西玉"这一称呼，其主要的矿物质成分为透闪石及阳起石的类质同象，占69%～95%。俄罗斯碧玉呈隐晶质结构，矿物颗粒细小，主要以毛毡状变晶结构、显微纤维变晶结构和偶尔出现的放射状变晶结构与显微片状变晶结构的矿物类型为主。俄碧也有新坑料和老坑料之分，新坑料的原料基底纯净，但大多水透感强，带有玻璃光泽，油性不足略带瓷感，同时常伴有大面积的颜色过渡，质地不够厚实，太过稀松，脆性强，非常不易加工；老坑料虽然也为山料，但整体品质更高，其密度好、纯度高，且容易出产鸭蛋青等高品质的玉料，而菠菜绿色的老坑料则是一团一团的，很难又绿又纯。综合来看，老坑料在玉质、颜色等各方面同比新坑料都要高出一筹，很受藏友们的追捧。

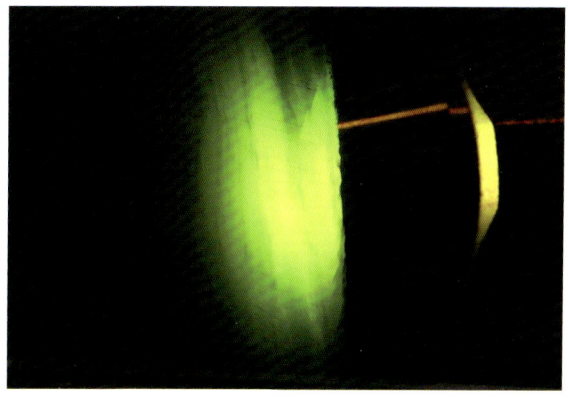

俄罗斯碧玉山料

3. 青海碧玉

青海玉产于青海地区，与新疆和田玉一脉相承，同样为昆仑山脉所产，也称为昆仑玉。青海玉与新疆和田玉同处于一个成矿带上，虽然两者产地相距很近，但青海玉与传统的新疆和田玉还是有很大差别。青海碧玉的颜色一般为灰绿色调，颜色多偏暗，这种暗淡的颜色并不具备很强的吸引力，所以对于青海碧玉的评价标准相对简单明了，只讨论玉质的优劣即可。质地越细，价值越高，颜色过于暗淡，则价格相对低廉。目前，青海碧玉中的山料占绝大多数，料质的特点是内部结构比较细腻、紧实，产量高且块度较大，所以多用来制作大件玉器，小件挂饰很少使用。高品质的青海碧玉在玉质、油性等方面都有着不错的表现，具有一定的收藏价值。

碧玉雕龙挂坠

规格：63mm×40mm×27mm

重量：114.4g

此碧玉雕龙挂坠玉质莹润，色泽浓郁，均匀一致，呈现顶级菠菜绿的同时，通体更是纯净无杂，是碧玉中的顶级原料。其上雕刻祥云腾龙，龙面相威猛霸气，线条清晰流畅，造型浑厚古朴，极具视觉冲击力。

龙在古代神话中吞云吐雾、力大无穷，可翻云覆雨、无所不能，它代表着高贵和尊荣，正义与威严，不仅作为我国独特的文化凝聚与积淀，扎根于我们每个人的潜意识中，更是一种精神的象征。作为民族的文化图腾，龙的形象具有非凡的意义，其包容、进取、独立、创新的精神更激励着我们不断前行。

答疑解惑

俄罗斯碧玉与新疆碧玉有哪些区别？

目前的和田玉市场中，俄罗斯碧玉由于亮丽的颜色可谓风光无限，这与收藏品市场的繁荣和新疆和田玉资源的不断匮乏有很大的关系，但不可否认的是俄罗斯碧玉确有其自身的特点和优势。当然一提到碧玉，新疆碧玉和俄罗斯碧玉的区别是收藏者永远绕不开的话题。

从物理属性来说，两种碧玉的主要组成物质都是阳起石为主，透闪石为辅，构成差别不大，在结构上也是极其相似，这就为两者之间的鉴别带来了一定的困难。在这里我就总结出以下两方面的区别，希望藏友在选购时可以作为参考。

1. 从玉质上比较，俄罗斯碧玉通透度稍高，表面呈玻璃光泽至油脂光泽；而新疆碧玉质地细腻润泽，具有柔和且温润的光泽，油脂感强烈。因为新疆碧玉的结构细密，因此韧性较好，但结构中的杂质非常多，尤其有一些超大的透闪石颗粒肉眼可见，呈一片片的小白褶皱，行业内称之为"皱"。而俄罗斯碧玉老坑新坑玉质差异极大，新坑相对疏松的结构使其不仅韧性较差，而且在雕刻过程中在玉料表面容易崩口，给雕刻造成了一定的困难。而老坑料的油性、密度都很好，部分区域纯度也很高。少部分的俄罗斯碧玉甚至还能产生猫眼效应。

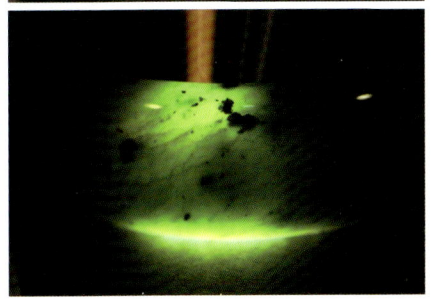

2. 虽然同为碧玉，但是两者的颜色总体上看还是有明显的差异。俄罗斯碧玉的绿色更加鲜艳、莹润，黑色包裹体相对更少；而新疆碧玉的绿色则普遍深沉，黑点分布也更广，两者单纯进行颜色的对比，明显俄碧的颜色更加讨喜。

新疆玛纳斯碧玉手镯

碧玉三色富甲天下挂坠

十三　18K金镶俄罗斯碧玉鸭蛋青挂坠

规格：52mm×25mm×11mm

高量：25.4g

　　俄罗斯碧玉是碧玉中的后起之秀，其高品质者有着较好的玉质，鲜亮的绿色调，较少的瑕疵和黑点。不过随着市场需求的不断扩大、不断开采，也导致原料的日渐匮乏。目前在市场中大量充斥着中低端的碧玉商品，精品的俄罗斯碧玉也越来越少。当然，碧玉的颜色并没有绝对的好坏之分，市场也是随着大众的审美和喜好在不断变化，不管哪种绿色都有其魅力引得人们去追逐。不过有一点是可以确定的，在同样的标准下，无论哪种颜色都要回避颜色发灰、发暗的问题，否则原料的价值将大打折扣。

　　俄罗斯碧玉挂坠，材质细腻、油润、纯净，油透的料质，由于交织充分，给人以似透非透的感觉，弱光下表面好像浮着薄薄的一层油光；透光时散发着纯净的青绿色；打透射光，在目视之下内部料质纯净无瑕。18K金镶嵌，与料质搭配相得益彰，更显出此挂坠的沉稳、尊贵。同时凸显出原料的高品质，是不可多得的顶级藏品。

藏品细部

1. 此碧玉用俄罗斯顶级原料所制,纯正的鸭蛋青颜色,色泽沉稳、大气,料质纯净无瑕,没有一丝俄罗斯碧玉常见的黑斑、黑点,搭配18K玫瑰金,更显玉质的上乘。

2. 此挂坠用料饱满,采用爪镶的工艺,尽可能地将材质的完美展现出来,从各个角度观赏,此俄罗斯碧玉色泽均匀,无任何过渡色。

3. 打光几乎不可见内部结构,透光的颜色鲜亮、莹润、纯正,饱和度高,这些都得益于料质均匀、细腻。

知识点解析

碧玉在世界范围内的其他产地

1. 加拿大碧玉

加拿大碧玉产地主要是在加拿大温哥华以北的高山上，作为加拿大国宝级的玉石，加碧是世界上最早开发并利用碧玉的国家之一。其摩氏硬度约为6.5，是泛和田玉的一种，具有产量高、块度大、颜色鲜亮等特点。加碧的绿色调中闪黄色，料质有水润感，通透度相对较高，玉质密度虽有不足，但是结构相对细密，也少有黑点。除此之外，加拿大碧玉上还会呈现"绿点"，这种绿色斑点是俄罗斯碧玉和新疆碧玉所不具有的。加碧中的顶级原料被称为"北极玉"，出产自北极圈内，但产量极低，在加碧的总产量中占比不到15%。总的来说，加拿大碧玉品质的上下限跨度较大，有高档的宝石级原料，也有低档的雕刻用料。

我去加拿大BC省、不列颠哥伦比亚省和育空省考察的时候，听当地人说，在华人还没有大规模进入加拿大的时候，这儿的绿石头都是当地砖用的，就是建筑材料。加拿大的人口并不是很多，而且大部分都是严寒地区，民间手工艺的发展受到限制，雕刻玉石对于当地而言确实没有太多的传统，现在位于加拿大中部的育空省所开的玉矿多为华人经营，但是交通运输成本高昂，产出的碧玉原料品质不高，再加上关税等制约因素，使得这里的碧玉产业很不景气。而且现在中国的和田玉收藏者已经有很多年的沉淀，更加关注的是品质，低端的和田玉制品已经没有价格优势和吸引力，所以加拿大碧玉在国内市场的影响力非常有限。

加拿大碧玉

加拿大碧玉中也有菠菜绿，如左图手串，右图的手镯是典型的加拿大碧玉，色泽鲜艳，绿色调偏黄。此图为笔者在温哥华的玉器店拍摄。

我在加拿大育空省考察时有幸来到一家华人经营的店铺，了解了一番这里售卖的碧玉。当地人称碧玉为polar jade，polar是极地的意思，因为加拿大有北极圈内的碧玉矿，产量极低，但是质量较高。图中展示的为一块碧玉，有着鲜艳的菠菜绿色，但同时也夹杂着灰色的条带，颜色呈现不均匀分布。加拿大碧玉多是呈绿色至暗绿色样，颜色不甚均匀，从半透明状到微透明状都有。加拿大碧玉的矿物组成与其他地区的和田玉类似，是以透闪石与阳起石为主，所以硬度大，有着高韧性。因此，加拿大碧玉在加工过程中，需要用到镶有金刚石钻头的工具，普通的工具无法将其切割开。

温哥华街头的一块碧玉原石摆件，绺裂较多，颜色呈现墨绿色，在经常接触水流的地方，碧玉内的二价铁氧化成三价铁，从而变成铁锈的颜色。这也是子料的石皮所形成的基本原理。

2. 澳大利亚碧玉

澳大利亚碧玉在目前的市场中并不主流也不常见，在世界范围内其市场占有量也比较低，究其原因，主要是因为其绿色调过于深沉且透明度较差，因此用澳大利亚碧玉制作的配饰有着先天的不足，难有发展。但是，澳大利亚碧玉有着块度大的特点，特别是Cowel矿区不仅产量高，而且玉质普遍较好，内部颗粒度细腻，颜色通常呈墨绿色调至深绿色调，非常适合制作大型的雕件。澳大利亚碧玉的矿物形态主要为毛毡状变晶结构和纤维变晶结构，偶尔会出现放射状变晶结构与脉状变晶结构。其主要成分为阳起石，伴生矿物种类繁多，有铬铁矿、石墨、磷灰石、绿泥石等。

3. 台湾省花莲碧玉

可能很多人不知道台湾省也产和田玉，而且还产出碧玉。台湾省花莲县丰田镇以产出碧玉为主，其绿色调由淡绿色至深绿色，颜色容易混杂分布不够均匀，且内部可见黑色矿物杂质。花莲碧玉的围岩为蛇纹石玉，其主要由阳起石组成，同时还包含铬铁矿、铬钙铝榴石、透绿泥石等，原矿呈现半透明至不透明状，主要结构为毛毡状变晶结构或者平行纤维变晶结构。高品质的花莲碧玉有着一定的市场价值，其细腻的结构、浓重的颜色是其主要的特点，而这其中还有一类具有特殊的猫眼效应，这种稀有的猫眼碧玉更是罕贵，其品质可与俄罗斯碧玉媲美。

台湾省花莲玉原石

花莲玉平安无事牌　　　　　　　　　　　　花莲玉碧玉猫眼戒指

4．新西兰碧玉

新西兰产碧玉恐怕鲜有人知道，但其实在这个小岛上，有着优质的碧玉资源，其英文名称为——green stone，因其优异的品质被国际珠宝界所认可。新西兰碧玉其绿色调十分丰富，从菠菜绿、苹果绿到深绿色一应俱全，而且其致色因素中有一种绿蛇纹岩，由于这种矿物质的存在，新西兰碧玉有着独特且绚丽的纹路。新西兰碧玉形成于一亿年前至三亿年前，由南阿尔卑斯山形成过程中岩层伸展及碰撞所致，并经历多次的冰川移动而被挟带分布到不同区域，属于世界上海拔较低的碧玉原矿带。

新西兰分为南北两个半岛，数亿年前这两个半岛也是相连的从太平洋浮起的大陆带。由于特殊的地壳运动导致碧玉只分布于目前的南岛，而且更集中分布于南岛西海岸的Hokitika(豪奇提咔)地区。豪奇提咔的碧玉分布又以其纵横交错的河流为主，故该地区所发现和可采集的碧玉主要为水料，即由于洪水或融雪时从原生矿带被冲到河流中的玉石，在我国的传统定义上这种原料就被称为山流水料或子料。

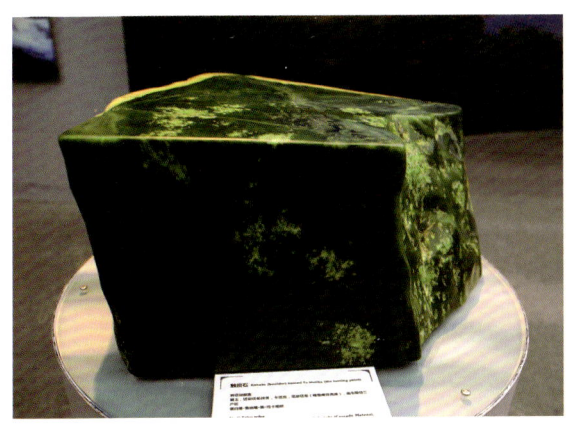

新西兰碧玉

答疑解惑

拿白玉的标准去选碧玉真的对吗？

在玉石界中和田玉有着超然的地位，而在和田玉的众多分类中，白玉和碧玉也占有着重要的位置。碧玉与白玉虽然同属于和田玉的范畴，但在成因、组成矿物、颜色等诸多方面都有着很大的区别，在两者的价值衡量时，藏友们常常会犯一个错误：就是拿白玉的标准去选碧玉。其实由于两者的特点有着诸多的不同，在选购时也要区别对待，不同种类的玉要以不同标准去界定其价值。下面我就简单地归纳总结几点白玉和碧玉的选择标准。

1. 白玉应该如何挑选

① 白玉的选择当然是白度优先，白度是衡量一块白玉的基础标准，但并不绝对，白度高的玉并不表示这就是一块好玉。假如一块玉的白度很高，但是料质干涩、结构粗糙，放眼看去毫无油性可言，这样的白玉一定不是优质的和田玉。所以白玉的白度很重要，但不要以偏概全，要综合对比才能判断。

② 细腻度是润度的先决条件，通常越细腻的白玉越给人以温润感，玉质的细腻度就是指内部的矿物颗粒细小且结构紧密。而这样的白玉润度也往往很高，油性十足，有沉重的分量感，用手触摸给人以一种舒服的感觉，这些都是高品质白玉的表现。

③ 净度即是指白玉玉质的干净程度，这其中就包括了棉絮、石花、杂质、水线和绺裂等几个方面，净度越高自然上述的情况就会越少甚至没有。当然玉石毕竟是天然之物，纯净无瑕的美玉世间少有，更多的时候需要玉雕匠人们施展技艺，挖脏去绺，将玉石最完美的一面展现出来。

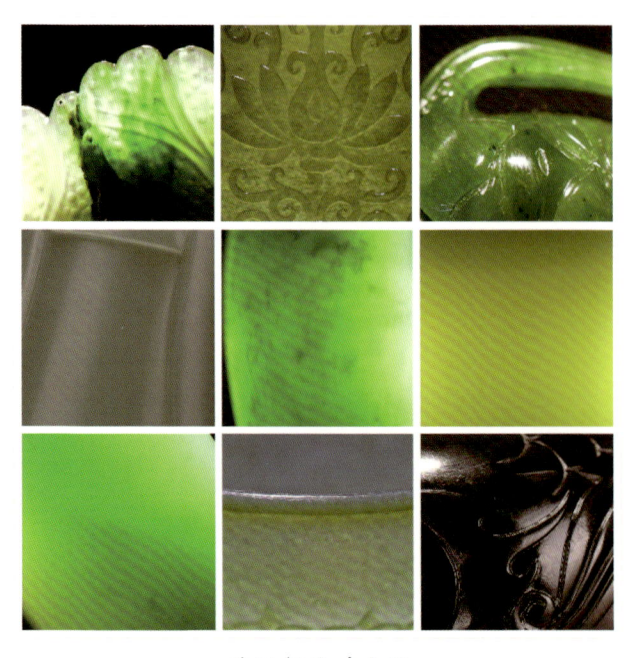

碧玉颜色对比图

由以上的对比图中可以看到，由于和田玉中铁元素和其他致色元素含量的不同，导致和田玉呈现出青色或绿色，同时每种颜色更有多个色阶。

2. 碧玉应该如何挑选

碧玉主要矿物成分是透闪石和阳起石，另外有少量二氧化硅、铁、铜、石墨等矿物成分。碧玉呈现翠绿色是因含有致色元素铬，而阳起石含量的多少，可导致碧玉呈现深浅、色调不同的颜色。

① 与白玉的追求白度不同，碧玉追求的就是纯正的绿色。碧玉的绿色被人为地分为多种，其中比较有代表性的有鸭蛋青、粉青、苹果绿、菠菜绿等，这些不同的绿色调没有绝对的优劣之分。高质量的碧玉在保证颜色鲜艳度的同时，纯度也同样重要。虽然天然碧玉难以达到通体颜色均匀一致，但在实际选购时，颜色纯正度越高，越接近均匀统一的碧玉自然是更胜一筹。在碧玉市场上，俄罗斯碧玉少绺裂，少黑点，颜色娇艳，是绝对的主力军。

② 碧玉同样追求玉质的细腻度，但是碧玉与白玉相比，在成矿原因、化学成分和形成母岩等几方面都有所不同，对碧玉的细腻度的追求也不尽相同。对于碧玉的细腻度，要看其在侧光条件下，本身结构的明显程度。高品质者应该有着细腻的料质，打光几乎不可见内部结构，表面应具有油脂光泽，给人以内敛之感。

③ 碧玉的净度同样重要，除了上述白玉会有的问题之外，碧玉中"黑点"多少对净度的影响也很大。黑点和黑斑是碧玉的一大特征，绝大部分碧玉都存在这一特点，但是根据产地、品种的不同，碧玉中黑点、黑斑的大小、分布、密集程度均有不同。高净度的碧玉其黑点、黑斑自然是越少甚至没有最好。

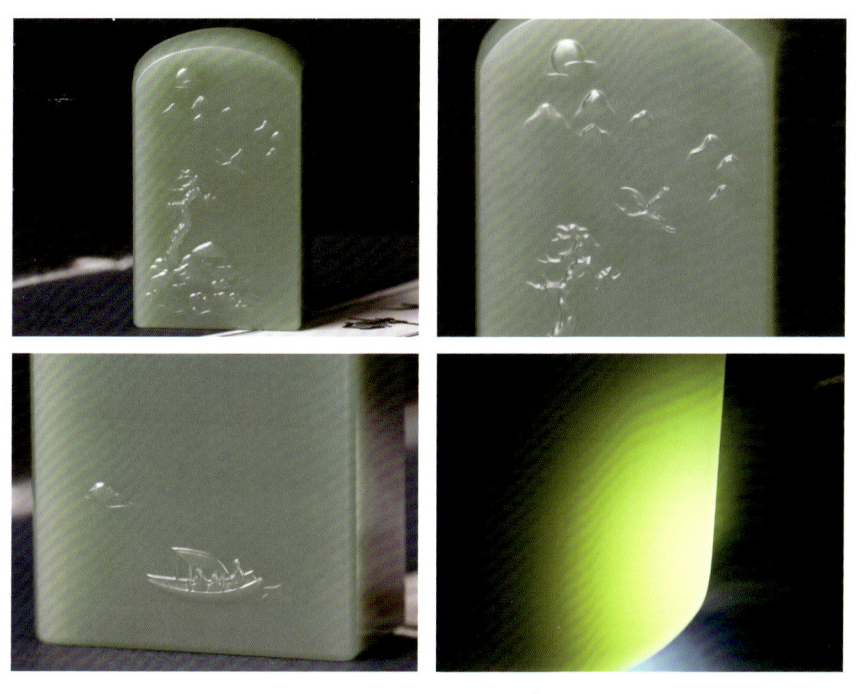

碧玉鸭蛋青山水章料

十四 和田玉山料糖白关公牌

规格：52mm×47mm×20mm

高量：121.6g

  关公，名关羽，字云长，为三国蜀汉大将，由于他英勇善战，武功高强，忠于刘备，又重义气，其事迹被后人所传颂，并在史实的基础之上加以神化，被人们尊称为"关公""关帝"。同时也被尊为五文昌之一，即武财神。关公生平对国以忠，待人以仁，交友以义，处事以智，其仁义忠诚早已家喻户晓，关公这一形象已不单单是一种文化的传承，其更凝聚了忠、义、信、智、仁、勇这些华夏精神。

  此关公圆牌为且末山料糖白玉所制，最大的特色为双色左右对半，中间界限分明，糖白分色清晰干净，没有色调的渐变过渡，颜色好似拼接而成，实则是天然形成。此作品随色就势，在写意与写实之间琢关公威武之态，关公面目严肃，双眼有神，若有所思，神态逼真。背面无工，简洁素雅。关公形象威武、忠义正直，其造像被人们所尊崇，并相信其有着治病消灾、护佑平安、招财进宝的作用。

藏品细部

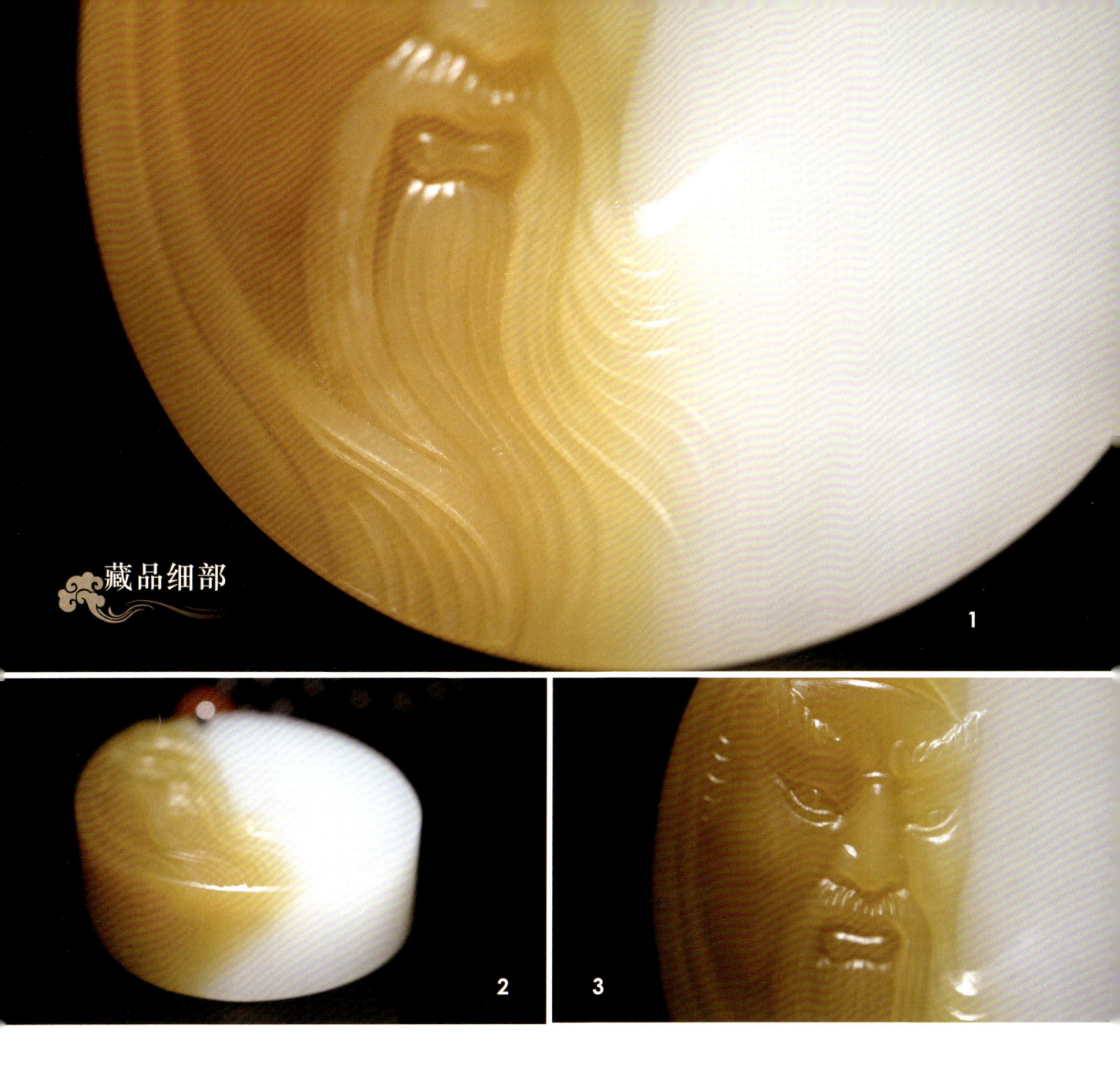

1. 关公重义轻财被封为武财神，智勇双全、豪气冲云、忠肝义胆，庇护世人财源滚滚。世人称关公为"美髯公"，此玉牌对胡须的雕刻是根根毕现，整体自然垂摆，可见工法的细腻精妙。

2. 玉牌糖、白各半，颜色分明，玉质极润，糖白沁润，白润尤佳，有着蜜桃黄般的糖色。

3. 关公被称为"武圣"，其形象也是威武挺拔，此玉牌开脸传神，将关公忠肝义胆、威风凛凛的形象勾勒得惟妙惟肖。

知识点解析

和田玉糖玉概述：红糖白肉，色如焦糖

糖玉顾名思义，就如其字面意思一样，是一种颜色如糖稀色的和田玉。其颜色并非单一一种，而是有一定的区间跨度，其色差从浅糖色至红糖色至黑糖色多种。要以实物来形容糖色的话，大家可以想象做糖稀的过程中糖所形成的颜色，由于温度的不同糖的颜色也随之变化：有如清澈的蜂蜜一般、明艳的金黄色或者浓郁的巧克力色等。当然糖色鲜亮会更具吸引力，如金糖、红糖等。糖玉的原料在通常情况下以局部糖色或半糖的形式出现，很少有整料全糖的情况，大多从糖玉到白玉有明显的颜色过渡，而且糖玉多存在于白玉、青玉等底色上，是俏色的上好原料。

糖玉作为和田玉大家族中的重要成员，其糖色形成是由于原矿在地表受到了氧化作用，其周围环境中的三价铁离子透过和田玉的微裂隙和矿物颗粒的间隙渗透所致，是一种天然次生色。除了三价铁离子之外，糖玉的颜色还可能因为所含有的其他金属元素的杂质产生色差，比如硅、钙、锰、镍等元素。Fe元素的含量与糖色色调有着正相关关系，Fe的含量越高颜色就越深。而糖色沁染的程度又与原矿的质地和密度有着很大的关系，如果糖玉原生矿的质地相对比较疏松，那糖色的渗透程度就比较深，反之则比较浅，无法深入玉质肌理。

俄罗斯糖玉原料

这是一块很典型的糖玉标本，图中可以清楚地看到糖色和白色之间的过渡，其在原矿状态下的表层石皮的特征也十分清晰。

糖玉在和田玉中有着广泛的分布，绝大部分以白玉和青玉为基底，属于从属地位。一块原料上面的糖色占比达到85%以上时才可以称其为糖玉，不够标准者则称为带有糖色。目前糖玉绝大多数以山料产状存在，子料占比极少，虽然市场中不乏品质高、颜色正的糖玉，但是由于其颜色对比其他玉种不够出彩，同时受关注度也不是很高，其市场价值仍有一定的空间。目前市场上的糖玉多产自新疆和俄罗斯，新疆以且末地区的糖玉最为出名。

这是我在考察期间看到的一块典型的和田玉糖玉山料，其块度硕大，棱角分明，具有非常直观的山料特点，很有参考价值。通过表面就可以清晰地看到玉质底色呈现青白色，糖玉在原料上有两块分布，两部分糖玉界线分明，糖色呈现深褐色。

这是在新疆且末的市场看到的糖玉山料，比对于田的糖玉，无论玉质还是颜色都有明显的差异。

这是我在2018年3月考察时，在新疆于田的市场看到的糖玉山料，与上图不同的是，此原料已被切开，能清楚地看到玉质、颜色及分布状况，非常具有典型性。

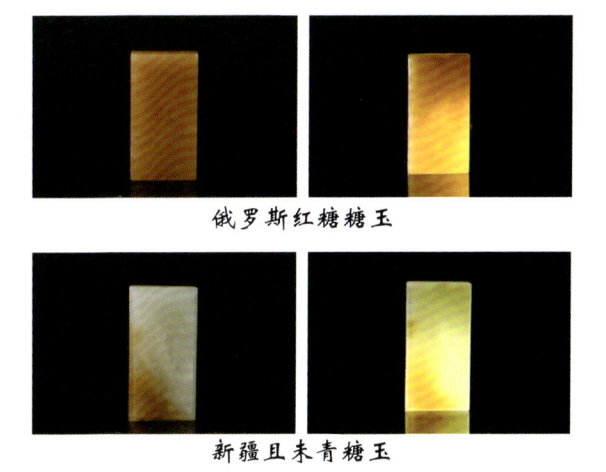

俄罗斯红糖糖玉

新疆且末青糖玉

答疑解惑

和田玉中阳起石的秘密

众所周知，和田玉的主要矿物组成是透闪石和阳起石，甚至经常听到人们称和田玉为透闪石玉，这也说明了透闪石在和田玉中占据主导。而通常说法都是和田玉中含有少量的阳起石，但是这种说法其实并不准确。

对于和田玉的标准定义是：由微晶体集合体所构成的单矿物质岩，其主要组分为角闪石族中透闪石、阳起石类质同象系列的矿物，化学通式为：$Ca_2(Mg、Fe)5(Si_4O_{11})_2(OH)_2$，其化学成分中Fe和Mg之间可以进行完全类质同象代替作用，也称为相互置换。通过这两种元素之间的置换，和田玉中透闪石和阳起石的比例也会随之发生变化。和田玉中所含的透闪石和阳起石的比例，由于成因和种类的不同其实会有较大的差异。而随着Mg元素不断被置换成Fe元素，透闪石逐渐转变为阳起石，也同时导致了玉质、颜色的变化。阳起石比例的增加就会使白玉转变成青白玉，甚至是青玉，而在碧玉中阳起石的占比更是高于透闪石。也就是说，和田玉中铁元素含量的增加，导致了玉的颜色不断变深。

两张碧玉打光图对比之下，左图可以观察到玉质的内部结构，这主要是由于碧玉本身的成分复杂，晶体细度不够均匀所至；而右图是顶级的鸭蛋青碧玉，其颜色呈现青绿色，结构几乎不可见，质地均匀，细腻程度也更胜一筹。

阳起石的晶体为长柱状、针状或者毛发状，集合体为不规则的块状、扁条装或柱状，其所具有的颜色由带浅绿色的灰色至暗绿色，组成矿物具有玻璃光泽，呈现半透明状。除了颜色之外，阳起石对玉质本身也有一定的影响。通常情况下，白度上佳的玉料往往晶体的细度不足，究其原因正是受到阳起石的影响，如果和田玉中阳起石的比例较高，不仅颜色偏青，而且玉质往往均匀细腻。因此，优质和田白玉经常会出现"闪青"的特点，而白度非常高的白玉也常伴有"十白九松"的情况。

此器由碧玉制成，为梅瓶经典的造型与"薄胎工艺"柔美与气度的极好融合。薄胎工艺在学术上被称为"痕都斯坦工艺"。通过细腻的掏膛工艺，将玉料掏空，纹饰以苠苕、西番莲和铁线莲为主。除了这些装饰手法，还采用消磨技术，胎体透薄，玉壁最薄处厚度只有一二毫米，有"玉工巧无比，水磨磨玉薄如纸"之说。由此可见其工艺价值之高。

仿乾隆碧玉西番莲薄胎梅瓶

规格：230mm
重量：560g

自明永乐时期郑和下西洋开辟了海上航路，使得海上交通快速发展，也使东西方的文化往来更加紧密和频繁。西方传教士涌入东方，将西方的思想、文化和先进的科学技术传播开来。作为艺术文化的一部分，西方的建筑雕刻和装饰艺术也逐渐为中国所融会贯通，这其中，西番莲纹则备受青睐。西番莲为西方的一种花卉，其花色淡雅怡人，花朵犹如牡丹一般，花季从春天至秋天连绵不绝，又称"西洋菊"。西番莲代表华丽、富贵，在制作装饰纹样时多用其形态作缠枝花纹，纹样秀丽，寓意美好。梅瓶是出现于唐宋时期的经典器型，也称"经瓶"。其造型为：口细而颈短，肩极宽博，至胫稍狭，抵于足微丰，口径之小仅与梅之瘦骨相称，故名梅瓶。梅瓶既是一种实用酒器，又可作为精美的观赏品。因此，梅瓶多以材质考究、制作精美、造型优雅而著称。西番莲纹饰和梅瓶的造型合二为一，是东西方文化相互碰撞、融合的经典代表。

144

十五　和田玉戈壁料墨玉摆件

重量：488.2g

　　墨玉根据其名称可知，就是漆黑如墨的和田玉，有山料和子料之分。墨玉高质量的子料极富价值，其应具备色纯至黑、滋润细腻、结构扎实的特质。墨玉在世界范围内多有分布，但产出量低，高品质者更是稀缺，其主要产地依旧是我国新疆和田地区。和田地区的玉龙喀什河和喀拉喀什河以产出高品质子料而闻名，其中自然也包括和田玉墨玉。墨玉作为一种非常稀有的自然资源，由于其外在的颜色，导致很多情况下人们误把其当作普通的黑色石头，无法看穿其本质，更谈不上发现墨玉的价值了。所以，要能正确地分辨墨玉，判断其品质和价值就要有正确的理论知识和丰富的实战经验，这样才能在茫茫玉海中找到佳品。

　　此墨玉为戈壁料，呈现不规则的次棱角状，由于常年处于戈壁的干燥气候之下，没有形成皮色，在自然的侵蚀和风化作用下，表面有戈壁料典型的坑洼特征。此块墨玉虽然形态不及子料的光滑圆润，但是玉质坚实、细密，黑如纯漆，细如糍粑，是一块难得的墨玉精品。将其作为小景摆件观赏品味，韵味独特，极富自然之美。

藏品细部

1

2 **3**

1. 此玉漆黑犹如墨色一般，颜色分布均匀，黑色纯粹彻底，无任何偏色，由于自然的作用，其糟粕早已去除，形成如今的形状。

2. 玉质表面有不规则的坑洼麻点和褶皱的纹理，无皮色，这些都是戈壁料的典型特征。

3. 虽然形状不如子料规整，但是此墨玉玉质极好，颗粒度小，玉质细腻，其表面反射出油脂光泽，未做任何人工修饰，保留了原始的自然风格。

品

真

知识点解析

和田玉墨玉概述：漆黑如墨，色重质腻

在玉石行业中有这样的一句话，白玉可见，墨玉难求，这样的描述可见墨玉的罕见和珍贵。但也并非外表黑色的和田玉就是墨玉。根据矿物组成来区分的话，黑色的和田玉可以分为两种：一种是由透闪石为主的集合体与石墨组成的，其黑色也是由于石墨致色，其全墨者就是我们所说的墨玉；另一种黑色的和田玉则是由阳起石为主的集合体组成，其并非是真正的墨玉，本质上为碧玉，被称为墨碧玉或者黑碧玉。

1. 墨玉白玉底

真正的墨玉是以透闪石为主，其基底为白玉、青玉，黑色则由石墨致色而成，虽然墨玉看上去通体漆黑，但是用强光手电照射，可见玉料的底色上墨点密布其中，墨点的密度越高，黑色就越深邃。即使是黑如泼墨的极品墨玉，打光也可见边缘部分泛出一丝白色。当墨色以聚墨或者点墨形式存在时，与基底的白玉或青玉相间或者相混的时候，就称为青花玉，上品者应该黑如墨、白如脂，黑白分明。

这张图片中展示的是两块墨玉的原料，一块为子料，一块为山料。我对此类型的墨玉标本有过一定的研究，我也多次测量过同类墨玉的密度，结果基本上墨玉的密度会略大于和田白玉。

这是我在新疆和田大巴扎的市场看到的墨玉子料，有着典型的子料的特征和形制，通体纯黑，几乎不透光，拿在手中十分压手，密度要大于普通的和田玉，能达到3.05g/cm³左右。

这块墨玉对比子料差异明显，其内部玉质也是漆黑一片，但是形制棱角分明，侧面可见天然形成的风化皮。两块墨玉原料形成鲜明的对比，清晰的反映出山料和子料的特征差异。

元·白玉云龙纹铊尾

白玉，有大面积墨斑。长方形，一端平直，一端椭圆。窄边框，表面减地浮雕接天海水，其间仙山浮现。上端海水表面叠雕云纹，左下一龙似跃海而出，直冲云霄。龙张口吐舌，长鬃飘扬，一爪抓握如拳，其余皆舞爪张开，长尾绕过后肢，背起脊，兼具宋龙和元龙的特征。背面四角各有牛鼻穿一，供缀结固定。铊尾为腰带的最末一块，穿过另一端的带扣后垂于腰侧。本品白玉部分浮雕一龙，其余墨玉及墨玉、白玉相间部分浮雕海水、仙山、流云，不仅突出了龙的尊崇，亦使景物更具气势。清宫旧藏。

2. 墨玉碧玉底

这种和田玉被称为墨碧玉或黑碧玉,其本质上是碧玉,这种墨玉打强光发绿,不打强光发黑。这类碧玉主要由阳起石组成,其玉料有高含量的铁元素和石墨包体,同时还有铬、锰等致色元素,在这些元素的共同作用下,其颜色也呈现为黑色。墨碧玉是非常容易与墨玉混淆的一个品类,论外观两者都是全身漆黑,表面光滑,相似度很高,很多消费者难以辨别它们之间的区别,其实方法很简单,通过透光性和透射光的颜色就能鉴别。墨碧玉由于基底是碧玉,所以其透光性要优于真正的墨玉;另外两者打强光,玉质所透出的颜色也不同,墨玉是白色调或青白色,墨碧玉则是绿色调。虽然方法很简单,但也需要藏友们在购买时仔细辨别,多学习多体验,亲自上手把玩体会个中区别,这样才能在玉器收藏的道路上越走越远。目前墨玉的资源已经十分稀少,高品质的原料更是难以寻觅,而墨碧玉也不乏优质者,再加上其自身的特点,是很优质的和田玉原料,是值得藏友们珍视、收藏的好品种。

和田玉墨碧玉原石

3. 青海烟青玉

烟青玉目前只在青海地区有出产山料,是青海料中的独特品类。其整体特性和青海的其他原料如出一辙,料质看似细腻无结构,实则刚性和韧性均有所不足,缺乏真正好玉的"凝脂"之感,而是有着"嫩透"的表象,同时原料中还常伴有水线、絮状物等。而烟青玉除了上述青海料的共同点之外,最大的特征就是黑颜色的部分打光并无石墨包体,由此可知烟青玉与墨玉的致色原理不同。烟青玉绝大部分的颜色呈现青灰色、灰色、灰中带紫等,黑色的饱和度很低,且给人以含混不清之感,无法呈现出真正墨玉的墨色之感。不过,烟青玉中也不乏优秀品质的好料,而且其丰富了和田玉的俏色品类,并且产量在青海料中也占比不高,目前也越来越受到藏友的关注。

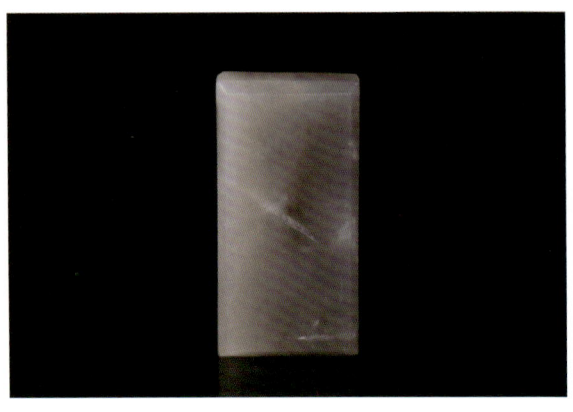

青海烟青玉

上图为青海产的烟青玉标本。可以看出玉料颜色呈黑白相间,料质呈半透明状,相比其他产地的和田玉透明度稍高。由于青海玉的青花黑白过渡有些不够明显,所以也被人们称为"烟青"。

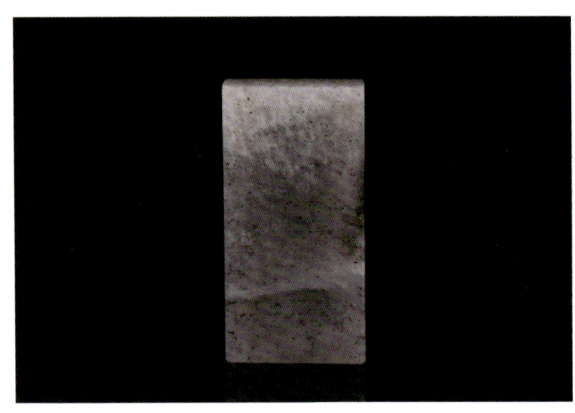

山料青花玉

青花玉同上图的烟青玉相比,质感上有明显差异,青花玉能看到清晰的石墨呈点状或者片状分布,而烟青的颜色完全融入玉质内,呈现清灰色调,打光图更是直观地反映出这一差异。

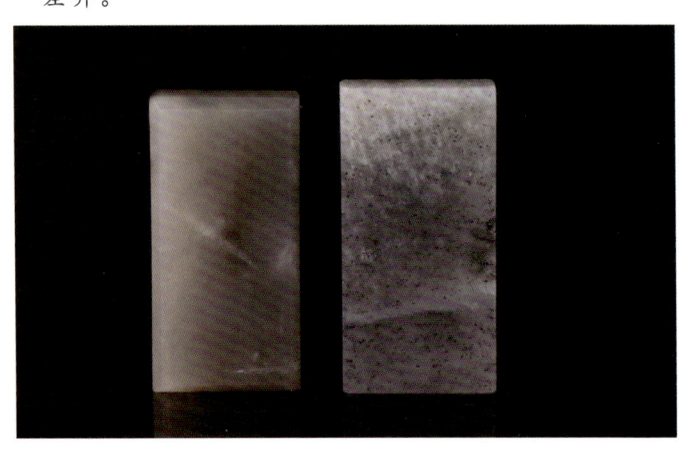

青花玉和烟青玉放在一起的对比图,其表现出的质感和颜色均有不同。

答疑解惑

什么是和田玉粉青？

在传统的和田玉概念里，并没有粉青这一分类。其实粉青是碧玉的一种，高质量者颜色浑厚，温润细腻，无结构。粉青料其实就是高质量的鸭蛋青，其内部要呈现无结构状态，质地细腻，油润感强，颜色纯净白中带一点绿。粉青鸭蛋青是从碧玉独立出的品类，并不属于青玉和白玉的范畴。以前粉青这种料质会直接做切除处理，并不被人看重，就跟子料以前都会把皮去掉是一个道理。只能说不同的时期和阶段，人们的审美和取向会发生改变。粉青这种料以其独特的颜色，肉眼无法看到的细腻结构，被越来越多的人所接受。粉青的粉，不是指颜色，而是指质地，没有纤维状的结构，而是像米粉一样泛青的碧玉。

粉青这种原料产量不大，真正品质优良的无结构原料市场上并不常有，往往多是颜色发灰，水头很足的新料，并非现在人们所追捧的真正的粉青料。同样是粉青，在颜色上也有一定的差异，不同光线下呈现的颜色也都不一样，这就需要仔细甄选，根据个人的喜好程度合理地做出选择。其实任何事物的价值都是由市场所决定的，而不是个人，所以要理性看待问题，最重要的是自己要练就一双慧眼。

和田玉碧玉粉青翁仲挂牌

翁仲是人名，其姓阮，相传是越南人，为秦朝的一名猛将。传说翁仲高大魁梧，作战勇猛，所到之处战无不胜。翁仲死后，为纪念他，铸其铜像，此后翁仲更成为镇邪驱魔、保佑平安的象征。在汉代，经常有玉雕以翁仲为原型雕琢成玉件（即玉翁仲），将其挂在腰间，有平安健康之意。此后成为民俗传承了千年。

此玉器型遵循古制，巧妙地将曲直之态同时呈现在一件器物之上，不但呈现出了柔美的细腻的线条，还展示出独特的神韵。此玉雕刻的是翁仲，有独特的粉青颜色，神韵让人感觉到了历史的沧桑，透过这份气息，我们或许可以感受到那些仿佛被光阴所沉寂的事物。

十六　和田玉青花子料知音手把件

规格：62mm×51mm×27mm

重量：124g

　　此和田玉知音把件俏雕巧刻一抚琴老者，其圆脸微笑，长须随风，轻抚一琴，动静自如，惟妙惟肖。背面巧雕一缕祥云，意境高雅，并保留原始皮质，金皮点点。其上的雕刻和设计将人和意巧妙地结合在一起，在把玩的同时更添一分观赏情趣，令人爱不释手。

　　此玉肉质非常细腻，老坑子料，白底如雪，黑浓似墨，颜色分明。在方寸之间，工与料完美结合，浑然天成，黑白分明所带来的视觉冲击力，雕刻题材所带来的艺术渲染力，在这小小的把件之上尽情展现。这看似简单的玉石，其背后是人们对和田玉之美从未停止的探究与追求。

藏品细部

1

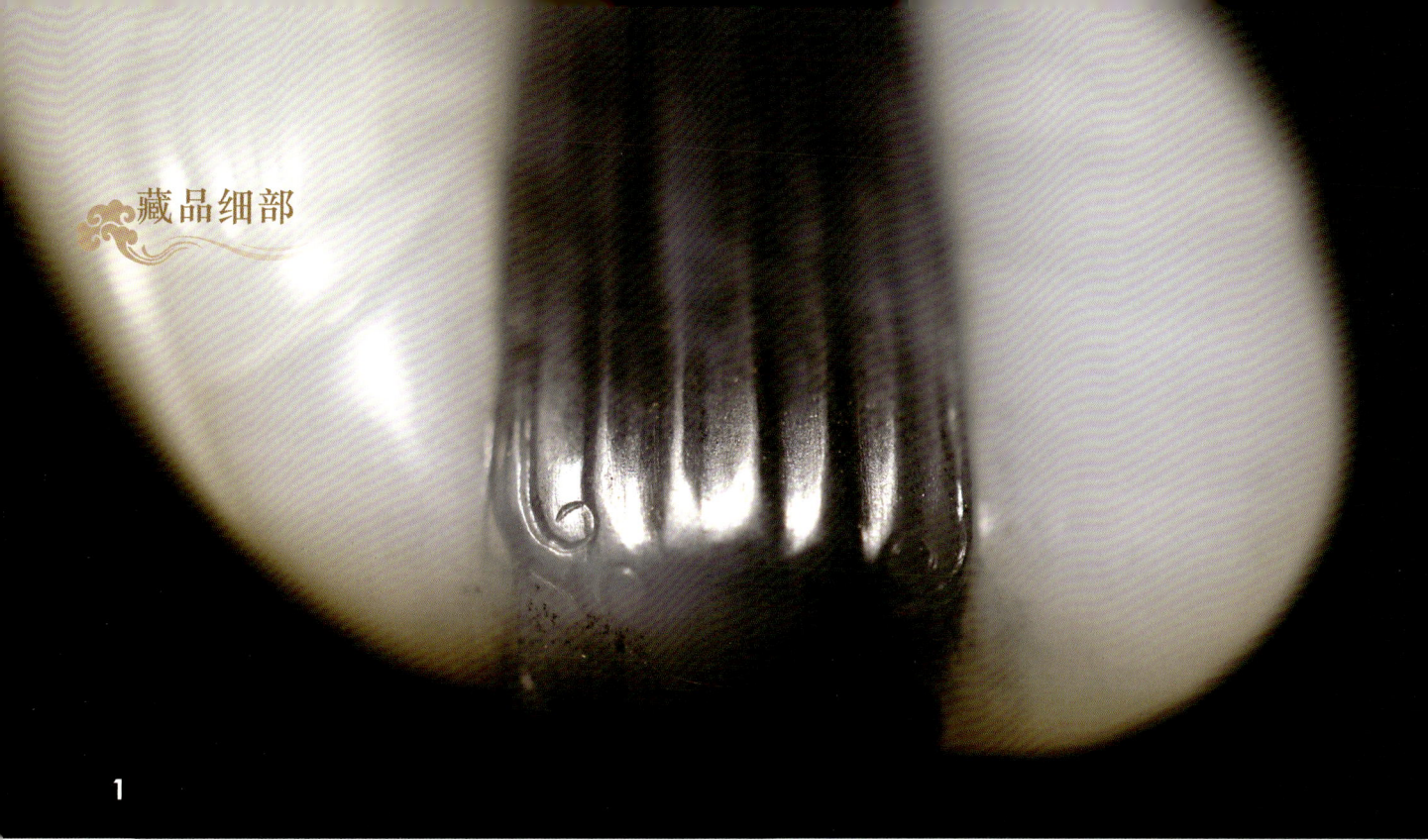

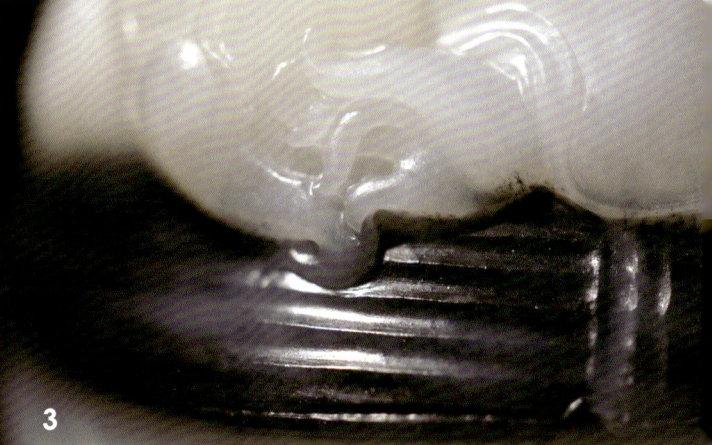

2

3

1. 此玉在白色玉石基础之上因石墨而增添了浓郁的黑色，犹如一张白纸被挥洒了墨迹一般，呈黑色条带状。白纸泼墨，风韵依然。

2. 祥云纹是我国传统纹样，表达了吉祥、喜庆、幸福及对生命的美好向往的祝愿，此纹样婉转优美，用墨玉俏色巧雕，更具深刻的文化内涵，上方可见天然青花子料的原皮。

3. 此青花玉工艺技法娴熟，使颜色的变化巧妙地结合在一起，分色清晰，对人物手部的姿态更是拿捏精准。

凝脂美玉

知识点解析

和田玉青花玉概述：白纸泼墨，青山韵水

在介绍青花玉之前，我先和藏友们说一说青花玉和墨玉之间的关系。从本质上来说，青花玉和墨玉没有区别。两者在成因、内含物上几乎相同，唯一的区别就是由石墨致色的黑色在玉石上所占的比例。全为黑色的是墨玉，白中带黑、黑中有白的即是青花玉。这其中黑色是石墨，白色是透闪石。当然世上没有一块玉料是单纯的墨玉料，而是颜色非常满的青花玉，微观层面上，它都是微晶石墨颗粒和透闪石的混合体。如果一块原石，其外观呈现黑色，但是并非由石墨成分致色而成，那就不能称为墨玉或者青花玉。

和田玉青花一品清廉挂坠

高品质的青花玉应该黑如泼墨、白如纸，黑白分明，给人以很强的视觉冲击力。当然青花玉是否黑白分明要取决于作为基底的玉质是什么颜色，通常青花玉的基底为白玉、青玉、青白玉等，而石墨呈斑点状、云雾状、片状等分布其间形成黑色调。两者相互结合但又泾渭分明，浅色部分的玉质油润光亮，质地细腻、均匀；墨色部分则是色浓质腻，色泽聚而无形，如云团似薄雾，给人无限想象空间。

目前市场中的青花玉原料按产状可分为子料、山流水料和山料三类，其产地则包括有和田县、皮山县、于田县、青海、俄罗斯等多个地区。而这其中当属子料最为珍贵。青花玉子料中的佳品，其玉质地要细腻缜密，色泽纯正柔和，少绺裂瑕疵；其白色与墨色部分，边界要清晰分明，白如凝脂、黑如泼墨，二者不会混淆，此为上乘。青花料属于和田玉中墨玉的一个分支，其黑如漆、白如脂的特点宛若泼墨画一般，用黑与白这两种简单的颜色勾勒出了建筑的典雅、山水的神奇、动植物的意境和情趣，让众多藏友为之倾倒。

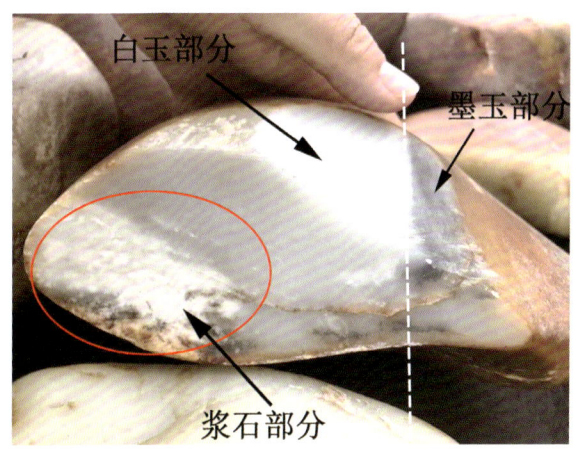

白玉部分
墨玉部分
浆石部分

在新疆和田大巴扎考察时路过一个个摊位，看见许多切开的料子，其中一块很有特点。是一块青花料，很有新疆料的典型特征，玉质白皙、细腻；墨玉部分与白玉部分过渡清晰、分明；图片还能看到玉料内部的白色浆石，很有研究价值。

以上两图中为和田玉子料青花，两者同为青花玉，虽然墨玉颜色的浓度有明显区别，但是白玉与墨玉之间都有明显的分界线。

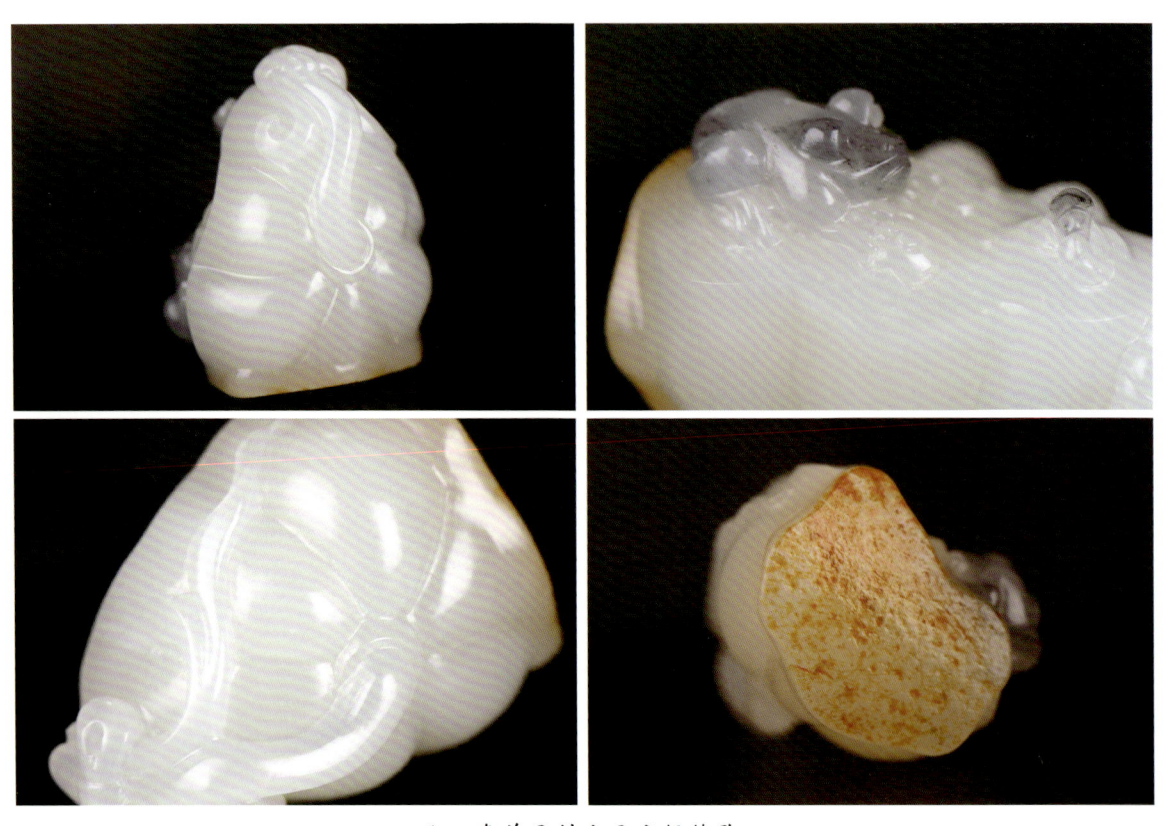

和田青花子料多子多福挂坠

规格：27mm×22mm×18mm

重量：14.8g

  这款俏雕挂坠特征明显，底部有非常亮眼的洒金皮，青花部分做俏雕处理，在保留子料特征的基础上，最大限度地利用原料特点，结合题材创作出一款小精品。

  2018年3月考察于田时看到此青花山料，墨色部分自然，致色均匀，原料底色呈现青色，为青玉材质。

答疑解惑

青海烟青玉与和田青花玉的区别？

和田玉中的青花玉想必大家都已经很了解了，我在上文中也有介绍，主要产于我国新疆地区。而在青海地区也产出一种类似青花玉的品种，行内称为"烟青玉"，其除了具有青海料的特征之外，墨色部分伴有紫色调是其最大的特征。到目前为止，在其他和田玉产区中尚未发现有此特征的原料，所以烟青玉可以说是青海地区独有的一个品种。

青花玉与烟青玉两者之间的区别，对于刚刚接触和田玉的朋友们来说可能难以把握，但无论什么样的原料，只要放在一起对比，其区别与特征就一目了然。首先咱们先说说两者的致色成因：青花玉自不必多说，是由石墨沁入致色，整料全沁为墨玉，沁入不全的就是青花玉；而烟青玉则是由于玉中含有锰铁等氧化物致色所致。在打透射光的情况下观察，青花玉能看到致色的石墨颗粒，而烟青玉则无此现象。

和田玉青花玉手镯 　　　　和田玉烟青玉手镯

了解了青花玉和烟青玉的致色成因之后，可以进一步通过外部特征将两者区分。好的青花玉有着致密的玉质，黑白分明、黑色如墨的特点；而烟青玉由于产于青海，所以其自然继承了青海料的主要特点：其玉质通常比较一般，透明度较高，水润感十足的同时油脂感较差，给人以轻飘的感觉，多水线、棉点、杂质等。除此之外烟青玉整体多呈现灰色调，墨色不聚，多以雾状、片状分布，黑与白之间没有明显的界线，黑白含混不清。而烟青玉最大的特征就是其墨色部分常会带有紫色调，这种紫色或深或浅，也使烟青玉的颜色一般以灰紫色至烟灰色为主。在光线下，可以清晰地看到烟青玉的这种紫色调，这也是判断是否为烟青玉的重要特征之一。

希望您能通过上述的介绍，了解到青花玉和烟青玉的区别，而在实际的选购中，也希望广大的藏友要本着"多看少买"的原则，多对比，多上手，不断地积累实战经验，才能将理论知识付诸实践。虽然青海的烟青玉有着很多的不足，但其独有的紫色调在和田玉中独树一帜，不仅丰富了和田玉的俏色品种，而且给了玉雕匠人们更多的创作空间，有着一定的潜力和价值。

精品图赏：皮色

和田玉黑皮金蝉手把件

规格：82mm×52mm×22mm

重量：156g

此和田玉手把件黑皮白肉，黑皮俏雕玉蝉，在古人心中蝉是纯洁、清高的象征，现代则赋予其更多含义，寓意一鸣惊人。黑皮在和田玉中并不多见，这种沁色颜色越黑，年头越长，皮下的玉质越好。这件作品黑皮如墨，玉质白皙，润度上佳，正好印证了这一观点。

和田玉红皮虎啸山林挂坠

规格：61mm×49mm×16mm
重量：93.8g

  这件挂坠为和田玉子料制作而成，周身上下红皮遍布，皮下细腻的玉质清晰可见。正面雕刻虎啸山林的图案，虎为百兽之王，虎啸山林比喻英雄人物处在巅峰，有卓尔不群、权倾天下之意。玉雕匠人充分运用玉料的特点，通过红皮勾勒出虎的动势，威严、霸气展露无遗。

和田玉子料金包银黄皮貔貅手把件

规格：66mm×39mm×31mm
重量：118.6g

　　这是一件难得的和田玉子料金包银作品，型材艺俱佳。金色的皮质将上乘的玉质包裹其中，金皮自然过渡、细腻饱满，放眼看去金色质感十足，尽显贵气。白玉部分可见皮质轻盈，薄薄的一层浮于玉质之上，无法深入肌理。

十七 和田玉翠青子料弥勒把件

规格：65mm×41mm×27mm
重量：113.1g

  弥勒佛总是以亲和的笑脸、大肚能容的态度、朴素实在的形象出现，深受人们的喜爱，他不仅给我们带来宽容的精神、博爱的情怀，更诠释着无拘无束、超凡脱俗的生活态度。这件和田玉作品采用子料制作而成，弥勒佛开脸传神，面容慈祥、笑容可掬，把件下方保留子料的金皮，并俏雕蝙蝠造型，背面无工，可见明显的翠青色。翠青玉也是和田玉大家族中的一员，且属和田玉的特色品种之一。所谓翠青玉是指在和田玉（通常是白玉）的基底上分布着翠绿色，它不仅有白玉的质朴，更有翡翠一般鲜活的绿色，给人以清新之感，好似春天枝头的嫩芽，给人以蓬勃向上、生生不息之感。

藏品细部

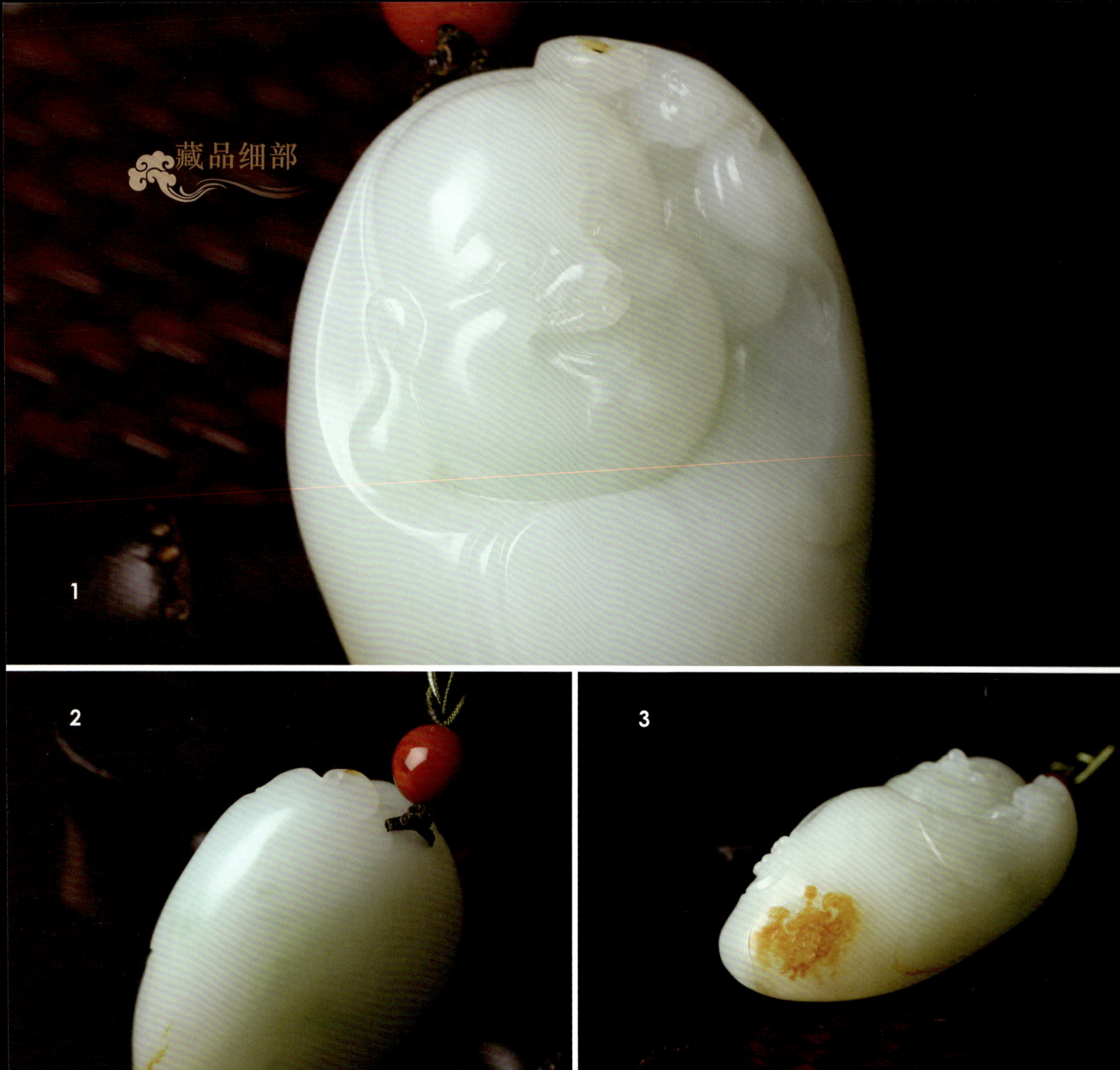

1. 这件作品雕刻造型经典传神，大肚弥勒佛以布袋和尚为原型塑造，其大肚能容，开口便笑，表示"量大福大"，提醒世人学习包容。

2. 背面的翠青色在白玉的底色上，更加突出了翠青的清新、水润之美，让人不禁有一种舒心自然之感。

3. 把件下部保留子料的皮质，皮色金黄，颜色饱满浓郁，俏色巧雕蝙蝠造型，有金蝠报喜、福在眼前的寓意。

知识点解析

和田玉翠青玉概述：清新淡雅，鲜活翠嫩

翠青玉作为和田玉家族中的一员，由于其极具特点的颜色，近些年逐渐受到藏友的关注和追捧。翠青玉最大的特征是翠绿色的颜色，非常抢眼，其绿色调与青玉、碧玉的绿色调有着明显的区别。翠青玉的原料很少单独产出，更多的情况是以伴生的形式附于白玉、青白玉等原料上，为层状、带状、块状等，用其制作的成品不仅有着白玉的内敛，还散发着鲜活清新之感，在白玉、青白玉成品中以翠青色俏色巧雕的作品有着独特的色系和风格，在众多的和田玉品类中独树一帜。翠青玉主要产自青海、俄罗斯，翠绿色主要是由于铬元素致色所致，翠色在矿带中通常沿裂隙分布，几乎无连续性，故产量较低，翠色鲜艳的原料更是稀少，翠青玉的价值更是一路走高。另外在新疆等产地也发现了少部分带有翠色的玉料，其成品往往会有多种俏色组合，因此极为珍贵。

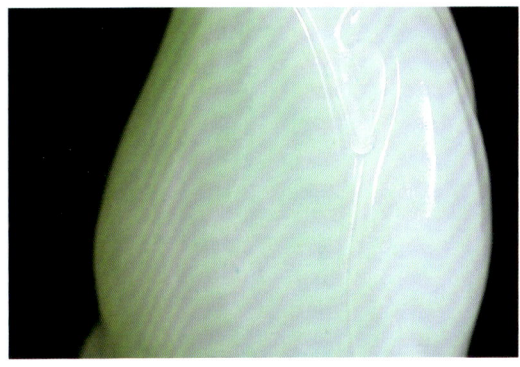

和田玉翠青节节高挂坠

翠青和青花玉比较相似，都属于原生型的品种，青花和翠青的颜色是其致色物质和白色的透闪石一同成岩的，为原生矿物，其内含物特征是与绿色有关的沙点状、絮状、斑点状石花。虽然翠青玉在近些年逐渐崭露头角，但翠青玉这一玉种其实很早就被人们所发现。在发现之初，由于翠青色超出人们对于传统和田玉颜色的认知，故而未被当时的市场所接受，在加工玉石的时候，翠色都会被加工去掉。而后，翡翠的阳绿色备受推崇，而翠青玉的翠色由于与阳绿色有相似之处，又因其价格低廉，所以逐渐受到翡翠经销商的推崇和藏家的关注，今天翠青玉已成为和田玉中的特色品种之一，高品质的翠青玉更是珍贵异常。在白色的玉质基础上再加上一抹翠色，通过精妙的雕琢，可大大提升价值，如果白玉部分能够达到羊脂玉级别，那么再加上翠青色，价值就将更上一层楼。各个产地在翠色上可谓不分伯仲，差异主要在白色玉质的质地和颜色。用一句行话讲，叫"玉中带翠，富贵加倍"。

答疑解惑

和田玉按产状有哪些分类呢？

1. 和田玉山料

和田玉山料又称山玉，指的是产于新疆高海拔地区雪山上的原生玉矿，特点是性脆，块度大。目前随着资源的不断减少，山料的产量也逐渐走低，开采难度增高的同时成本也在不断提升，而受开采的影响，山料质量也不如从前，普遍呈现出绺裂多、质地干涩等特征。在现在人们的观念中，山料的质地不如山流水与子料已经成为一种共识。但我想说的是，山流水也好，子料也罢，其最早也是源于山料，只是前者经过大自然的筛选、打磨之后，"好玉"富集在一起，给人以子料和山流水比山料品质更好的感觉。其实山料有着极大的品级覆盖面，任何产状的和田玉都要以品质而论，一概而论对于山料来说并不公平。

和田山料的块度大小差异巨大，原料带有棱角，玉质略显粗糙，能看到明显的颗粒感，部分山料局部可能带有次生的糖色。目前和田玉山料主要产自昆仑山脉，以白玉和青玉为主，这其中高质量的原料往往存在于高海拔地区。这些地区气温低，空气稀薄，开采更受到季节的影响，不仅开采难度大，而且限制颇多。但总体来讲，山料的开采量和子料不在一个量级上，山料产量是子料的上百倍甚至上千倍，即使优质的比例相对低一点，但是基数大，这一点是不容忽视的。目前市场上的子料多是优质山料人工滚成的子料形状，然后再着色做假皮子，这种人工子料对于很多初学者具有一定的杀伤力，藏友在选购时要擦亮双眼。

和田玉青玉山料原石

2. 和田玉山流水料

山流水料是指在雨水、河流、重力等多种自然力量的作用下，山上的原生矿石逐渐脱离母岩沿山坡滚落，并慢慢地沉积散布于山坡地势相对低凹的地方，此种玉料市场上一般称为"山流水"料。由于其属于坡积型的玉料，因此有着相对较短的移动距离，基本保持了原始形状，呈现的棱角状或次棱角状相对圆滑。山流水经过水流的搬运，在移动跌落的过程中，那些有裂有绺的部分往往破碎剥离，留下的部分玉质相对较好。山流水料是介于山料和子料之间的一种形态，其具有山料转变成子料的过渡特征，也因此其品级很不稳定。通常把那些看上去不如子料、质地相对一般，同时又具有一定子料特征的和田玉统归到山流水料之中。

3. 和田玉戈壁料

戈壁料是原生矿山体破碎以后，山料崩落，由于周期性的暴雨发生急流洪水，挟带山间沟谷中的大量原石冲出沟谷至山外开阔地，洪水流速迅速减缓，大量原石伴随泥沙沉积形成洪积扇，其中的和田玉原石即形成洪积型砂矿。原生玉料被冲出沟谷之后，可能被冲刷到戈壁滩上，或者河流改道或断流，而后玉料一直处于干旱的气候之下，不断遭受着阳光、风沙的磨蚀和风化作用，经过漫长的岁月形成了我们现在看到的"戈壁料"。戈壁料保留了玉石大部分的坚硬、致密的玉质，所以有着相对较好的油性，不过由于侵蚀和风化作用其表面呈现出特有的麻点状构造，坑坑洼洼、凹凸不平。而且由于形成条件恶劣，戈壁料大多带有瑕疵，但其特有的质感和纹理却是其他产状玉料所不具备的。这里再补充一点，戈壁料和子料最大的区别就在于：戈壁料的形成环境没有水，因此不可能有三价铁离子通过水来进行次生色的沁染，所以戈壁料不会有皮色。戈壁料在风化的过程，表面会稍微变圆润，虽然不会变成卵石状的形制，但与山料的棱角分明也有着明显的区别。子料皮色是由河水搬运过程中玉料周围的矿物质沁染和化学氧化所造成的，而戈壁是烈日和风沙留下的表面纹理，常见的有鱼子纹、橘皮纹等。

于田市场的戈壁料

新疆考察的过程中，我在矿区遇到一位卖戈壁料的维吾尔族老汉，他的戈壁料原料吸引了我的目光。戈壁料产自洪积型和田玉砂矿，是和田玉产状的一种形式，主要产于戈壁滩上，由于原生矿石暴露于地表，经过长年的风吹日晒而形成，有着比山料相对更好的品质。

4. 和田玉子料

子料是指原生玉料被洪水搬运至附近的河流中，经过河流中长时间的搬运、冲刷、碰撞，疏松的部分被去掉，保留下了玉质较好的部分，同时其棱角逐渐圆化，最后形成卵石形状。而当河水改道，

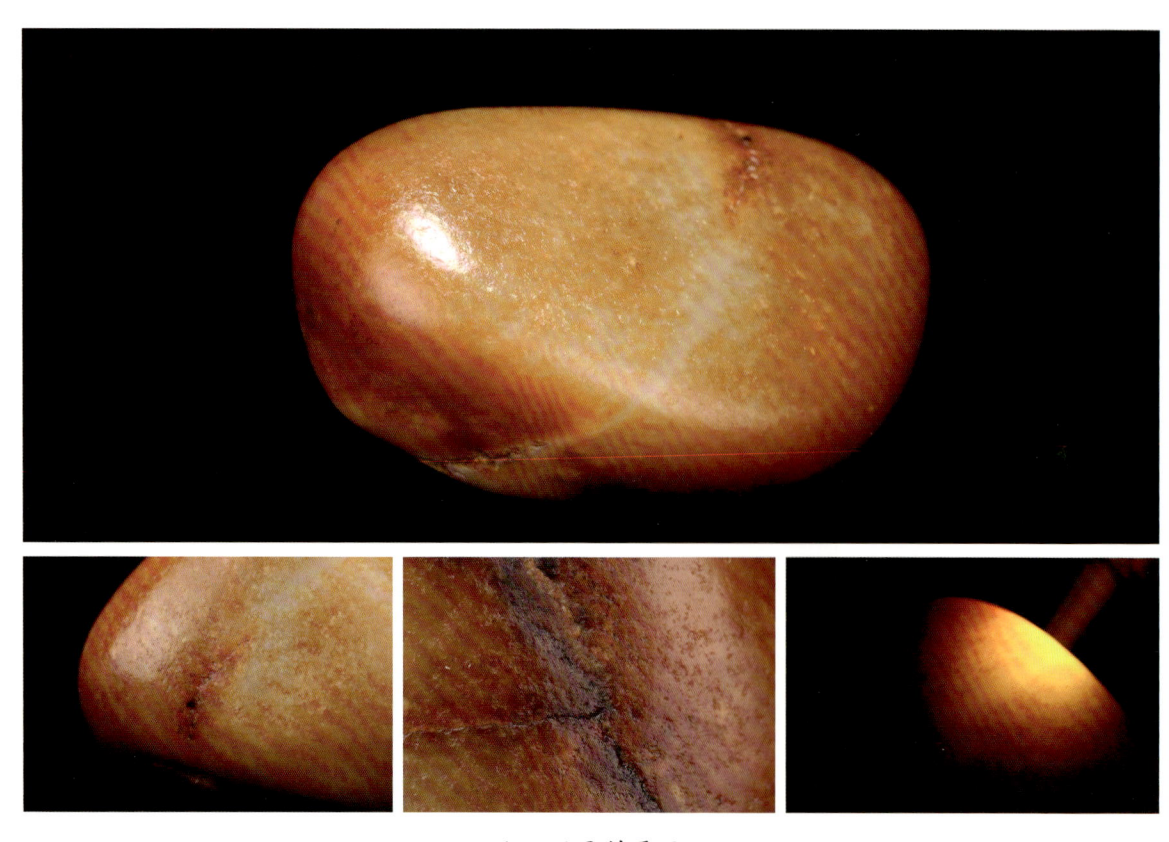

和田玉子料原石

重量：166g

此玉为天然原石，以自然的曲线之态呈现，未经任何人工雕琢，给人以柔美细腻之感。皮质绝佳，精光尽显，温润细腻，其皮色的天然质感让人体会到大自然的无穷创造力。历经岁月洗礼在表面留下的痕迹，更向人们诉说着它久远的年代感。

和田玉作为收藏珍品久负盛名，被誉为"东方艺术"，几千年来其优秀的品质和灵动的形制一直启发着匠人们的创作灵感，将一件件和田玉的传世佳作展现在我们眼前。当然，和田玉的子料就算不经过加工，其自然之美也会使人折服。此和田玉子料正是如此，其浑然天成，让人感觉到大自然的浩瀚之美，难以言表的敬畏之情在心中油然而生。

和田玉原石固定埋藏于泥沙层中后，经过长时间的风化作用，其原石表层可形成厚度不等的皮层。所以，真正的原生子料由于上述的原因，通常都有较好的品质，也有着很高的出材率。同时由于水流的作用，子料的分布也比较集中，主要富集于昆仑山脉的几条主要河流以及周边的河床中，包括玉龙喀什河、喀拉喀什河、叶尔羌河等。

这是已经打孔的两包子料，从图中可以看出，左图子料质地参差不齐，皮色混杂多样；而右图中子料相对质量更高，白度够，瑕疵少，带有的皮色也更加均匀。

在考察期间，我有一次特别幸运，碰到一对小夫妻在镜头下找到了一块红皮的小羊脂玉，让人十分激动！就是图片中的这块小料，纯天然和田子料，玉质白皙，红皮惊艳。就是在镜头下从河床里被翻出来的！这些挖玉人在河床之上，日复一日重复着繁重的体力劳动，他们付出艰辛，终有所获，真的为他们感到高兴，用他们的话说，这也是主的恩赐！

知识点拓展

和田玉山料产地黑山

一条昆仑山脉横跨我国西北地区，孕育了驰名古今中外的和田玉，昆仑山是和田玉的发源地，古籍《千字文》中有"金生丽水，玉石昆仑"之说。昆仑山的和田玉成矿带，断断续续有一千多公里长，分布着众多和田玉的原生矿床及矿点。

结合我在新疆实地考察的图文，在这里给大家简单介绍一下和田玉的重要产区之一：黑山矿区。黑山，古人称为"喀朗圭塔克"，塔克是山峰的意思。黑山是昆仑山的主峰之一，群山险峻，冰雪盖地，雪线以上终年冰川覆盖。黑山矿区产玉地点位于阿格居改，说到阿格居改，估计没有多少人知道这个名字。但是如果说黑山料这三个字，相信很多藏友都有所了解。阿格居改也称阿格居改冰川，海拔5000米左右，这一地区整个山顶都被冰层覆盖，长年的冰川作用把高海拔之处的原料剥离下来，最后富集在冰川下面等待着人们的发现。

阿格居改属于黑山，故所产玉料叫作黑山料，以白玉为主，质量上乘。阿格居改冰川的流水汇入南汗尼拉克河，而这条河就是汇入和田市玉龙喀什河的源头之一。玉龙喀什河里的原料，可以说相当一部分来自这个地方。

进入黑山矿区的山路陡峭崎岖。

连绵的雪山映入眼帘，大自然的魅力令人赞叹。

道路本就起伏颠簸，再加上大雾弥漫，要时刻绷紧神经，不能放松。

路遇塌方，泥石流堵塞道路，工程机械正在清理道路。

    黑山矿区气候寒冷，不仅海拔高，而且地势凶险，山路险峻，即使驱车前往也殊为不易。在我进入矿区的途中，虽然沿途的风景让我心驰神往，但是遭遇到的艰难险阻更是让我记忆犹新。当时正值冰雪融化，冰川的雪水汇集形成了洪水阻断了道路，驾车涉水通过之后又遇到大雾弥漫，之后的路途中还出现了泥石流，路面塌方，形势可谓凶险，但为了深入矿区，我们一行人不畏险阻，终于到达黑山矿区。

    黑山矿区其玉石产量并不高，如果是人工开采，采玉人一般在7-8月进山，因为其他时间气温过低，基本生存都无法保障。而且即使进入矿区，在这立壁千仞的地方，采玉人也只能在山上以之字形徘徊前进，同时还要小心出现坍塌，这一去往往要花费数个小时，运气好的话，会采到好玉，运气不好，则是一无所获，采玉的艰辛可见一斑。

    新疆和田地区的玉矿众多，黑山只是其中之一，但由于过度的开采以及环境的恶劣，新疆整体的和田玉产量都远不及以前。和田玉作为一种不可再生资源价值不言而喻，而且还具有深厚的历史文化底蕴，造就了其成为一种不可多得的珍藏品。在大家收藏和赏玩的同时，也希望大家能珍惜现在的资源，我在这里也是抛砖引玉，希望能引起大家的共鸣。

十八　和田老坑青花章料

规格：50mm×16mm×11mm
重量：25.9g

  章料顾名思义就是制作篆刻印章的材料。印章由于其独特的艺术表现形式、丰富的用料材质，并且融合了雕刻和书法的精髓，在古玩领域有着重要的地位。印章的形制有方形、长方形、圆形、椭圆形等，但大多以方形为主。印章的材质更是包罗万象，除了著名的四大印石之外，从古至今，金、银、铜、玉也比较多见，而后又逐渐增加了陶瓷、象牙、犀角等材质。此章料以和田玉老坑子料制作，黑与白之间过渡自然。在目前和田玉市场中，料质细腻的青花料本就不多，如此细腻的青花料更是难得一见！一般来说青花料的石性都相对较大，但此玉肉质非常细腻，均匀，油脂感强烈，而且结构几乎不可见，可作为标本收藏。

藏品细部

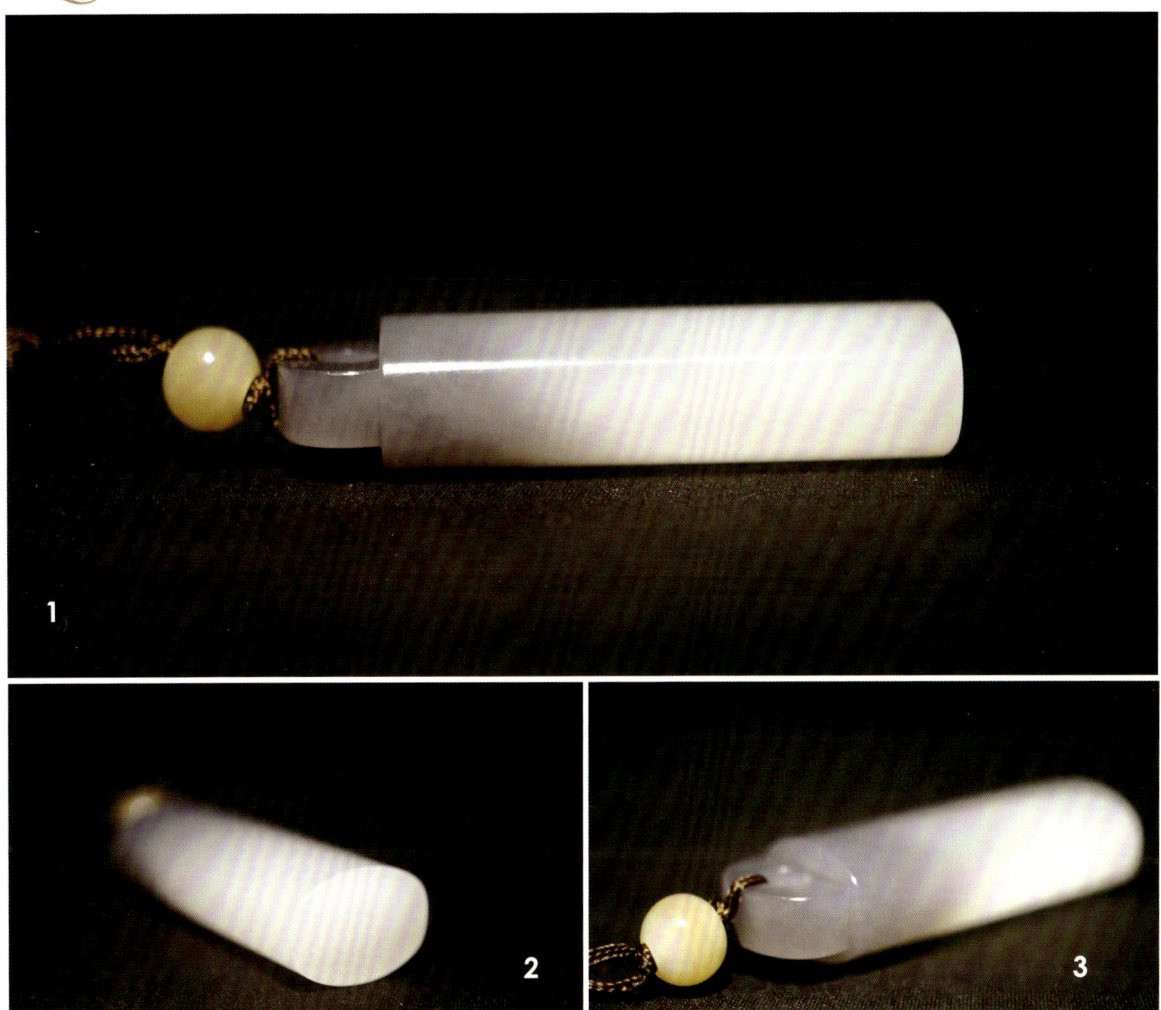

1. 和田玉青花料主要是由石墨致色所致,其如水墨画一般的色彩分布在和田玉中独树一帜,特点十足。通常来说,青花料的石性相对要高一些,但是此块章料质地非常细腻,品质上佳。

2. 此章料为老坑料,油性大、密度好,几乎不可见其结构。从底部看去,白玉部分清澈白皙,尽显玉质的高品质。

3. 青花的黑色部分虽然颜色稍浅,但是色泽浓淡相宜,与白玉部分过渡自然、流畅。通过匠人对原料的充分运用,将其特点发挥到了极致,是收藏级别的章料。

知识点解析

和田玉的皮色分类

和田玉子料的皮色是其一大魅力,在大自然的孕育之下,皮色有着各种形态和颜色,每一块和田玉的皮色都独一无二,令人拍案叫绝。在和田玉形成的漫长过程中,由于自然的风化、水解、土沁等作用发生物理沁入和化学反应从而形成了天然的皮色。下面简单地介绍几种皮色的分类:

1. 原始石皮。在古代,人们把蕴藏有玉的石头或者未经雕琢的原料称为璞,璞因此也具有皮的含义。而出自明代著名科学家宋应星的《天工开物》中也记载道:"凡璞中藏玉,其外皮曰玉皮。"这些都说明原生玉料其周围的围岩或者伴生矿物会形成原生的皮色。

原始皮色

2. 物理沁入。这种物理沁入是一种次生的氧化色,其主要是由外部的铁元素或者其他的金属元素沁入玉质中致色所致,子料皮色形成的原因之一就是由河水搬运过程中原石周围的致色元素沁染造成的,一般称为"沁"。

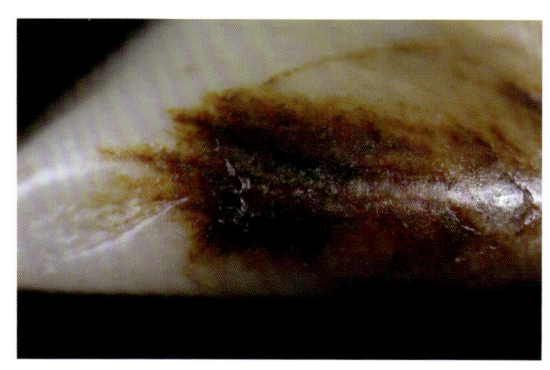

物理沁入

3．化学氧化后沁入。这种化学氧化后的沁染也是次生色的一种。由于玉石长期浸泡在水中，使玉石本身带有的氧化亚铁在氧化作用下转变成三价铁离子，既氧化铁，从而形成了红色的皮质。这种变化来自玉石本身，通过化学氧化而形成，同时还伴有物理沁入。

化学氧化后沁入

图中为一块加拿大碧玉原石，左图展示出了墨绿色的玉质，右图可以看到长期接触流水的位置产生氧化，变成了铁红色。

目前，大部分和田玉子料的皮色，都是由玉石中的氧化亚铁经过氧化作用或外部的致色元素沁染在玉石表面形成的。这种自然形成的皮色不仅色彩繁多、千姿百态，而且无一相同，如果将各种皮色同时放于眼前，肯定会让人眼花缭乱，无从挑选。所以人们根据皮质的颜色浓艳的程度、形制的不同、均匀饱满度等来判断皮色的价值。其实在清乾隆之前的历史时期中，当时的人们追求和田玉的纯洁、白皙，所以在玉石的雕琢过程中会把皮色去掉。而今时今日，子料留皮已经是共识，甚至已经成为玉器行的行规，带皮的和田玉价格几倍高于不带皮的，有的甚至高出十倍之多。鲜艳饱满的皮色更是弥足珍贵，料质上乘者更是被奉为珍宝，是可遇不可求之物。但是现在玉石市场有一种观念，即带皮的玉才是好玉，一些收藏者只重视皮色，甚至达到重皮不重肉的痴迷程度，根本就是本末倒置。这种偏好也直接左右了和田玉市场，玉质、油性、密度等一概忽略，这不仅使带皮的玉料价格一路飙升，更催生了造假皮现象成风，随着造假技术的不断升级，现在真皮和假皮更是让人难以区别。

其实和田玉子料的留皮不仅可以作为真假子料鉴别的一个依据，同时保留原生态的皮色对于研究和分析和田玉的原料特性、产状、产地等方面都有很高的价值。原生的皮色在匠人们的巧妙构思之下，通过留皮工艺俏色巧雕更可进一步提升玉器成品的市场价值和艺术价值。面对子料，从审料设计到雕刻加工过程，萦绕于心的就是如何留皮，又如何使皮的俏色更美、更有特色，利用皮色特点所制作的玉器，可将自然之美和手工技艺完美地结合。目前，和田玉子料皮子有几种较为珍贵的，洒金皮、枣红皮、秋梨皮、金包银等，接下来就给大家介绍这几种珍贵皮色的特点。

1. 洒金皮

洒金皮顾名思义，就是子料黄金色的皮色如同金子一般泼洒在表面之上，这其中有两个亮点，一个是颜色如金子一般，另一个是泼洒要形成一定的面积。一般情况下真正的洒金皮会呈现片状在和田玉表面，真的好似金子一样闪闪发光，又如秋日黄昏的晚霞一般，美不胜收。这种皮色自带天生的魅力，哪怕没有任何雕刻，都能让人百看不厌。它的俏色巧雕同样雍容华贵，既不会显得娇艳，也不会觉得灰暗，金黄色代表着富贵、祥瑞，观赏与把玩，都让人感受到一股安详的温润。由于大部分洒金皮都是薄薄的一层，这就反映出其玉质本身的坚实、致密，所以色沁无法深入玉质。而在和田玉的行内有这样的一句话叫"洒金皮下必有好肉"，其原因正是上述所讲的，所以说带有洒金皮的子料往往玉质较好。在目前的市场上，洒金皮的玉料不论是原石还是成品都具有很高的价值。

和田玉子料上的洒金皮主要是由于三阶铁离子经过长期的化学反应与透闪石质形成了一层新的物质层，在新物质层中，三阶铁离子以离子形式稳定地存在于结合物中。而通过染色手段做出的皮色，未必是以三氧化二铁的形式积聚于玉的表层，是使用了其他化学染料或色素进行染色。关于制假染色的手段，方法很多，千奇百怪，需要具体问题具体分析。

和田玉子料洒金皮凤牌

规格：66mm×35mm×10mm
重量：35.2g

几千年来，凤凰一直是祥瑞之兆，象征太平、光明，其中凤更为百鸟之王，人们相信其能带来祥瑞、吉祥。此玉牌雕刻凤凰造型，正面布满洒金皮，皮色金黄娇艳，背面通体白玉，玉质润白、细腻，完美地诠释了"洒金皮下必有好肉"的说法。在玉牌的正反两面通过简单的刻线勾勒出了凤凰生动的造型和姿态，尽可能地保留了皮质的完整，并展现了玉质的温润，是难得一见的和田玉精品。

2. 枣红皮

红皮在各类玉石中都是经典的颜色，作为皮色就更显珍贵，特别是颜色纯正的枣红皮更是不可多得的经典。优质的枣红皮应该具有如同红枣外皮一样的浓郁红色，其在玉质表面或是聚集或是分散，虽然分布的形态多样，但不变的是浓郁的色泽和沉稳的质感。通常来说枣红皮也是薄薄的一层浮于玉质的表面，说明枣红皮之下也多是优质的玉质，正所谓"红皮白肉"。枣红皮在和田玉子料的上面大多呈现出褐红色或者褐黄色，虽然分布并不均匀且深浅不一，但是有着自然的过渡和温润的色泽，淡淡的一层分布于表面，给人一种轻盈、缥缈之感，又不失稳重、大气。目前市场上色泽浓郁、饱满的枣红皮可以说是和田玉中的皮色佳品，市场价值也是居高不下。

和田玉子料枣红皮财神挂坠

规格：42mm×30mm×20mm
重量：38.8g

以和田玉为材质雕刻的财神可谓是经典题材，其形象往往是手执如意，身穿蟒袍，脚踩元宝，形象威武。其在民间家喻户晓、广为流传，是人人都尊敬、崇拜的一位神仙，寓意事事如意、财源滚滚。此把件为子料所制，通体枣红皮，肉质白皙油润，光泽温润内敛，顶级原料与经典题材的完美结合。

3. 秋梨皮

秋梨皮可以说是经典皮色中相对低调的一类，与前面介绍的洒金皮和枣红皮的惊艳、绚丽有着极大的反差。所谓秋梨是分布在东北以及河北地区一种梨的品种，此梨颜色黑中偏黄，表面呈现麻麻点点，而秋梨皮的特征和颜色与其十分相似，所以便称作秋梨皮。秋梨皮通常皮质较薄，有着优质的玉质，皮质的颜色深浅有致，过渡自然，深沉的皮色非常低调内敛，不张扬不做作，其独有的质感和颜色韵味十足。和艳丽的皮色给人以强烈的视觉冲击力不同，秋梨皮自然、质朴的质感则让人越看越舒服。目前，真正的秋梨皮在市面十分少见，珍贵异常。而相比洒金皮和枣红皮的造假泛滥，秋梨皮可谓少之又少，主要的原因就是其并非是以颜色的艳丽著称，所以很多的制假者对其兴趣不大。

和田玉秋梨皮观音挂坠

新疆和田玉秋梨皮子料是很珍贵的玉石，像和田玉子料洒金皮、枣红皮、黄皮一样，具有很高的雕刻价值、艺术价值、收藏价值。此观音挂坠，其上的秋梨皮色深邃内敛，在尽可能保留皮质的基础上，玉雕匠人就势而雕，尽力保留了子料原始的形状。在此基础之上用白玉部分勾勒出了观音造像，不仅神态生动、传神，体态更是自然、精致。在挂坠的侧面和背面运用留皮工艺，俏色巧雕出莲花图案，创意不凡且意境十足。

规格：64mm×40mm×25mm
重量：86.3g（不带链）

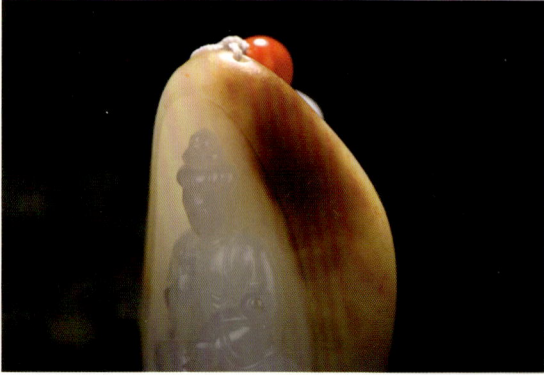

这是我在大巴扎市场考察时找到的一块子料，秋梨皮，其皮色非常深邃，完全保留着子料的原始特征，皮色过渡自然，是难得的子料精品。

4. 金包银

所谓金包银以字面意思来理解，即是金色的外皮之下包裹着白色的玉质。而金包银中金一般分为两种：一种是子料的黄皮，也可称为金黄皮，这种皮色可浓可淡，总体要呈现金色之感，显得贵气十足；还有一种金包银是指黄沁的子料，其颜色也要以金黄色为主，皮质的沁色绝不能深入玉质肌理，如果沁的颜色过于

和田玉子料金包银虎牙挂坠

金包银子料，通体金皮，玉质也是非常细腻致密。通常情况下好的玉质有着密度高、结构紧致的特点，皮色也往往是浮于玉质表面，无法沁入肌理。所以一旦形成了金包银的原料，其皮质也都比较纤薄，而这款虎牙挂坠的玉质能达到脂白级别，更是难能可贵。

规格：55mm×22mm×12mm
重量：37.6g

深入，就不能称为金包银，而变成了黄沁料。另外，金包银原料的皮色一定要呈现出包裹的状态，这也是其皮色特有的一种分布形式，金黄色要将整个或大部分原料包裹其中，如果只是点状或片状的局部皮色，就难以称为金包银了。最后银色自然是指白色的玉质，泛青、泛灰都不好。

5. 双色皮

和田玉的子料在河水、地表或者土壤等众多环境之中，会与其周围的物质产生化学反应，形成次

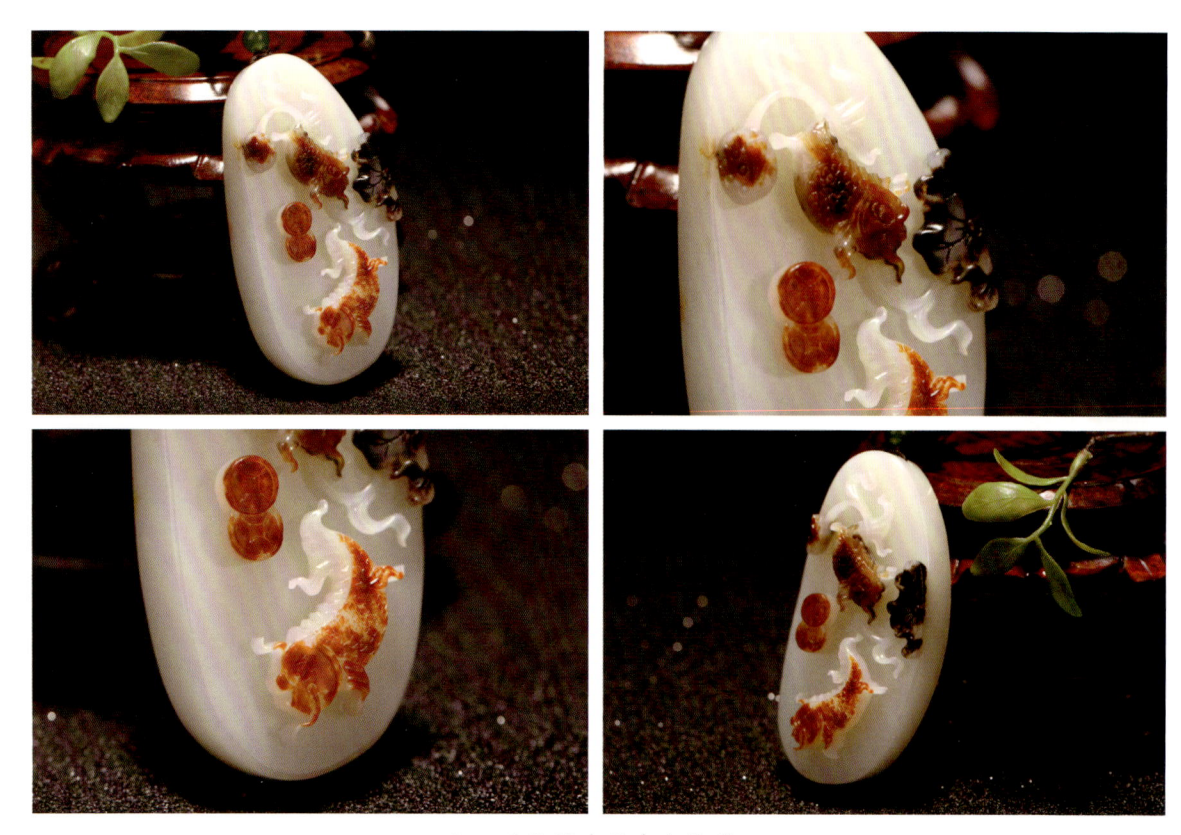

和田玉子料连年有余挂坠

规格：118mm×79mm×40mm
重量：101.4g

此挂坠以和田玉子料制作，润泽细腻的白玉极富质感。更为独树一帜的是它的双色皮，玉雕匠人通过巧妙的构思，精湛的工艺，用红色的皮质俏雕出两条金鱼，形象生动，惟妙惟肖；又利用黑色的皮质勾勒出一片墨色荷叶浮于上方，整体雕刻动静相宜，画面感十足，很是惹人喜爱。看似清雅的双色皮子料，其寓意也是令人动心，有连年有余、金玉满堂之意。

通过观察可见此挂坠的红皮是薄薄一层，浮于玉质表面，有一定的颜色渐变，非常自然。而黑皮是由外来的铁锰等元素经过长时间的沁染形成。

生的皮色和沁色。常见的子料多为一种颜色的皮色，出现双色皮甚至多色皮的情况则极为少见。同时这种带有双色皮的天然子料不仅具有很高的市场价值，其对和田玉的原料性质、产状、产地的辨识和研究也有重要的意义。

和田玉子料的皮色固然重要，但也不可重皮色轻玉质。夺人眼球的皮色不仅能让子料的价值大大提升，还能给玉石匠人带来无尽的创意和想象空间，更是判断子料的重要依据，但切不可唯皮论。其实有一些质地比较疏松的和田玉子料带有皮色，其价值还不如普通的不带皮色的和田玉子料来的好。所以要综合多方面去考量一块和田玉的价值，不要把皮色作为鉴别的唯一标准。玉之所以有它独特的魅力，为众人所喜爱，不能忽略的便是它独有的灵性之美。

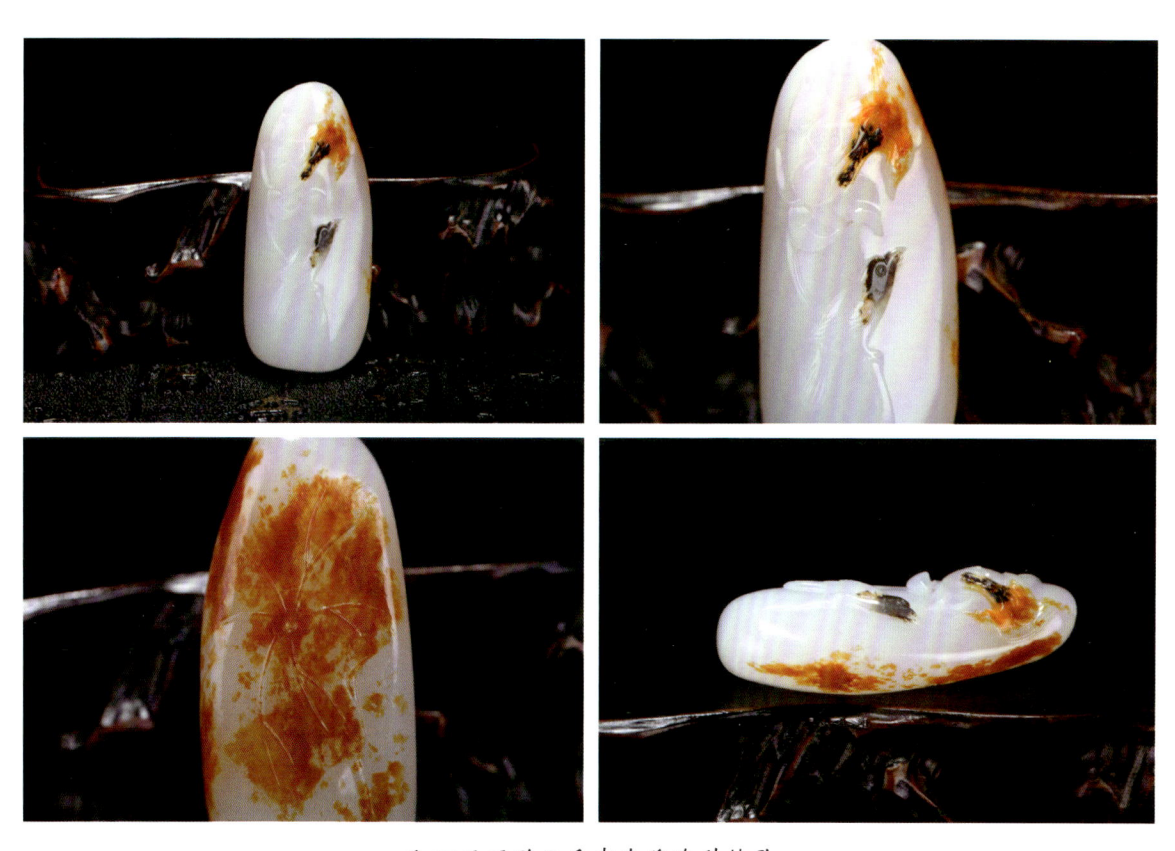

和田玉巧雕三色皮喜登连科挂坠

规格：50mm×23mm×13mm
重量：24.1g

三色皮俏色巧雕，通过巧妙的构思和精湛的技艺，原石在玉雕匠人的手中绽放光华。莹润的玉质配合巧雕的皮色，是玉石与传统文化的完美结合。

十九 和田白玉子料佛手把件

规格：78mm×48mm×40mm

重量：149g

  佛手是一种柑橘的果实，有着鲜黄的颜色和奇特的形状，其裂纹好似拳头，打开又如手指一般，统称为佛手。佛手代表智慧和力量，有着吉祥平安、财运亨通的寓意。常作为传统题材与灵芝、桃子和石榴等一起出现在图案、纹饰中。此佛手把件以和田玉顶级原料所制，通体白皙油润，保留一小块洒金皮色作为点缀，光泽温润内敛，更有着羊脂级别的玉质，脂粉感十分强烈。作为我国的传统题材之一，佛手为人所熟知，在其中主要找寻与众不同之处，无外乎三个字：韵律感。佛手瓜自古有长寿、纳福之意，此和田玉把件工艺非凡，瓜瓣似层叠的海水般，浪花翻滚，动静虚实，圆厚稳实；优雅的线条似能触碰到人心，柔软细腻，沁人心脾。

藏品细部

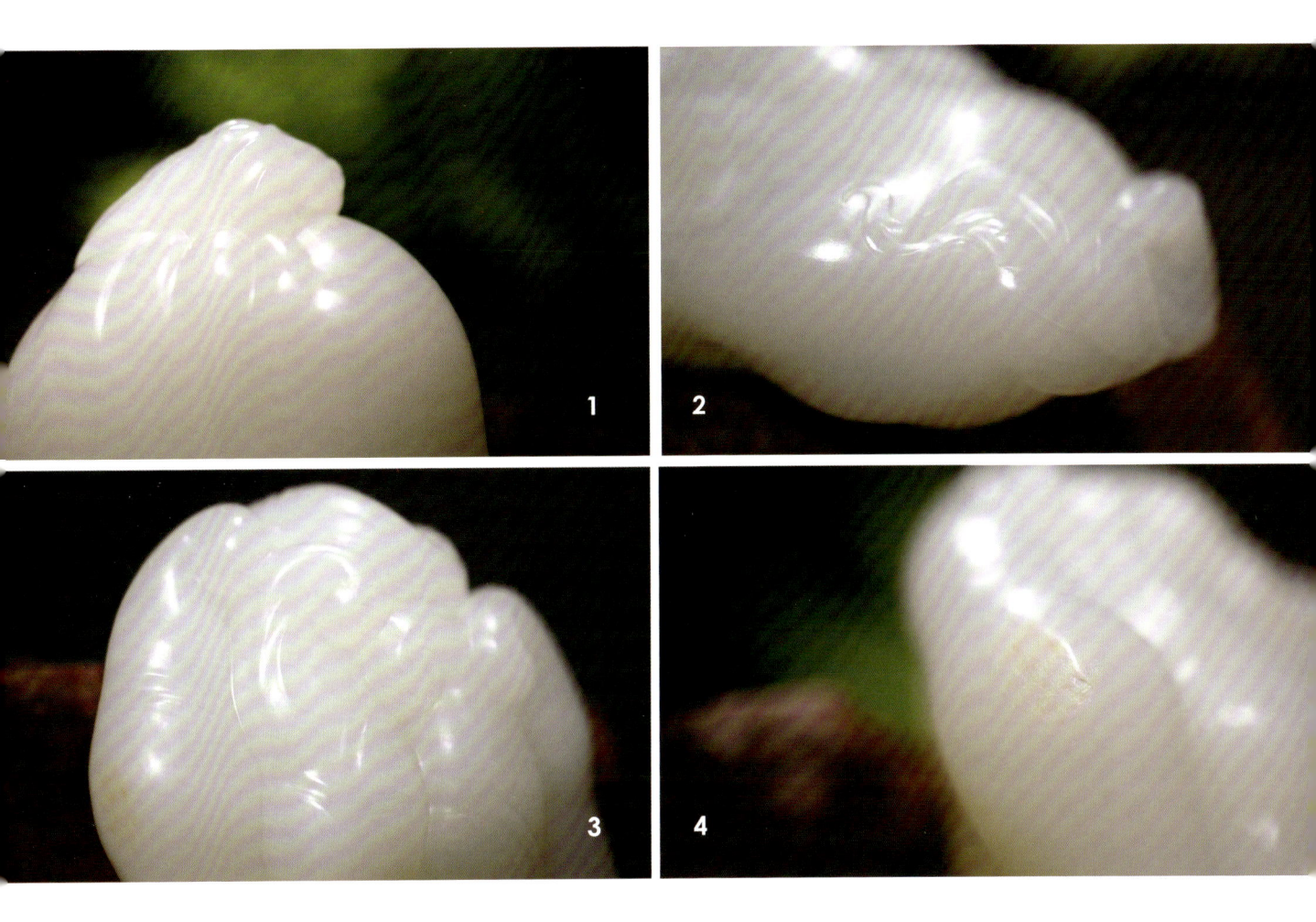

1. 此玉佛手造型饱满，化繁为简，寥寥数刀之间雕琢成型，整个器型生动逼真。佛手宛若天成的同时，尽可能地保留原料本身，工艺非凡。

2. 佛手在明清成为玉雕中常常表现的题材，更是经典的传统题材之一，其名字中的"佛"字与"福"字谐音，寄托了人们祈福健康、平安的美好愿望。

3. 佛手的称呼正如其形状一样，闭合时好似拳头，打开时又如手掌一般，其形体独特，颇堪赏玩。

4. 在玉质侧部保留了原始皮质，金皮点点，彰显玉质之珍贵，同时也是证明其为子料的依据之一。

知识点解析

和田玉质量的评价标准

在珠宝玉石当中，单晶体类宝石的质量评价相对容易一些，因其是单晶体，物理化学性质比较均匀稳定，变化规律性较强。这其中以全球认可度最高的钻石为例，对于它的质量评价有着详细的判定标准，其国际通用的4C（颜色、净度、重量和切工）标准已是珠宝领域的业界标杆，并以此来决定其价值，国际珠宝市场上每周即发布一次各类品级钻石的价格，参考对比起来比较方便。

然而对于玉石来讲，在国内外至今缺乏能统一操作的通行标准，因此在市场上，看似体积相当、质量相似的玉石饰品，其价值往往有着天壤之别，市场走向和价值判断都不易掌控，我们常听到的一句话"黄金有价玉无价"其实就是这一情况的体现。出现这种情况的原因主要是：玉石和单晶体宝石完全不同，玉石由多种矿物晶体组合而成，内部成分复杂，且各类矿物晶体的颗粒大小也不均等，其内部组合的方式各异而且往往呈不均分布，这些特性导致玉石的颜色、结构、透明度、杂质等，变化多端，非常复杂，无法将评定标准量化，所以对其进行质量评价时就显得比较困难。目前可以通过颜色、质地、透明度、光泽、净度、裂纹和重量等几方面对和田玉的价值进行判断。

和田玉虎虎生威手把件

1. 颜色

颜色对于和田玉来说至关重要，其不仅是和田玉分类的主要依据，更是评价和田玉价值的标准之一。从古至今，人们一直崇尚白玉，其实和田玉的颜色种类十分丰富，在各类玉石中也是佼佼者。所以对于和田玉颜色的判断就要从色调、饱和度和均匀度等多方面进行分析。目前和田玉的色调主要有白色、绿色、黄色、青色、黑色、糖色等基本色以及其他各种过渡色。与翡翠色调评价不同的是和田玉不以绿色为最佳，而是以白色为最佳色调，价值也相对较高。

对于和田玉来说，虽然有着多样的颜色和色调，但是每种颜色都有着共同点，那就是饱和度越高越好、越鲜艳越好，颜色过深或者偏灰、偏暗都并非最佳选择。通常情况下，和田玉的原生色相对比较均匀，一旦叠加了各种色调的次生色，往往会导致颜色出现偏差，饱和度降低等问题。当然，和田玉的每种颜色都有多个色阶，颜色呈现一定的跨度，比如绿色，根据其色调的差异人们给出定义的有菠菜绿、苹果绿、鸭蛋青等。这些都属于绿色调的范畴，但是颜色差异明显，此时就不能单以颜色论英雄，而要结合其他方面综合判断。同时，当下人们的审美取向和市场的认可度也会直接影响到其价值。

满绿碧玉白菜

此碧玉产自和田玛纳斯，菠菜绿，颜色为偏深的绿色，颜色虽然不够艳丽、明亮，但是整体色调均匀、沉稳，内含少量条带状的墨点和墨带，其在玛纳斯碧玉中无论料质和颜色均属于顶级，呈现强烈的油脂光泽。

俄料碧玉白菜

俄罗斯碧玉的颜色最受大众所追捧，图中可看到绿色部分颜色鲜艳、亮丽、莹润，虽然整体色泽不够均匀，但是通过匠人的精雕细琢，俏色巧雕成白菜摆件，造型逼真，整个摆件表现出的质感如翡翠一般，晶莹剔透、华美异常。

2. 质地

作为和田玉来说，其质地一定是越细腻、越均匀越好。虽然和田玉是由多晶集合矿物组成的，内部成分相对复杂，但是高品质的和田玉其内部成分纯度较高，透闪石和阳起石占绝大部分。而组成和田玉的矿物颗粒比较细腻，通常在0.1～0.01mm之间，属隐晶质，且呈纤维状、交织状、毛毡状结构，越紧而密、细而匀，其质地就越细润，油脂感就越好。因而质地好的和田玉有着成分纯度高、结构紧实细腻、矿物颗粒均匀细密等特点。当然，玉质相对较差的就会出现结构粗糙，颗粒粗细不均、变化较大等问题。

质地对比图：

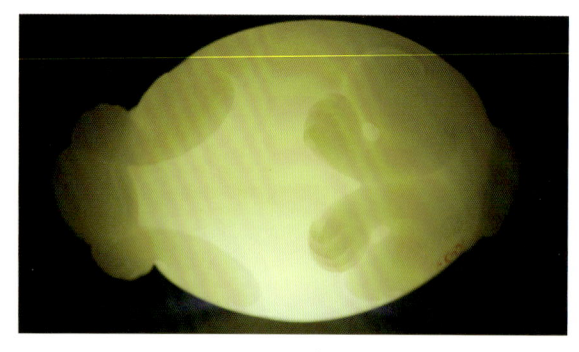

和田玉子料玄武手把件

透光图中可以看出料质非常细腻，密度高，结构不可见。

和田玉新疆山料手镯

透光图明显可见玉质结构粗糙，颗粒感明显，且粗细不均、变化较大。

3. 光泽

光泽就是指物体对光的反射能力，对于和田玉来说则主要取决于光线照射所产生的散射光。而和田玉一般会呈现出几种光泽：油脂光泽、蜡质光泽、玻璃光泽，这其中以油脂光泽为最佳。古人称"温润而泽"，所说的就是油脂光泽，这种光泽柔和、内敛，不同于蜡质感的暗淡无光、玻璃感的刺眼炫目，给人一种舒服、滋润的感觉。而和田玉要呈现出油脂光泽则需要具备两个主要条件：其一，光线能照射进入玉质内部一定的深度；其二，进入玉质内部的光线需要被充分地散射。要满足以上两点并不容易，首先，光线能深入内部就意味着和田玉要具有相当的透明度，内部矿物晶体要有一定的粒度且均匀排列；而光线的高散射则要求和田玉的透明度相对适中，内部矿物晶体的颗粒度要越小越好、越多越好。虽然和田玉呈现油脂光泽的条件看似矛盾，但就是在这种矛盾之中找到平衡点，满足

对比图

通过对比图可直观地看出两款和田玉手镯在同框、同光源之下，其表面光泽的差异。左边的山料手镯呈现玻璃光泽，反光感强烈；右侧的子料手镯则有明显的油脂光泽，更油润、脂粉更好。这直接反映出两者玉质的差异。

此和田玉手镯呈现半透明状，给人以莹润的感觉，内敛的光泽更反映出玉质的优质。

的条件越多，油脂光泽也就越好，这种光泽在行内也称为"脂份好"。

4. 透明度

透明度是指光线可以穿透玉石的程度，这主要与玉石对光线吸收能力的强弱有关。通常在矿物学上可以分为透明、半透明、不透明。在玉石行内对于高透明度通常叫作"水头好"或者"地子灵"，而透明度差的称为"水头差"或者"地子闷"。对于和田玉来说，针对不同的色调其对透明度的要求也有所不同，但基本都在半透明至微透明之间，过高或者过低均不好。透明度过高，玉质就会显现很强的水透感，润感和油性皆荡然无存，廉价感倍增；而通透度太低，则料质粗糙感严重，给人以石性重的感觉。

5. 净度

俗话说得好"金无足赤，人无完人"，在和田玉看似完美无瑕的外表之下，其实或多或少都会存在一些杂质或者瑕疵，而杂质和瑕疵的多少就决定了和田玉的纯净度。玉质中的杂质主要是各类矿物

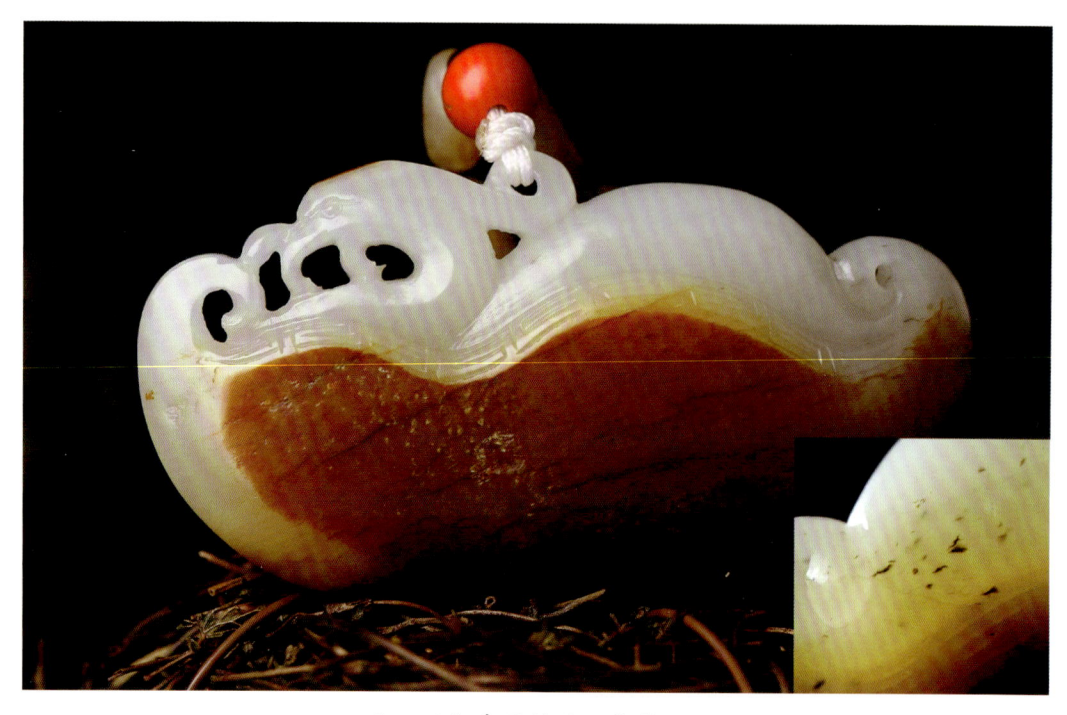

和田玉红皮子料凤凰挂坠

此挂坠为正宗的新疆和田玉子料，白玉雕刻为凤凰造型，侧面为天然红皮。细节图可见在白玉局部有少量黑色的斑点，这类瑕疵在和田玉中很常见，瑕不掩瑜。

子料，在恶劣的自然条件下由于撞击、挤压以及在水中冷冻膨胀等复杂因素的作用下，形成纹裂的现象很普遍。

在这件黄口料雕件背面能清晰地观察到点状内含物，这对整件作品的价值会有一定的影响。

杂质，通常所占比例很少，不足百分之一，在加工过程中可以有效将其去除。而瑕疵则包括有棉、浆、裂隙、水线等，它们不仅会影响和田玉的美观，更会大大降低和田玉的价值。通常在加工过程中，有经验的玉雕师会避开瑕疵，在避无可避的情况下，则会挖脏去绺将瑕疵去除，或者通过巧妙的创意和加工将瑕疵融入作品之中。

6. 比重

比重就是重量和体积之比，是单位体积的重量，也就是我们常说的密度，对于和田玉来说，就是每立方厘米有多少克。和田玉的比重通过用样品进行测定，其比重为2.95g/cm³至3.10g/cm³，当然，和田玉的种类繁多，每个品类在产状、矿物组成等方面都有差异，所以各品类的比重也有所差异。

部分玉石硬度、比重、折光率一览表

矿物名称	硬度（H）	比重（G）	折光率（N）
和田玉	5.5～6	2.95～3.10	1.60～1.63
翡翠	6～6.5	3.33～3.40	1.54～1.77
玛瑙	7～7.5	2.61～2.66	1.54～1.55
蛇纹石	5～5.5	2.40～2.80	1.56～1.57

7. 硬度和韧性

硬度对于宝玉石来说是非常重要的指标之一，以矿物学的角度来解释的话硬度就是矿物抵消其他物体侵入的一种力学性质。硬度可以分为两种：第一种大家都耳熟能详，就是摩氏硬度，或称为相对硬度，其属于一种刻划硬度；第二种是压入硬度，也称为绝对硬度，是通过表面所能承受的重量来测定硬度。作为和田玉来说，其硬度为6.5左右，不同的分类之下硬度也略有区别。硬度作为划分宝玉石的一个主要指标，在珠宝业中有着重要的作用，宝石的摩氏硬度通常在7以上，玉石的摩氏硬度通常在4～7。

和田玉兽面牌

  而韧性是玉石内在结合能力的体现，或者说是抵抗外在压力的能力。韧性越大，宝玉石越不易破碎且耐磨。通常情况下，玉石的韧性普遍比较好，而宝石则相对差一些。目前世界范围内，韧性最好的矿物是黑金刚石，和田玉则紧随其后。和田玉的韧性高是业界所公认的，其主要原因与和田玉的内部结构有着密切的关系。和田玉的主要结构为纤维交织结构，高品质者更是有着毛毡状纤维交织结构，这种结构使玉矿内部的矿物晶体呈不定向的交织排列，同时矿物晶体的颗粒度越小、空隙越少，玉质的硬度和韧性就越高。这种交织结构在地质学中也被称为变晶结构，同时也是和田玉中的常见结构。

二十 和田玉年年有余挂坠

规格：42mm×27mm×18mm
重量：33.9g

  此挂坠玉质熟度高，细腻、白皙、油脂感好。正面用黄皮俏色，淡雅的皮色巧雕出的鲇鱼活灵活现，动感十足。背面不做任何雕工，彰显玉质的细腻、光洁。鱼物图在民间广为流传，是人们喜闻乐见的吉祥图案，同时有着质朴美好的寓意。鱼物图的种类也十分多样，比如，金鱼与荷花组合而成就是"金玉同贺"；而以鲤鱼为主题则称为"家家得利"；爆竹和鱼结合在一起有"年年有余"之意，凡此种种，在中国的传统图案中有着大量的运用，生动有趣的同时，又洋溢着人们对生活的热爱和向往。而"鱼"同"玉"谐音，以和田玉作为材质搭配鱼物图所制作的配饰更是受人喜爱，时至今日仍是佩戴馈赠的佳品。

藏品细部

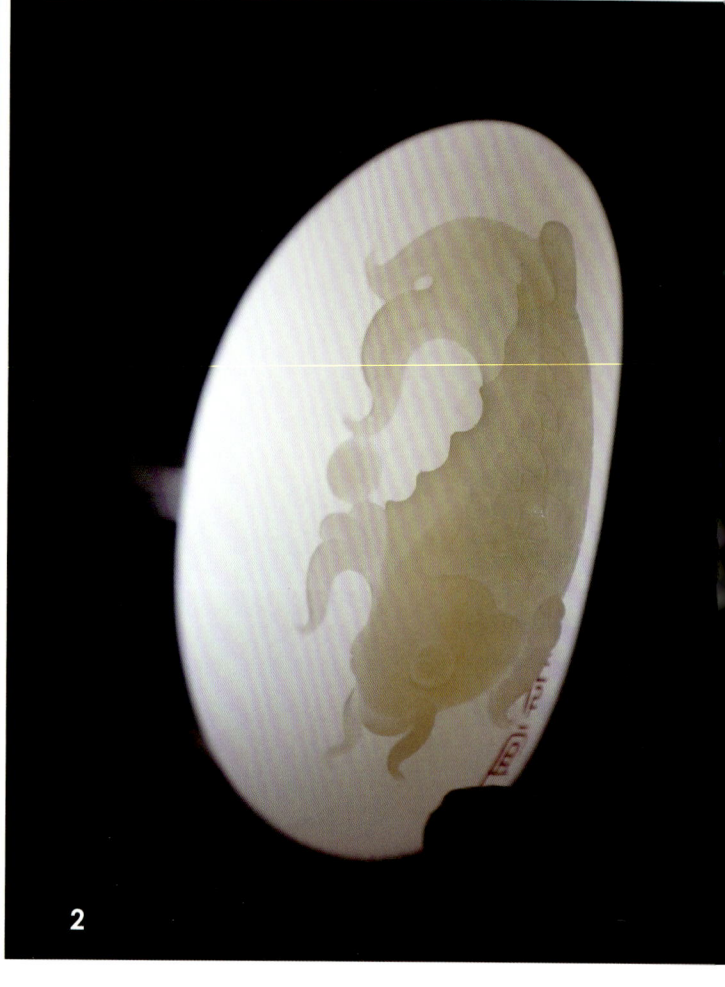

1
2

1. 此玉玉质熟度高，背面可见其油润细腻的程度，给人以水润白皙之感，为展现材质的优秀而没有上工。

2. 正面俏色雕刻鲇鱼，整体造型准确到位，给人以灵动之感。打光几乎不可见内部结构的颗粒感，纯净无瑕，是难得的美玉。

知识点解析

和田玉与相似玉石间的鉴别

随着玉石市场的不断升温，玉石的价值也是不断上涨，由于利益的驱使，替代品的工艺和技术也是不断升级。和田玉作为市场中最火爆的产品，仿制、造假自然难以幸免。虽然目前市场上充斥着各类替代品，但和田玉固有的特性非常独特，藏友们需要用心去观察、比较，积累一定的经验之后是可以进行区分的。

和田玉与相似玉石的硬度表

名称	结构	硬度（H）	密度（g/cm³）	折射率	主要矿物
和田玉	隐晶质结构	6~6.5	2.95±	1.61	透闪石
石英岩	粒状变晶结构	7	2.65±	1.54	石英
玉髓	隐晶质结构	7	2.65±	1.54	玉髓、玛瑙
岫玉	隐晶质结构	5	2.60±	1.56	蛇纹石
大理石	粒状结构	3	2.7~2.8	1.48~1.66	方解石
玻璃	无结构	5.5	2.5±	1.50	非晶态

虽然许多收藏者也堪称玉石行家，但行话有"神仙难断寸玉"的说法，任何人在鉴定和田玉时都不能掉以轻心。由此，在收藏和田玉特别是高价值玉石的时候一定要慎重，最好能有专业的鉴定机构出具有法律效力的鉴定证书，千万不可大意或太过相信自己的眼力。在我经营的老品牌元懋翔店内，有一堵与众不同的墙，这道墙曾被中央电视台、北京电视台多次报道，墙上展示着各种各样的玉石仿品：玻璃、石英、卡瓦石、石英岩、人工做皮仿子料等。可以说这不仅是一道文玩玉石类的防火墙，更是广大爱好者的一个假货防火墙。也希望藏友们有机会来店内实地参观浏览。下面我会列举一些市场上常见的与和田玉相似的替代品，明确其特性和辨别方法。

和田玉与相似玉石的鉴别特征

	和田玉	石英质玉	蛇纹石玉	玉髓
结构	纤维交织状	粒状	叶片状、纤维状	隐晶质
断口	参差状	粒状	参差状	贝壳状
硬度	6～6.5	7	5～6	6.5～7
光泽	玻璃至油脂光泽	玻璃至油脂光泽	蜡状光泽	玻璃光泽
透明度	半透明至微透明	半透明至透明	半透明至透明	半透明至透明
密度（g/cm³）	2.95±	2.65±	2.57±	2.65±

1. 玉髓

玉髓又名"石髓"，SiO_2的隐晶质体的统称，也是含水石英的隐晶质变种，它们之间有着相同的物理特性。玉髓产出的形态多样，常以钟乳状、葡萄状等形状出现，可作为加工首饰或工艺品的原材料。其具有蜡质的光泽，通透度高，同时颜色丰富，由于产量大，价格相对便宜，广受人们的喜爱。通过上述的介绍可以了解到，玉髓也有着广泛的色系和蜡质光泽，这些都与和田玉在外观上有相似之处。但是仔细对比会发现，两者在特性上还是有着诸多的不同点。

① 光泽差异：和田玉和玉髓在光泽度上有相似之处，但是高品质的和田玉还是以内敛的油脂光泽为主，而玉髓无论如何都无法呈现油润的质感。由于和田玉内部的特殊的交织结构和晶体颗粒大小、排列方式等因素，导致和田玉具有油脂感，同时给人以光线聚而不散之感，而玉髓虽然是隐晶质体，但是其完全不具备和田玉的结构特征，在高折射率之下光泽就犹如透明的玻璃一般，通透度越高光泽就越强。

② 透明度差异：由于玉髓是一种隐晶质的含水石英，所以玉髓的水润感和通透感都非常的强，大部分情况下和田玉的透明度都远低于玉髓的透明度。当然在青海玉中也存在一些料质水感强，透明度比较高的原料，但是除此之外，其他特征还是存在差异。

③ 重量差异：同样大小的制品，玉髓与和田玉相比明显质量较轻。

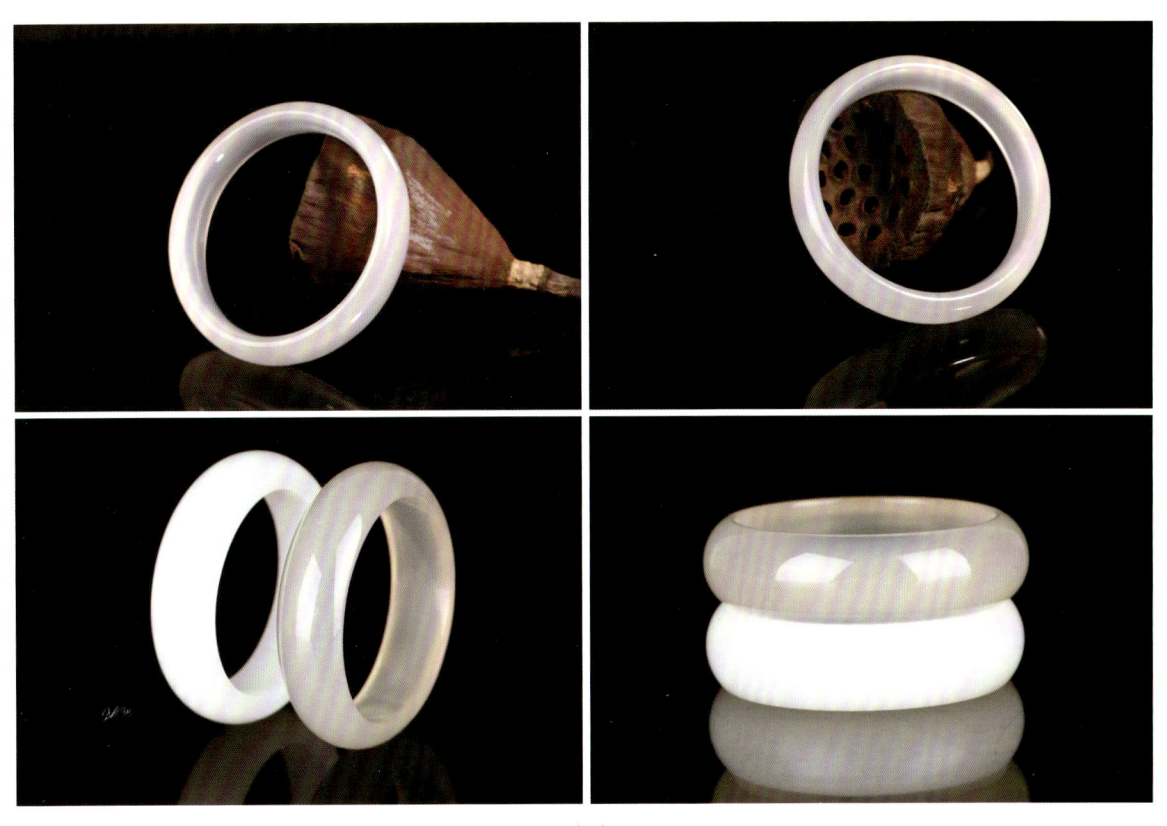

玉髓手镯

通过玉髓与和田玉手镯的对比可以看出，差异还是十分明显的，整体质感和通透度都有明显的不同。其实玉髓更像翡翠一些，和田玉再怎么通透也不会达到如翡翠冰种一般的质地。

2. 岫玉

岫玉也叫岫岩玉，此名称是根据地域概念对岫岩地区产出玉石的统称，并非指单一玉种，岫岩地区产出的玉石根据主要组成物质的不同，可以分为三种，即"透闪石玉""蛇纹石玉"和"透闪、蛇纹石玉"。由于组成物质不同，岫玉所呈现出的外部特征和内部指标有着两极分化的表现。其与和田玉的差异有以下几点。

① 光泽差异：岫玉由于矿物组成的不同光泽也有明显差异，蛇纹石质主要呈现玻璃或蜡质光泽，透闪石质则呈现蜡质或油脂光泽。目前市场上的岫玉多为蛇纹石质，所以可以通过光泽进行判断，但不能完全依赖。

② 透明度差异：根据矿物成分和化学成分的不同，岫玉的透明度跨度较大，范围可从透明至微透明。通常情况下岫玉的透明度要比和田玉高，而呈现微透明的岫玉则有着很重的石性，缺少和田玉的质感和韵味。

③ 硬度比较：蛇纹石质和透闪石质两者的密度差异巨大，所以岫玉硬度的上下限差比较大，其摩氏硬度在2.5～6.5之间变化。以目前岫玉的产状，主要以蛇纹石质为主，故硬度总体低于和田玉。可以使用小刀进行测试，通常和田玉用小刀划过不会留下痕迹，而岫玉则有清晰的划痕。

④ 重量差异：同样大小的制品，由于岫玉通常情况下密度低于和田玉，所以手感较和田玉也略轻。

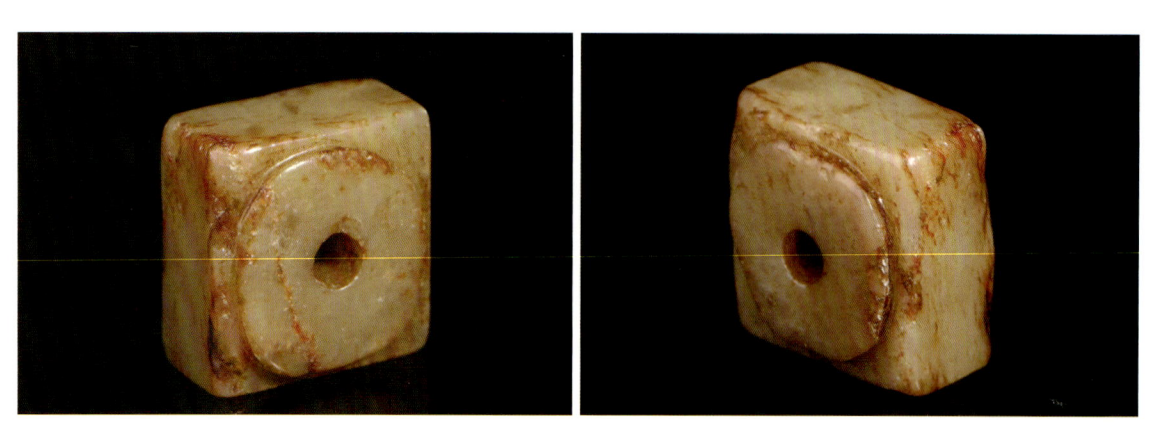

染色做旧蛇纹石玉，用以模仿和田玉的古玉

3. 阿富汗玉

阿富汗玉学名叫作方解石玉，是一种变质岩，又称为碳酸盐质玉。真正的阿富汗玉是产自阿尔卑斯山的一种玉石，是一种常见的玉料。高品质的阿富汗玉是具有一定价值的，而且其白色的质地细腻均匀，有类似油脂感的光泽，瑕疵、杂质也很少，所以被不法商人利用来充当上等的和田白玉或者羊脂玉。当然鉴别的方法也很简单。

① 硬度比较：阿富汗玉的摩氏硬度在4.0～5.0之，比重在2.7～2.9g/cm³，其硬度远低于和田玉，可以用小刀划痕的方法进行测试。

② 价值差异：前文有提到，高品质的阿富汗玉在细腻度、光泽、白度上与高品质的和田玉相似，从而被拿来冒充和田玉，但是其价格却相对便宜，遇到这种情况藏友们一定要多加谨慎。当一件玉制品市场价值和自身质量完全不成比例的情况下，千万不要贪图便宜。

③ 质地差异：除了以上两点之外，通常阿富汗玉相比和田玉有着更高的透明度，但是内部矿物颗粒的细度不如和田玉，相比和田玉，阿富汗玉的质地粗糙感更强，在辨别时也可作为参考。

这里再给大家做个知识拓展，阿富汗玉并不是所谓的大理岩。虽然它们的主要成分都是碳酸盐质玉，但是无论是特征、性质还是价值都有着天壤之别。阿富汗玉作为一种玉石有着温润的质地、柔和的光泽和细腻的结构，这些优秀的特点使其本身就具备一定的价值；而大理岩虽然同样是碳酸盐质，但是其内部颗粒粗大，颜色混杂不纯净，而且没有任何的油润度和水透感，石质感非常强。在我国，大理岩的产地分布广泛，其中以云南省大理出产的最具特点，所以又称为大理石。而大理石中的白色者就是我们所熟知的汉白玉，是一种非常优质的建筑和雕刻材质。以上这些在玉石市场作为和田玉的替代品多有出现，藏友们在选购时一定要仔细辨别。

照片拍摄于新疆和田大巴扎的地摊，手扶的这块其实是方解石（2018年此巴扎在河岸上，现已搬走）。

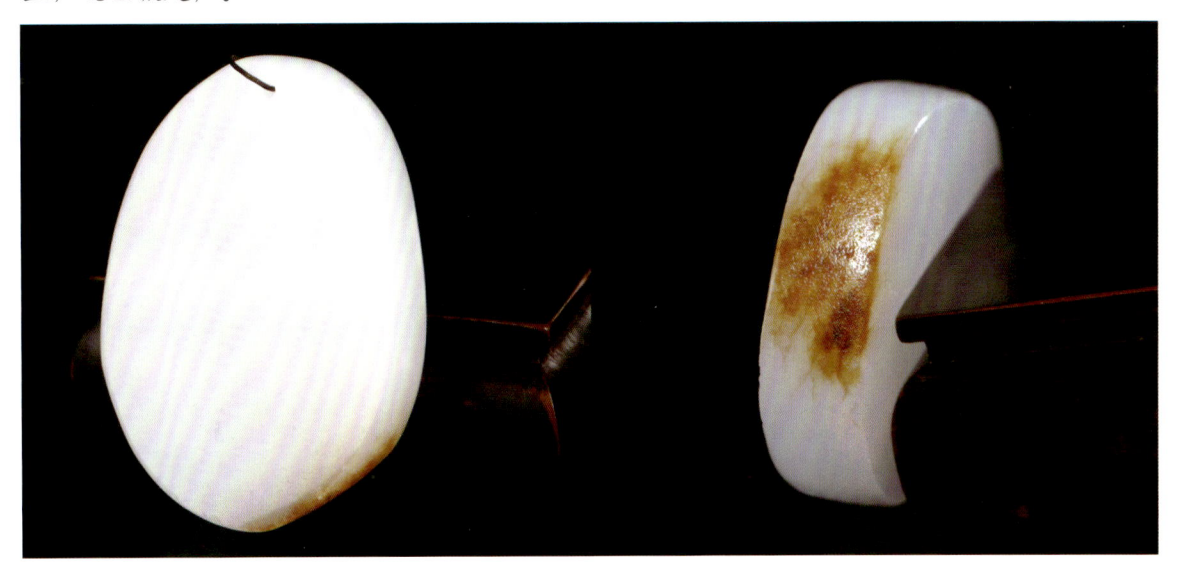

染色磨皮大理岩 阿富汗玉

这个标本非常难得，是我从地摊儿上收的，颜色非常白，还做了子料的皮子，颜色呈红色，它避开了一些能够立刻判断阿富汗玉的特征，这个标本非常有代表性。

4．脱玻化玻璃

白色的仿和田玉脱玻化玻璃虽然是近些年才出现的，但是其在市场中已经是极为常见的替代品，而且具有很强的杀伤力。在这里先解释一下什么是"脱玻化"。简单地说，脱玻化就是玻璃的一种固体状态，将普通玻璃的非结晶状态通过加工转变成结晶状态，就叫作"脱玻化"。脱玻化玻璃中的SiO_2结晶成了微小的石英晶体，并呈现纤维丝絮状定向排列，这时玻璃会表现为半透明至不透明的乳白状，与和田玉非常相似。当然两者相似的部分只是外在的表现，除此之外还是有很多可以辨别的特征。

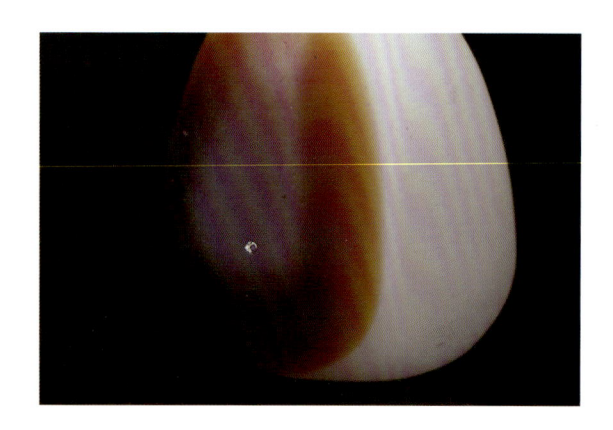

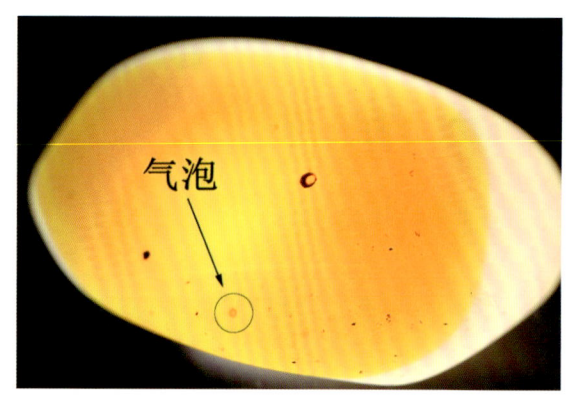

玻璃仿子料

颜色死板不自然，完全没有自然的过渡感，打光图可见颜色过于均匀，且肉眼可见内部的气泡。

玻璃仿白玉 　　　　　　　　　　　　　　**玻璃仿青花玉**

上图为脱玻化玻璃仿制的和田玉子料，左图仿白玉子料逼真度极高，质感、形制难辨真假，唯一破绽是没有子料的润感；右图仿青花玉同样有着逼真的子料外形与特征，但是颜色过渡生硬、均匀，没有子料的天然质感。

① 结构差异：脱玻化玻璃的内部结构很有特点，在透光状态下观察，可以看到呈细小的蜂窝状，而和田玉中绝不会出现类似结构。同时脱玻化玻璃也不具有和田玉细腻、油润的质感。

② 外部形态：玻璃是在高温下制成的，经过冷却收缩之后其平面会有向内凹陷的现象，可以通过放大镜用肉眼观察，如有收缩凹坑就可以做出判断。

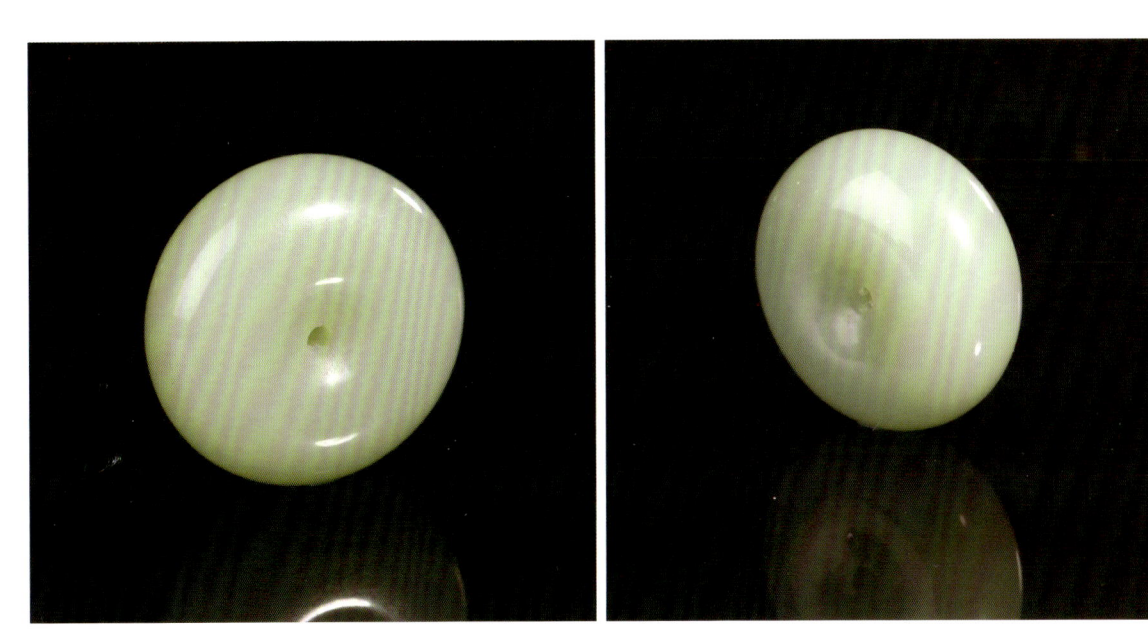

玻璃仿俄罗斯碧玉

上图中就是用脱玻化玻璃仿制的碧玉，呈鸭蛋青的颜色。这种替代品在和田玉的原产地、集散地都有售卖，价格少则百元多则千元，但实际上只是价值几毛钱的小玻璃制品。

③ 内部气泡：虽然现在大部分的脱玻化玻璃不含有气泡，但是通过打透射光或者用放大镜观察，可以看到气泡的情况，就能作为判断依据直接排除和田玉的可能性。

④ 仪器检测：脱玻化玻璃与和田玉在密度和折射率上区别较大。玻璃的密度在2.5g/cm³左右，折射率为1.47～1.54，两项指标明显低于和田玉，通过仪器检测可准确判断。

5. 石英岩玉

石英岩玉就是石英含量在90%以上的玉石，其质地纯净者有着白皙的色泽，质地细腻，摩氏硬度为7左右，呈现出玻璃光泽，与和田玉有相似之处。石英岩玉中比较有名的当属京白玉，其发现于北京郊区，石英岩的纯度较高，颜色纯白无杂质，有着细腻微透明的质地，与和田玉十分相近，其鉴别

2017年的新疆考察中，我多次来到了和田大巴扎。"巴扎"维吾尔语意为集市，大巴扎顾名思义就是大集市了，新疆各地的巴扎就是他们长期从事商贸活动的场所，方圆几十里的人都会过来"赶巴扎"。这两天过节市场冷清，平时人如潮涌，热闹非凡。这里有着各种玉料，真真假假，有树脂、玻璃、石英岩，真可谓鱼龙混杂。

时需要仔细地观察，拿不准时则需仪器检测。还有一种东陵石（Aventurine）也是市场上常见的和田玉替代品之一，其为含有铬云母的一种绿色石英岩，也有冬陵石、印度玉等称呼。东陵石含有的杂质

　　在新疆考察期间，走访到大巴扎市场，远远地看见了一摊位，白绿养眼的颜色吸引了我的目光，我决定上前一探究竟。远看以为是青玉、青白玉等和田玉，没想到走进观瞧却是东陵石，在其油绿的底色上有点状物在阳光下闪烁，这是铬云母在石英聚晶中反光的表现，很具有代表性。

较多，所以颜色多变，呈紫色、蓝色、绿色者皆有。总体来说，东陵石有着较粗的颗粒感，内部所含的片状矿物相对较大，颜色多为偏绿色系，作为和田玉的替代品来说杀伤力不是很强。

① 质地差异：高品质和田玉大部分为油脂光泽或者蜡质光泽，而石英岩玉主要为玻璃光泽。石英岩玉内部为粒状结构，其晶体颗粒度相对比较细小，所以打光没有明显的结构特征。而且石英岩玉质感通透，透光性好，石英岩含量高者通体白皙几乎无杂色。在选购时如遇到无结构、无杂质的高白度玉石，但是价格低廉，一定要仔细甄别。

② 性质差异：石英岩玉虽然与和田玉有着近似的硬度，但是其脆性大，完全不具备和田玉的高韧性，同时石英岩玉的断口呈颗粒状，与和田玉的参差状明显不同。而用手触摸，和田玉有明显的温润触感，石英岩玉则为石质的冰冷之感。

染色石英岩子料

这块料比较特殊，皮色如大枣一般，质地颜色乍看之下纯正自然，但仔细观之表面有些许小特征，有黑色的凝聚斑块，感觉有点像玛瑙里面的水草花。实际上和田玉的黑点不会如此的聚合，真正的和田玉其黑点多呈现条带状和细沙状，一般很少会凝聚成块，而且满红皮更是少见，价位也是不菲，通过诸多迹象来看，我断定这是一块染色石英岩子料，不是透闪石成分的和田玉。

凝脂美玉

黄皮石英岩　　　　　　　　　　　　　　　　黄沁料皮质

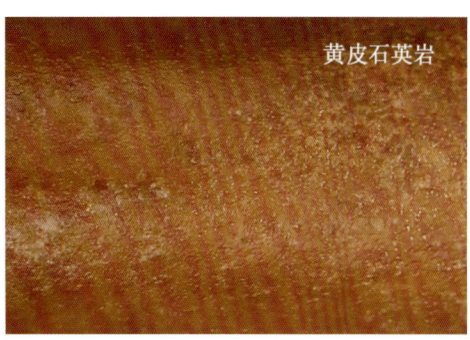

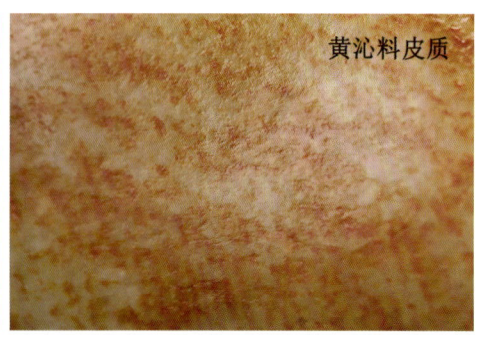

这两块原石是我在和田考察时，在玉龙喀什河里捡到的黄皮石英岩，其外形和颜色与真正的和田玉子料有相近之处。通过给原石上油处理，可使其质地、颜色都有明显变化，非常接近和田玉子料，颇具欺骗性。同时与右图的黄沁皮玉料做对比，可见二者有颇多相似之处。

上图为石英岩质玉，也叫作金丝玉，虽然名字里带个"玉"字，但其实压根就不是玉，就是石英岩成分。这四颗桶珠形制、颜色均为天然，打光看其内部结构，确实与真玉有一定的相似处，对于初学者来说有很强的杀伤力。

6. 蔷薇辉石

蔷薇辉石是一种硅酸盐矿物，产于各种锰矿石中。它主要被用作装饰石料或饰品及雕塑品。蔷薇辉石的晶体为板状或板柱状，晶体的集合体为粒状或块状。蔷薇辉石属硅酸盐类辉石群，成结晶体者少见，一般为致密至细粒块状，具玻璃光泽，半透明至透明，有玫瑰红、粉红或棕色，当中常带有黑色氧化锰斑纹，比重为3.4~3.7，硬度5.5~6.5，表面易受氧化变化为二氧化锰，淡红色至淡黄色，在紫外线下没有反应。

蔷薇辉石

随着考察的深入，在市集里的不断走访，我陆陆续续发现了很多的和田玉相似品，除了上述提到的那些，还有一种呈粉红色的石头，学名叫作蔷薇辉石。蔷薇辉石是一种硅酸盐矿物，其产于各种锰矿石中，又称为玫瑰石。在当地蔷薇辉石被称为"粉玉"，但其实成分并不含有透闪石，而是硅酸钙矿物，比重为3.4～3.7，比和田玉要重得多，且没有油润的质感。因为和田玉中并没有粉色系的颜色，所以很容易加以区分，对和田玉稍有了解就可以辨识。在原料集散地，各种各样的"玉"都是混着出产的，所以藏友们一定要具备相关的专业知识，再前去选购，否则在产地挖矿的石农可未必有这么高的水准来给您分辨得清清楚楚。

二十一 和田玉子料黄皮印玺

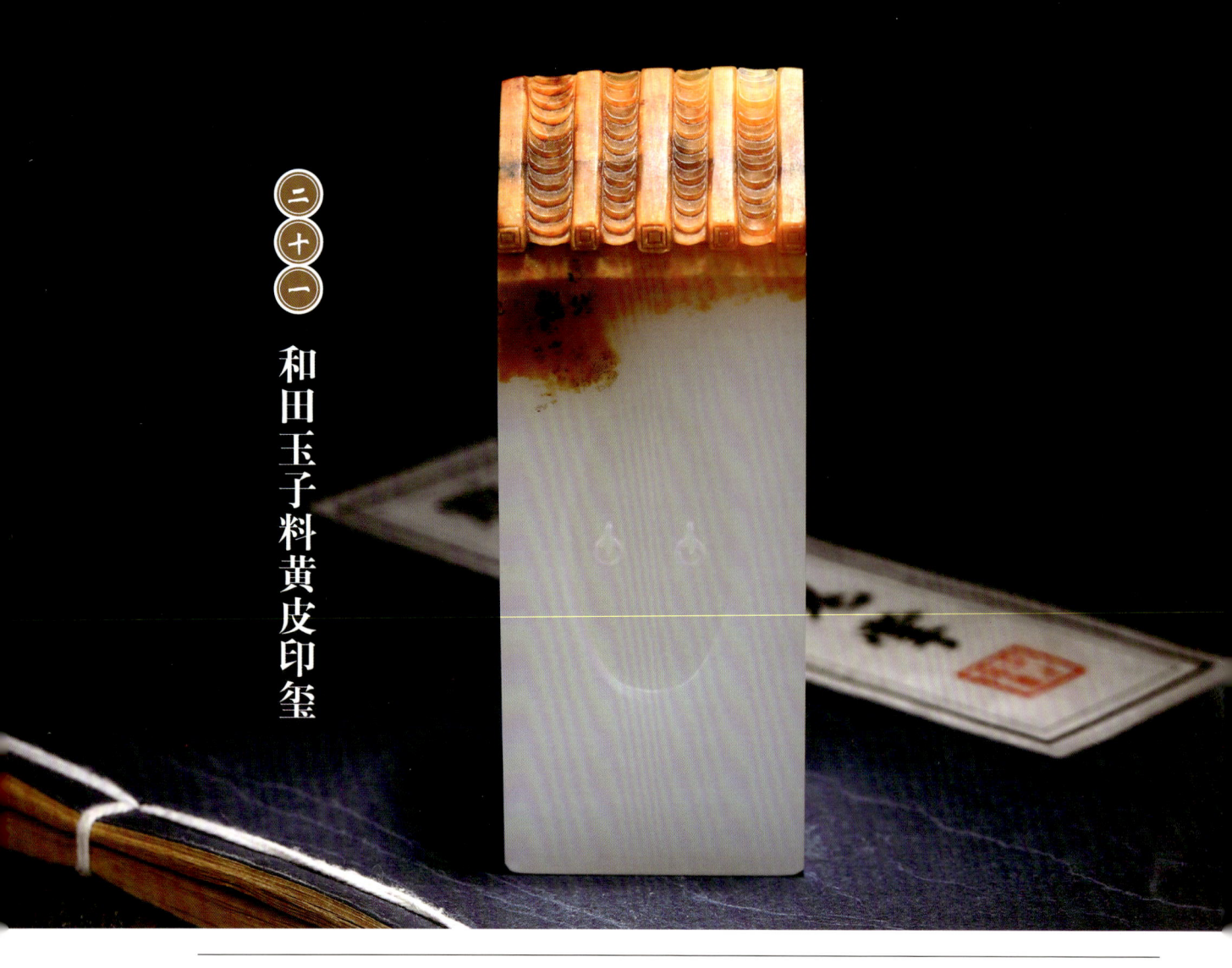

规格：89mm×35mm×36mm

重量：305g

  玉本无皮，先有玉而后有皮，无玉则无皮，皮是后天才形成的。和田玉本身有着高贵的品质和丰富的颜色，而各类的皮色又与玉质本身相映成趣，使和田玉更具灵性。要做比喻的话，玉质与皮色的关系就如一本书，玉质本身就好似精彩的内容，而皮色就如同书的封面和目录一般，让人一眼看去便期待万分，迫不及待地想要一览内容的全貌。珍贵的和田玉作品，高品质的玉质自不必说，利用皮色匠心独具的创意巧雕更是锦上添花，不仅能让整个和田玉作品倍显生动，灵气十足，更极大地增加了和田玉作品的艺术价值和收藏价值。

  此玉器为和田子料巧雕黄皮印玺，青砖灰瓦，是中国的符号，白玉黄皮，是所有爱玉之人的追求。国石中随型最贫，牌子为中，印玺为上，更何况玉乎？和田子料稀缺，如此大器，大繁若简，通体白腻，寥寥几刀，意境已至。黄皮的处理非常巧妙，利用其斜坡形雕琢为房檐，片片黄瓦处理得十分规整，此佳作为苏州大师大气之作，闲人雅趣，几番风韵，中国符号，谁人迷之。

藏品细部

1. 和田玉作品的价值，不仅在于其玉质，还在于创意的灵感和精心的雕琢，此玉通过俏雕的皮色刻画出蝙蝠的图案，寓意福在眼前，给人以美好的展望。

2. 此玉背面无雕工，以此展现玉质的温润细腻，给人以无限大美之感。

3. 和田玉子料稀缺早已是世人皆知，此玉玉质纯净，体量大器，有着化繁为简的创意雕工，寥寥数刀间，意境以至，浑然天成。

4. 此玉黄皮的处理巧妙非常，可以作为俏色巧雕的经典范例，利用其斜坡形把黄皮雕琢为房檐，片片黄瓦简洁质朴，工法的处理运用妙到巅毫。

知识点解析

和田玉的产状鉴别

和田玉的优化处理主要表现在对子料的"美容"、用山料仿子料和仿古玉三个方面。

1. 对子料的"美容"

和田玉子料一直是市场的宠儿，价值居高不下，但是子料的品质其实也是参差不齐。一些不法商家为了获取更大的利益，给子料"美容"的手法就应运而生。由于一些和田玉子料的皮色暗淡质感差，于是就用化学颜料上色处理，使其皮色变得鲜艳、亮丽，行内称为"加强色"；还有些子料的形态不佳或者有部分浆石皮的存在，就用切磨的方法进行"整容"去掉一部分，使其变得更加美观，从而提升价值。藏友在选购的过程中，遇到上述情况一定要仔细地观察鉴别，加强皮色总体比较鲜艳均一，颜色相对呆板，过渡也不够自然；而经过切磨整形的子料看不到表面的结构特征，仔细观察甚至可以找到人工磨制的痕迹。

这块和田玉子料的皮色为二次上色，看起来不够自然，其做色的主要目的是迎合现在人们的喜好。其实如果不进行二次上色这算是一块不错的子料，有着天然的外形和裂隙，只是密度和白度一般。通过图片希望大家能明白并非所有子料都品质上乘，这正是现在人们对和田玉的一个普遍误区。

左侧三张图片展示了用和田玉的山料磨圆、染色，做成的山料仿子料。

在新疆和田的实地考察中，让我感受很深的就是这里的市场真是假货横行，每每收玉都是小心再小心，谨慎再谨慎。而在这过程中，我的心情也得到了缓解，是因为我在收玉的过程中结识了一位新疆兄弟。这位兄弟为人很是实在，对我们也都格外的友好，他自己有一个小摊位，东西都不贵但全是真货。为人老实，东西天然，这些足以成为吸引我的理由。我在他家淘了几块子料，纯天然子料没有上过色。虽然不是特别贵，也非顶级，但都是原汁原味，可以作为标本。如今天然的子料已是日渐稀少，能够买到真货也是实为不易，我买这些子料绝非为了经济利益，仅仅是为了留个念想，数年之后或许它们就真的要消失殆尽了。借此机会，结合实物图片给大家做个对比参考。

天然子料

2. 用山料仿子料

由于通常情况下和田玉子料价格不菲，且要明显高于山料，所以市场中仿制、造假的子料不在少数。即将山料加工磨成卵石形状，然后用黄色、褐黄色、褐红色等染料进行局部性染色仿冒天然子料的皮色。在鉴别的过程中要遵循几点基本技巧。

① 看形

天然子料整体呈自然状的多变卵石状，面上经常有低凹的条坑。而用山料人为加工的子料，其形状基本上是单调的浑圆状，表面缺乏高低起伏的变化，或者有比较明显的棱角。当然，没棱角不一定就是纯天然，有棱角也不一定是人为后期加工的，还是要结合其他因素综合判断。

② 看表面

仔细观察，天然子料表面会具有"汗毛孔"这一典型特征。而所谓"汗毛孔"，是指子料在经过长期的河流冲刷、砂石撞击和侵蚀后在表面所呈现出的无数细小砂眼以及凹凸不平的坑洼状质地，就像是人皮肤上的汗毛孔，故形象地称为子料的"汗毛孔"。当然利用人工滚筒进行滚磨的假子料，通

上图是用和田玉山料机磨做皮染色后制成的仿子料，由于是机器滚磨而成，其各个截面过于平整，棱角分明，与自然状态下形成的卵石形态相距甚远。

过加入不同的"磨料"，如橄榄核碎块、石英碎块等，因为硬度的不同，也会产生类似真子料的表面肌理。虽然两者的原理有相似之处，但机械加工出来的假子料，再怎么做还是生硬不自然，藏友们在选购时需放大观察、仔细鉴别。

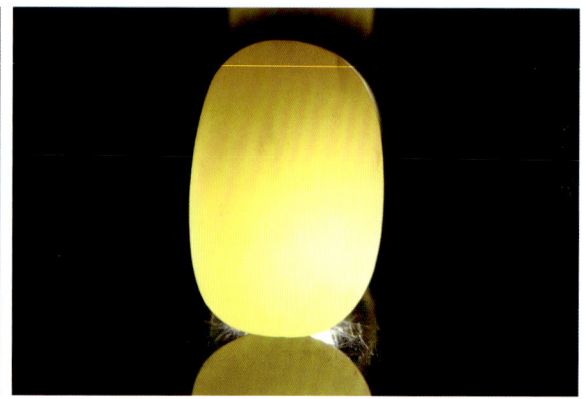

图片为山料机磨成的仿子料，可见其形制非常规整，缺乏自然的过渡，表面相对光洁，不具有天然子料的特征。

③ 看皮色

天然子料的皮色通常色调自然、有层次感，变化过渡有迹可循。而假子料的皮色是使用化学方法沁染致色，颜色过于纯正鲜艳，且显得呆板不自然。皮子的颜色是先有石皮，后有颜色的，颜色的沁染主要由三价铁离子形成，在分析皮子的时候，要注意因果顺序，一块子料的形成一定是有先有后的，要看这一过程是不是符合逻辑。一块子料上的皮色和皮的形成是相对同步的，由于长时间受到沁染和风化，再经过数次的搬运，皮质很可能呈现出几个阶段，但如果皮色单一，没有层次、浓淡之分，那很大可能是后期上色。

④ 看裂纹

通常说"十子九裂"，表明子料裂纹比较发育，这是长期在河水中摸爬滚打相互撞击的结果。如

和田玉红皮子料福禄寿把件

此件福禄寿把件尤为难得，其以和田玉子料制作，皮色艳如鸡冠，紫红如凝血、光下似朱砂，皮色与玉质浑然一体。把件之上雕刻福禄寿，将此物馈赠予父亲，不仅满怀笔者的孝道之心，更承载着美好祝福，自留珍赏。

这是我在考察期间看到的一块玉料，已经被切开，典型的新疆料，肉质不是很白，但是很润，玉质细腻，有一定的质感，但是皮色明显是人工上色。从图片中可以看出，皮色过于均匀，颜色非常一致，略显呆板，没有变化。

真假皮的鉴别，目前主要还是依靠个人的经验进行辨别，没有十分有效的科学鉴定手段。因此实践中针对皮色的真伪，往往是仁者见仁，智者见智，看法不一，各执一词。特别是做成雕件后留下的一小块"皮"，真假更难判断。上图就是用和田山料染色仿的子料，可以看到现在的染色、上色技术已经很成熟，几乎可以做到以假乱真。此图为山料磨皮加色仿子料。

发现没有裂纹的子料就要提高警惕，看是否为山料磨制而成。不过从美的角度来考虑，一些又脏有杂有裂的天然子料是真不美，所以适当地去除糟粕、取其精华是对的。俗话说，玉不琢不成器，既然天然的玉石无法达到人们心中的完美，经过雕琢加工使其变成理想的美玉，也就无可厚非了。但销售的时候，一定要和顾客说清，是不是完全纯天然没动过手，因为有些藏家对此比较重视，也比较介意，但有人觉得无所谓，这就不好说了，属于行业的潜规则。优质商家和普通商家的区别就是会把潜规则告诉消费者，让消费者买得放心。

3. 仿古玉

当前，在古玩市场上，各种各样的仿古玉器也是随处可见，其数量之多可以说是铺天盖地。在全国出现了多个古玉仿制中心，早自新石器时代的红山文化玉器，晚至明清时代的玉器，无不仿制，上当受骗者比比皆是。古玉埋藏地下年代久远，最大特点是形成了风化侵蚀程度不同的"沁色"，如土

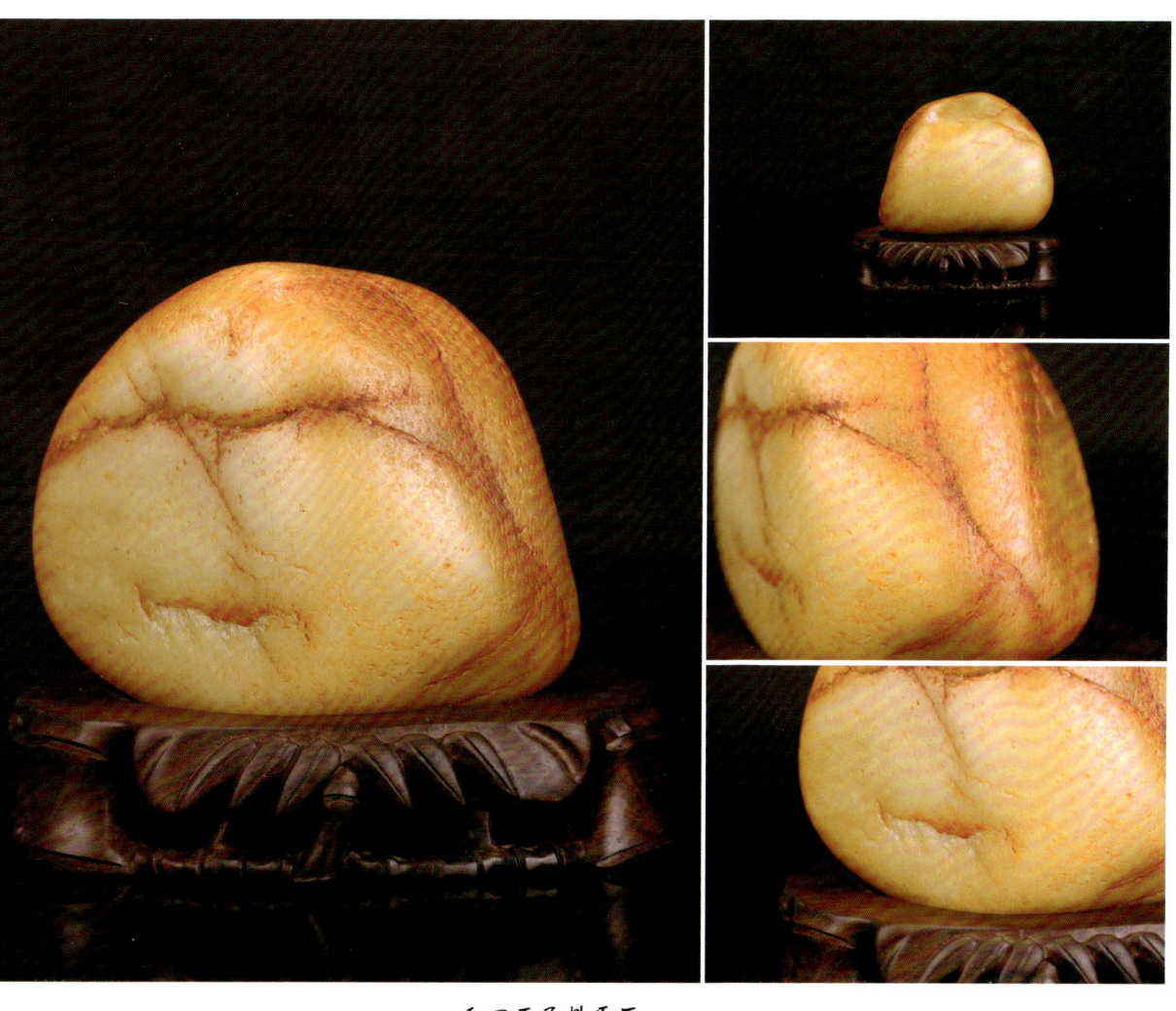

和田玉子料原石

天然的子料原石存在裂隙是很常见的情况，如果不做任何加工，就如上图一样可作为摆件观赏，如需加工，就要求匠人对原石巧妙设计，精心雕琢，挖脏去绺。

黄色者称为"土沁",红色者称为"血沁"等。"做旧"处理仿古玉就是在仿形和纹的基础上仿出沁色。传统方法由于费工费时,现代已经基本不使用。目前仿古玉做旧主要是用强酸、强碱等化学试剂和高温高压等现代技术方法,时间短、效率高,制作水平大为提高。

考古出土的玉器对鉴定真假古玉有着重要的参考价值,具体鉴定内容应当从材质、器型、雕工、纹饰和沁色五个方面着手,同时鉴定者要具备相当的专业知识,并结合实物来进行判断。一件器物究竟老不老,最最重要的是做工,因为以前的工具和现在不一样,古时使用的是水床、陀具,简单来说就是一个圆片顺时针逆时针交替来磨玉,所以线条只能是直线,弧形的非常不好做,需要用多个直线来组成弧线。另一点就是包浆,老物件有一层氧化层,因为年头长,平时盘玩摩挲进行日常抛光,会比较亮,这些亮光在老货中不仅仅在表面有,阴刻的花纹中也有,可谓无处不在。但是做旧的东西核

白玉松林策杖图方斗

器作平底方斗形。外壁两侧浅浮雕一老者策杖行走于山石、松林之间。玉石褐斑处大部分被巧妙地处理成松针或岩石。另两面阳文草书七绝一首:"策杖穿林路几重,禅家清磬隔云封。再来只恐无寻处,好记悬崖一古松。"末署"梅道人戏作"。内壁光素,底部阴刻楷书乾隆御题《咏旧玉斗》:"亚父撞之后,重为玉斗谁。连成双面画,接刻七言诗。迥异俗之态,依然古作师。藉瑕绘松鼷,思已渐邻奇。"末署"乾隆癸卯御题",并篆书"几瑕怡情"方印。癸卯为乾隆四十八年即1783年。玉斗为古之正器,据以造律以及度、量、衡,因此对于国家而言具有重要意义。传世玉斗实物前仅见此一件,也是宋以来复古思潮下的产物,加之琢刻精巧,诗、书、画及乾隆御题相得益彰,因而弥足珍贵。清宫旧藏。

心就是经过腐蚀，这些包浆几乎是不存在的，腐蚀会造成表面形成深浅不一的大小坑洞，用显微镜观察还会有蛛网纹，因为玉是集合体，里面是由无数个矿物颗粒或者矿物晶体组成的，这些晶体之间的缝隙就会被腐蚀，或者不同种类的矿物的耐腐蚀性是不一样的，有些薄弱的就被腐蚀了，形成坑洞。包浆的主要成分是固化的油脂，遇到酸遇到碱直接就给分解了，就好比用洗涤灵洗碗能有效去油渍是一个道理。

所以，对古玉的真假判定是很难的，首先得知道什么是老的，我在故宫工作过几年，也上手过一些老玉，有一些基础的了解。其次要知道什么是新的，如果做旧怎么做旧，用什么方法来做，为什么要做。正所谓知己知彼才能百战不殆。我目前对于各个朝代的古玉还不是非常有把握，古玉比较复杂，所以一直还不敢染指，这是专门的一个门类，待以后再研究。

黑皮嵌玉橐鞬

清代，橐长38厘米，宽21厘米，鞬长83厘米。
故宫馆藏藏品，橐鞬皮质，呈黑色，绿边，嵌铜镀金饰件，饰件随形包嵌和田白玉，附绦纱带一根。

① 器型鉴别

在我国，玉器从旧石器时代发展至今已有上千年的历史，玉器在随着社会文明不断发展的过程中，也记录并承载了人们的生活和社会的变迁。在文化历史长河中，每个时代的玉器都有着自身的特征，这些特征之中器型最能代表玉器的时代风格。掌握这些具体特征和风格对确定玉器的时代至关重要，同样，对鉴别真伪也非常之重要。造假者一般根据出版物上的古玉照片来进行仿制，由于照片只有一面，如有正面，没有反面，侧面也不清楚，有些大小尺寸也未注明，因此仿制品往往走形，破绽较多，与真品不符。

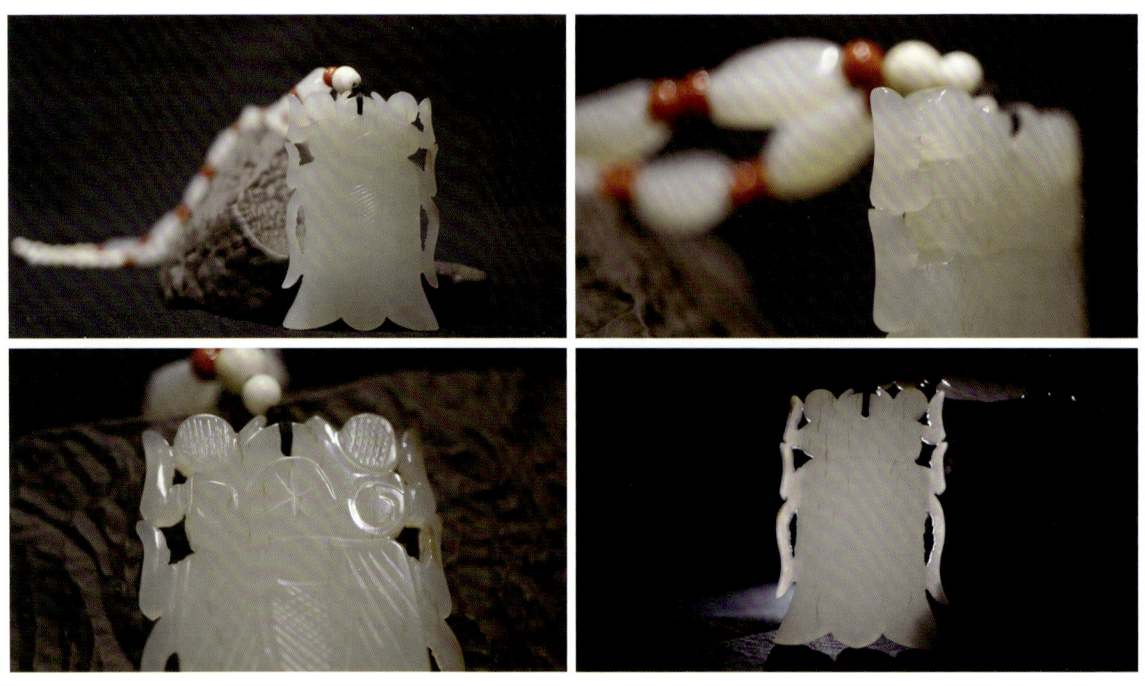

明·和田玉蝉形佩

② 纹饰鉴别

古玉器上所雕琢的纹饰种类繁多、风格多样，或简练质朴，或精美繁复，可以简单地几条线条就勾勒成形，也可以繁缛到无以复加的程度。随着时间的推移，历史的变迁，各类纹饰在这一过程

宋·青玉鹿纹八角杯

青玉，八角形，对称几何形双耳。杯身每面纹饰大致相同，均阴刻，近口沿处饰回纹一周，其下为主题纹饰卧鹿及卷草纹，近足处为云纹。器足表面阴刻"人"字纹。八角杯、盏为宋代流行的器型。其设计意匠与本品相同。宋、元时期金银器造型对玉器的影响，实在不容忽视。清宫旧藏。

中不断发展、变化，也有一些则被取而代之，其创新和演变不仅仅带有鲜明的古玉器特征，同时也反映出了时代当时的特征和人们的思想意识，这也是当代的鉴赏家为之痴迷之处。总体来看，古代玉器的纹饰比较繁杂，变化较大，仿制者往往仿不到位，甚至将不同时代的纹饰相混，不伦不类，据此可辨其真伪。

③ 雕工鉴别

玉器行里有句俗话叫"三分料，七分工"，其所表达的意思就是玉器的价值高低很大程度上是雕工所决定的，这句话虽然未必准确，但在一定程度上也反映出了雕工对于玉器的重要性。所谓工料对半，好料上好工，这一定是相符的，否则不好的工艺则会糟践了良玉。玉雕是做减法，雕去了可就补不回来了，相反，不好的玉料如果碰到大师，则会巧夺天工。现在好料越来越少，工艺水平却随着社会发展的进步而越来越高，是件令人欣喜的事情。

在过去的历史时期，由于受加工工具和技术水准的影响，每个时代的玉器加工都有一定的方式方法，形成一定的特征，但总体上说都是手工作业。由于人力手脚操作的工具运动速度很慢，节奏不均匀，运动的轨迹不稳定，时而出现偏心和游移于线外的加工痕迹，而现代工具用的是电动机器工具，具有固定的运动频率，而且精准度高，加工出来一般不会出现图案之外的线条。因此根据微痕分析法，可以有效地区分古代工艺和现代工艺，但这需要大量的接触实物，通过不断的观察和对比，积累一定的经验方可有所成。

白玉夔凤纹卮

白玉，有糖色并有褐色沁斑。器作圆筒形，单鋬耳，耳上阴刻龙首纹。盖顶中心高浮雕作柿蒂形，中心饰勾云纹，边缘透雕。柿蒂形周边等距高浮雕三个几何形捉手。器身于勾连云纹地上浅浮雕四只夔凤，两两相对。凤勾喙，杏眼，眼梢细长，颈部长发后扬。凤身作风格化的几何形，阴刻网格纹及两两成组的平行短阴线为饰。器身下承三兽蹄足。筒身下缘浅浮雕三兽面与足相对。卮是汉代常用饮器，多作直筒形，单鋬耳或无鋬耳，以前者居多。清宫旧藏。

④ 材质的鉴别

纵观中国几千年的玉石使用情况，主要体现在对和田玉的开发利用上。不同的时代各个地区所使用的玉石也各有不同。新石器时代多为就地或就近取材，各地区用的是各地方的和田玉，我国有和田玉产出的矿点就多达百余处。比如，红山文化出土的玉器，所用的就是岫岩产的和田玉，而良渚文化是以苏浙一带的和田玉制作玉器，齐家文化所用到的玉料则是源于甘肃青海一带，三星堆文化玉器用的是四川龙溪所产的和田

清·黄玉龙凤纹双联璧

黄玉，有赭红色沁斑。双联璧由一块整料雕刻而成，一侧相对出夔龙形方环，两环以扁方圆环相连。两璧一面均管钻排列有序的乳钉纹。另一面于云纹地上分别装饰行龙、翔凤。双联璧配有紫檀木座，木座表面装饰嵌银丝凤、螭图案。两璧中心透雕云纹、太极图及"亚"字等。本品设计巧妙，碾琢精美，取璧之形而加以变化，是不可多得的清代玉雕佳品。清宫旧藏。

玉。从商周到汉代，随着新疆和田玉逐渐进入中原，可以说进入了地方玉与和田玉并用的时代。而自唐代以后则基本上以新疆和田玉为主流。据此如遇到与此种情况不符时，肯定是造假无疑。

白玉羊首瓜瓣形壶

白玉。圆体瓜棱形，羊首式流，铜胎掐丝珐琅提梁。足底镌刻隶书"嘉庆御用"款。此器造型颇为独特，作壶形而无执手，类似军持。军持为首先流行于印度的净手之器。随着佛教传入中国，唐至明时均有军持形式的陶瓷传世。此玉壶借鉴了莫卧儿王朝玉器的一些造型元素，但羊首肥硕，瓜瓣敦厚，表面抛光类油脂，具清中期玉雕之特征。为把持之便，加设掐丝珐琅提梁。此器选料精美，造型别致，表面抛光细腻、温润，是不可多得的清中期玉雕佳作。清宫旧藏。

⑤ 沁色鉴别

所谓的沁色就是指一种物质沁入、渗透进入另一种物质中的现象，通常以物理现象居多，和田玉自然也不例外。在自然环境中有很多物质，在合适的条件下，都可以渗入到玉质中，常见的有土壤、矿物有机物、金属等各类物质。这些种类众多的沁入物，通常呈金属离子状态围绕在玉的周围，并沁入玉质发生化学反应，从而变成了另一种物质，这就是沁色。另外有一定酸碱度的土壤环境也会腐蚀玉质，从而改变玉的外观，产生沁色。

多数的沁入物质都会带有颜色，沁入玉质之后使玉石呈现出了丰富的色彩。而玉石受沁的程度则由土壤、气候、温度、湿度、压力等多种条件所决定。通常情况下沁色自玉石表面扩散开来，颜色自外向内逐渐变化，有着自然的过渡和层次感，是一种化学变化，而颜色则是物理性质的体现。如果沁入物与玉质产生化学反应，则导致玉质被侵蚀，形成的新物质往往会脱离玉质本体，使玉质本身出现缺损，导致凹陷现象。通常重金属或重金属盐沁入玉质内，就可能使沁入集中部分产生上述变化。

而作为仿古玉来说，其沁色是用各种人工方法在短时间内完成的，用的是人工合成的各种化工染料，其颜色单调、死板，没有过渡、渐变等自然变化，仅仅是

青玉鸭式杯

青玉，圆雕卧鸭形，鸭身作杯，鸭回首搭于背，自然形成圆环。杯身表面阴刻鸳鸯嬉戏于荷塘。塘内荷花盛开，荷叶田田。本品的造型与唐代流行的三彩象首、龙首杯颇为相似，龙首、象首亦卷曲搭于杯壁形成圆环。而唐代的兽首杯，其形制来源可追溯到古希腊时期流行的金属酒器。辽代壁画中即有腰际悬挂玉天鹅形容器的人物形象，天鹅反搭于背的弯曲长颈，成为穿挂之环。其设计与本品有异曲同工之妙。清宫旧藏。

依附在玉质表面上，内外两张皮，没有任何的层次感。在色调上，沁入深度上和扩散规律等方面的特征与真正的古玉是有一定差别的。

清代和田玉一路连科挂坠

规格：75mm×60mm×9mm
重量：69.84g

一路连科的图案常以鹭鸶、莲花构成，其画面清新风雅，是常见的一种装饰纹样。一路连科是对科举时代应试考生的祝颂语，寓意仕途顺利、平步青云等美好含义，清代瓷器上多见，是吉祥图案，具有相当的观赏价值。此清代一路连科和田白玉子料挂坠，原为腰带扣，子料油润细腻，镂空精致，浮雕秀美，工料俱佳。这种老玉的润劲儿，经过岁月的磨砺，尤其是传世佳品更为难得。

答疑解惑

和田玉的原料与工艺孰轻孰重

据考古研究显示，玉器是中华文明起源的奠基石，更是主要特征之一，是中华文明区别其他文明起源的一个重要标志。中国古代玉器的历史，延续时间之长、分布范围之广、器型纹饰之多、内容之丰富、做工之精细、影响之深远，在世界范围内也是绝无仅有。在玉石文化的发展过程中，伴随左右的自然就是制作、加工工艺，不仅是为了物尽其用，更要通过人工的创意和雕琢将玉石最美的一面展现出来。同时，玉石的雕琢工艺与玉质也是相辅相成的，玉料经过巧妙构思的塑形，挖脏去绺之后雕琢成器，其价值自然会大大提升。而高品质的玉料本就极具价值，经过简单的雕琢甚至不作修饰，其保留的天然特性也并非人力所及。所以说，工与料之间相辅相成，能够掌握两者之间微妙平衡的玉雕匠人，就能完美地琢玉成金。

和田玉子料一鸣惊人把件

此和田玉把件是经典的俏色巧雕，运用通常来说并不讨喜的黑色作为俏色，并巧妙地雕琢出叶片的形制和蝉的头部，在白色的玉质上呈现出了多层次的质感，细节和表现力大大提升。

玉雕在不断的创新、发展过程中，各种雕琢技法也由此应运而生。而玉雕技术最大的特点就在于可以化腐朽为神奇，去糟粕取精华。原料的好坏自然是所制作成品玉器价值的先决条件，而上佳的工艺不仅能处理玉质的缺陷，更可以锦上添花，使成品玉器的价值倍增。当然在同等工艺条件下，原本的玉质仍然是决定一件玉器价值的先决条件。总而言之，"工"是为了更好地放大"料"的特点，同时彰显其优点，遮饰其缺点，在这样的精"工"雕琢之下，即使缺陷、瑕疵兼具的玉料，经过匠人的妙手回春也能绽放光彩，大大地提升市场价值和艺术价值。当然，对于上品的原料来说，如果没有绝对把握可以锦上添花的话，最好还是不要去动它，简单地配上底座，摆放于家中装饰家居或流传后世，也不失为一种妥善的选择。

二十二 和田玉子料羊脂级府上有龙手把件

　　此玉有着细腻光滑的质地，其体如凝脂、质厚温润、脉理坚实，颜色更是凝润自然。大师治玉，雕工细腻，顶部一螭龙挺拔而立，形象写意传神，加由龙头皮色提睛，更显此作品高贵中透着威仪之气象，与"府上有龙"之主题完美契合。两侧各静卧一螭，中部雕刻兽面纹，线条流畅自然，整体感极强，霸气却又不失灵动，是一件难得的收藏品。

　　在玉器的众多造型之中，"府上有龙"作为经典造型一直广为流传，其寓意美好，多作为对家中多子多福的一种美好祈愿。此和田玉子料为羊脂级。"府上有龙"其"府"与"斧"字谐音，是玉雕经典的造型之一，在民间传统中，府上意为家里，是尊称；龙代指儿子，螭为龙子之一，这里寓意膝下多子，栋梁辈出之意。此物件风格古朴遒劲，简约大气，凝重简练，玉质温润细腻，采用新疆和田玉子料，精心雕制而成。

藏品细部

1. 此玉雕工细腻,顶部一螭龙挺拔而立,形象写意传神,加由龙头皮色提睛,更显此作品高贵中透着威仪之气象,与"府上有龙"之主题完美契合。

2. 中部雕刻兽面纹是吉祥之画,线条流畅自然,整体感极强,霸气却又不失灵动,是一件难得的收藏品。

3. 两侧各静卧一螭最为经典,因其寓意美好,用府上有龙作为对家中多子多福的祈愿,很受人们的欢迎和喜爱。

知识点解析

和田玉成品的主要器型

如果一块上佳和田玉原料,其色好形佳,这种情况下,不加雕饰或稍加雕琢,保其原始质感的同时,配一恰当的底座,原石本身就能成为极为雅致的艺术品,可供欣赏、收藏。但玉石毕竟是自然的产物,在孕育而成的过程中难免会带有不同程度的杂质和瑕疵,绝大部分玉石都难称完美。因此,把各类不同质地、档次的玉石进行加工,使其发挥出最大价值,不仅可以更加有效、合理地利用资源,同时更是对资源开发的一大贡献。目前的玉石市场,以原石之美直接收藏的藏友毕竟是少数,而大部分的玉器成品都需要匠人们通过丰富的灵感和想象力,将原料雕琢成器。而优质玉料如何精用,器型与工艺的继承与创新仍然是玉石界中永恒不变的主题。各种形制的出现与玉雕工艺相结合,不但使和田玉作品更为精奇,更为耐人寻味,同时为和田玉的广泛运用提供了更大的空间。

和田玉子料随形手串

1. 和田玉手串

手串在现在的玉石市场已是主流藏品,殊不知,早在清代,手串就已成为宫廷内帝后们颇为喜欢的佩饰。到如今由于文玩的兴起,手串之风又开始风靡,不管是作为一种装饰,或是为了表现时尚与个性,越来越多的人手腕上都开始佩戴手串。优雅、纯净又不乏奢华的意味通过小小的手串展现得淋漓尽致。

虽然和田玉手串不乏各类成品,但想要选购到一条高品质的和田玉子料手串则极为困难。子料手串有着颇高的要求,首先是原石的尺寸要大小适宜。其次是子料的形状,作为一个整体,每一块子料不能要求完全一样,但形状要规整、融洽,饱满度要好。一条子料手串通常需要6～12颗为宜,而最为重要的一点就是每颗子料都要有高品质,同时,整条手串还要保持整体的协调、统一,质量不能参差不齐。总之,纯天然的子料要想成串,匹配的难度十分之高,即使在上百颗的子料之中挑选,也可能一无所获,成品比例可谓相当低,所以纯天然的精品子料手串的价格也就可想而知了。总结一下,

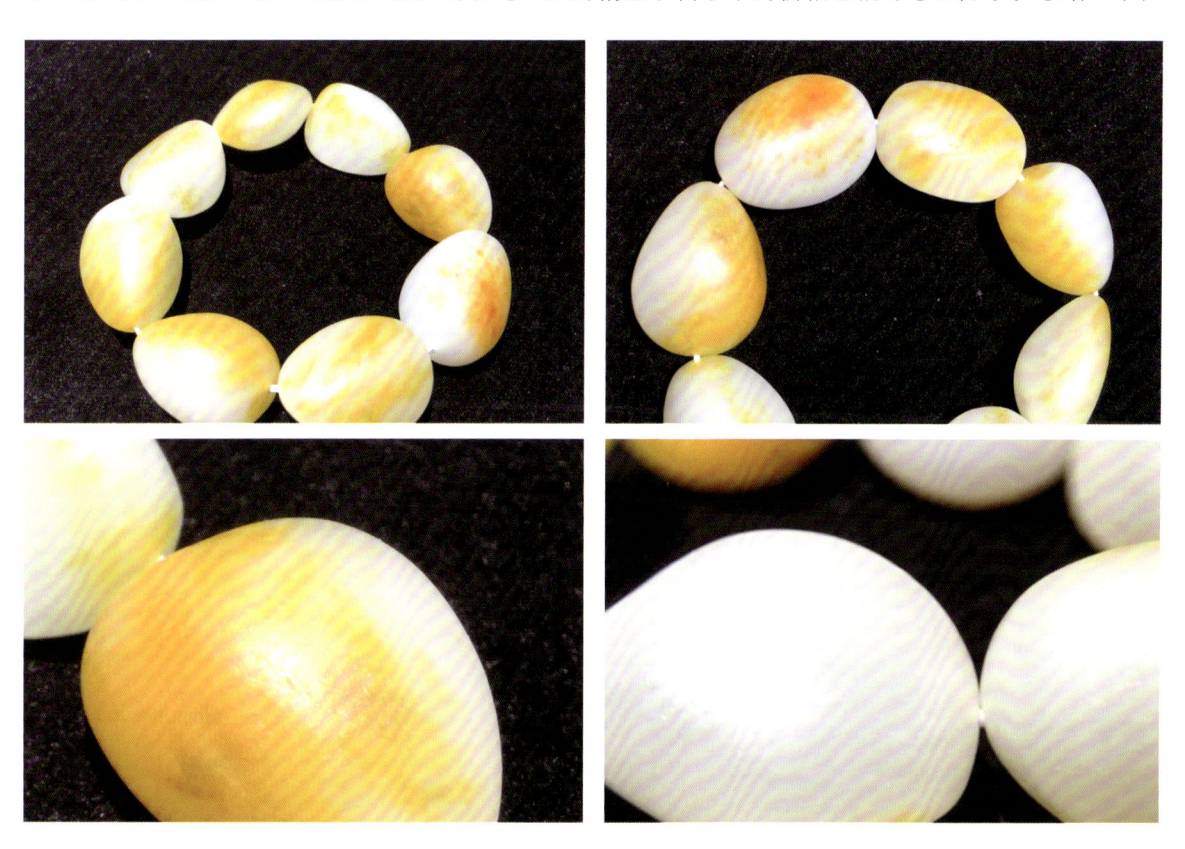

和田玉黄皮子料手串

这串和田玉黄皮子料手串,颗颗都是精挑细选,金黄色的皮质,形制规则完整,无裂痕、杂质等瑕疵,可谓子料手串中的极品。与前一组图中的子料手串有着明显的反差。由此可见,并非子料就有高质量,切不可盲目追捧,还应以质取胜。

加工不难，收集难，看运气更要看缘分，一条好的子料手串真是可遇而不可求。

子料本就不常有，而高品质的子料手串就更加难得，对于有一定资历的藏友们来说，想挑选到一条好的子料手串，这过程中的艰辛恐怕只有自己知道。如果你没有时间精力去配一个子料手串的话，一些成品手串也是非常有味道的。对于这些成品手串来说，想要找一个纯手工的手串并不容易，因为饰品化的需求，机雕的手串越来越多，价格上比手工手串有很大的优势。不过从配置的角度来说，只要有优良的玉质，漂亮的色泽，戴在手上依然尽显风华。

精品图赏：手串

和田玉藕粉老型珠

规格：10mm×20粒
重量：32g

这条和田玉手串采用老型珠形制，所谓老型珠就是指老型桶珠，桶珠的两侧修平，中间略有弧度，佩戴贴合腕部，舒适自然。除此之外，此款手串最大的特点就是具有天然的藕粉色，这种颜色在和田玉中非常罕见，且不易出精品。但这条手串的玉质细腻，结构紧密，凝脂感强烈，颜色淡雅柔和，给人以清新之感。

这三款手串造型均有不同，其中两款以莲花造型为主，配以不同的隔珠，使两款之间的风格迥然不同；另一款采用桶珠造型，搭配钉纹纹饰，呈现出不同的视觉风格。

2．和田玉印章

印章作为一种艺术门类，在我国具有独特的民族文化特色，在博大精深的中华艺术中始终散发着与众不同的魅力，吸引人们驻足在这方寸之地。印章艺术可以说是我国特有的历史文化产物，其在古时本是作为行使权力和身份凭证的一种实用工具，是社会生活的实际需求导致了印章的起源和发展。印章的产生最早可以追溯到商周时期，随着时间的推移，如今印章早已成为融合实用性和艺术性的瑰丽珍宝。

印玺：即印章。在古代其主要以方形为主，还有各类形状，内容除姓名、官职外，还刻有吉语和各种图案等。而在秦汉之后帝王之印则被称为玺。从材质上来看，主要有金、玉、陶等。随着时代的发展，印章的制度在汉代得到了进一步的发展和完善。

印章这一艺术品类在漫长的发展史中，曾经先后经历过两个辉煌时期，一次在秦汉时代，而另一个高峰出现在明清时期。同时，印章在不同的历史时期也有着众多的名称。自周代起印就统称为玺，到了秦代进一步规定，玺为皇权象征，只有天子可拥有。而进入汉代，其制度承袭自秦，皇帝称为玺，而臣下称为印、章或者印章。武则天执政后，因"玺"字与"死"谐音，则改"玺"为"宝"，自此一直延续到清代。在此期间，印章还有很多别称，如宋代的"记""朱记""合同"，元代的"押"，明代的"关防""符""契""信"等。而这些在清代之后都逐渐遭到了淘汰，唯有"印""章"延续至今，并散发着无穷的魅力。

从古至今，印章作为信物的实用性从未改变，不过随着唐宋时期闲章的不断出现，说明印章已从单纯的实用性逐步向着艺术欣赏的领域发展。在历代匠人们的不断开拓创新之下，印章的艺术审美价值越发显现，自清代起，印章已经成为与书画并列的独立艺术品类。作为艺术品，必然有着美学价值和欣赏价值，而印章则可以归结为两个方面，即艺术美和材质美。材质除了大家耳熟能详的经典四大印石，还包括了各类知名材质，如金银铜铁、和田玉、木质、瓷器等。而要鉴赏印章的艺术之美就要结合书法、章法、雕工等几方面细细品鉴、欣赏，方能感受方寸之中蕴含的意味和情趣。

和田玉青玉元懋翔精鉴玺

规格：147mm×147mm×150mm
重量：6.95斤

此印玺作品选用和田玉所制，墨玉盘龙纽方形青玉玺，汉文篆书，附系黄色绶带。玉玺体量硕大，上半部为墨玉，下半部为青玉，颜色沉稳肃穆，同料原生矿伴生，如此大料实属不易。玉玺雕刻细腻精湛、一丝不苟，在青玉玺上盘墨玉龙，盘龙姿态更是威严、庄重。此印的印文为"元懋翔精鉴玺"，字体挺拔有力、古意盎然。此玉玺仿制的是故宫博物院，清宫旧藏《皇帝之宝》玉玺。

精品图赏：印章

2018年送爱女淇淇一方小玺，生日纪念，若美玉、不自持

此玉玺为和田白玉，羊脂玉级别，细腻温润，白度上佳。侧面刻铭文"戊戌年四载，淇女初长成。红脸如开莲，素肤若凝脂。绰约多逸态，轻盈不自持。璞玉质温润，磨砺必成器。父获明题于京城元懋翔凉夏小雨。"家族文化的传承需要寄托，一块小玉，不仅是一物而已，更是一种爱，相伴一生。

和田玉子料金皮龙凤章

此件金皮龙凤章是笔者为小女儿周岁所制。此子料外表圆润,却如城砖砌石,皮色灿然生辉,橙黄渐变,风雅犹然。玉雕匠人雕琢龙凤于其上,刻"媛宝周岁"于侧方,以示纪念。

二十三　和田玉子料仿古工手镯

圈口：57.5mm
重量：107g

玉镯作为玉器中的经典代表之一，从古至今发展、演变出了多种形制，如福镯、平安镯、贵妃镯、绞丝镯等。不论哪种形制的玉镯，都深受人们的喜爱，一款适合的手镯不仅是佩戴佳品，更能表现出中国女性特有的古典之美。而且佩戴玉镯本身，也有着吉祥平安、逢凶化吉、前程远大等美好的寓意，自古时起，不仅是皇亲贵族佩戴玉镯，平民百姓也热衷于此，可见其受欢迎程度。玉镯看似简单而普通，实则有着巧妙的构思和设计，每种形制都有着美好的主题和寓意，而与历史悠久的玉文化的碰撞、融合，使玉镯更加绚丽多彩、古韵盎然。

此款手镯由和田玉子料雕琢而成，玉质润美细腻，莹润的脂感尽显，其上更点缀浪花图案，且留有淡淡的皮色，意趣盎然。手镯整体造型刚劲柔美，仿古的造型凝重沉稳，底子打磨平整，用料厚实，且以乳钉纹排布规整，工艺的处理尤见匠人功力。手镯为扁条口，也称平安镯，看似简单的造型实则工艺繁复，大气古朴之余又精细唯美，将其戴于皓腕之上倍增别致雅韵之感。首饰往往是女人最爱的外在表现，而在个性彰显的时代，拥有与众不同而又适合自己的一件首饰，似乎是那么难得。和田玉手镯简约而美丽的外表，不浮华，出淤泥而不染，尽显其文化与价值。

藏品细部

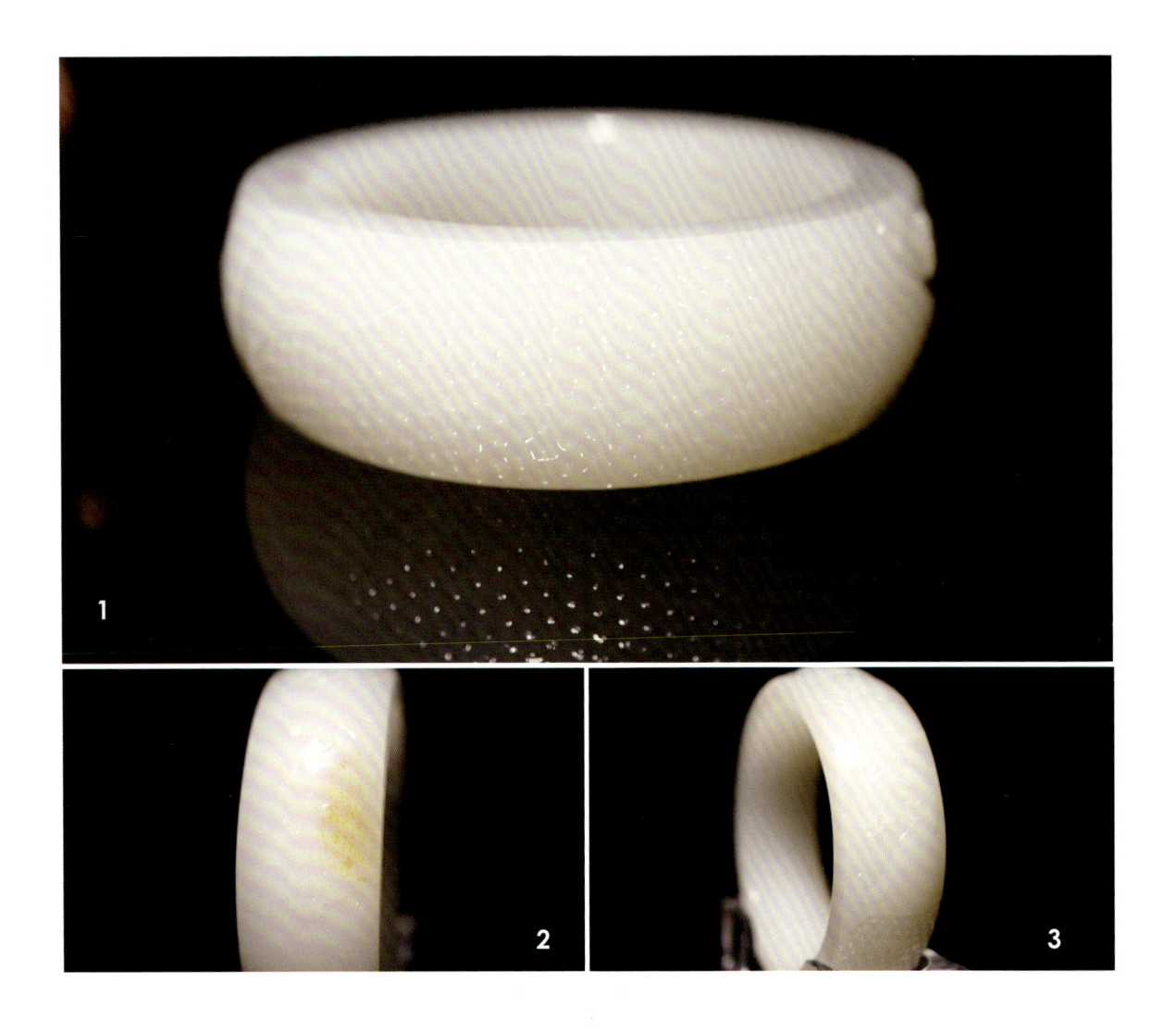

1. 手镯是人人都喜爱的款式，其对于材质的要求极高，不能有丝毫的瑕疵。此款就采用顶级原料，配以仿古的纹饰，工艺精湛，佩戴此手镯能尽显中国人的古典美。

2. 淡淡的金黄皮色点缀于镯上，配合浪花的图案动感倍增，正是点睛之笔。

3. 镯子外圈可见螭龙图案，造型考究、古朴，其线条雕刻既刚劲有力，又柔美灵动，彰显匠人的深厚功力。

知识点解析

和田玉手镯

如果说手串是男士的腕间情趣，那手镯则会让女士一见钟情。手镯是中国女性最爱的饰物，而且似乎没有之一。何以致契阔，绕腕双跳脱。对于中国人来讲，玉镯呈现的美无以言表，其不仅仅集装饰和艺术于一身，更展现出一种独特的文化与价值。手镯发展至今，有着各样的形制，每一款都有着合理的实用性和美好的寓意。比如，圆条镯也称为福镯，条杆为圆柱形，其形制讲究精圆厚条、庄重正气，非常的经典；而条杆呈弓形或者半圆形，内圈磨平的称为扁口镯，也叫平安镯，是目前最主流的样式，其贴合手腕，款式百搭；贵妃镯更是新颖别致，其条杆从弓形至圆形不限，镯圈为椭圆形，相传由杨贵妃所创。凡此种种，手镯的形制可谓百花齐放，在丰富了市场的同时，更让藏友们有了更多的选择。那么在这里我也给出几点建议，希望能让藏友们在选购时有一个清晰的思路。

和田玉本就历史悠久，且几经沉淀仍经久不衰，而和田玉手镯更是玉器之中最经典的器型之一，手镯与和田玉相结合真可谓是集万千宠爱于一身。和田玉手镯对原料的要求较高，不仅要块度大，而且质量要好，最重要的是绝不能有裂，在满足这些条件的情况下，才能制作成手镯。这也使玉镯的制作对原料的消耗较大，而所能制作的玉镯也产量有限。而我们藏友在选购玉镯的时候，除了判断玉质本身之外，还要注意几点，即裂纹、器型、抛光、尺寸、风格等几个方面。首先，玉镯绝不能有裂，这是选购的第一要素。其次，才是器型、尺寸、抛光，这几点都与玉镯佩戴的舒适度有很大的关系。最后，一款适合的手镯也要与自身的风格和气质相吻合，唯其如此，才能真正找寻到最适合您的那一款。

圆棍手镯　　　　　　扁条手镯

经典的两种镯形

精品图赏：手镯

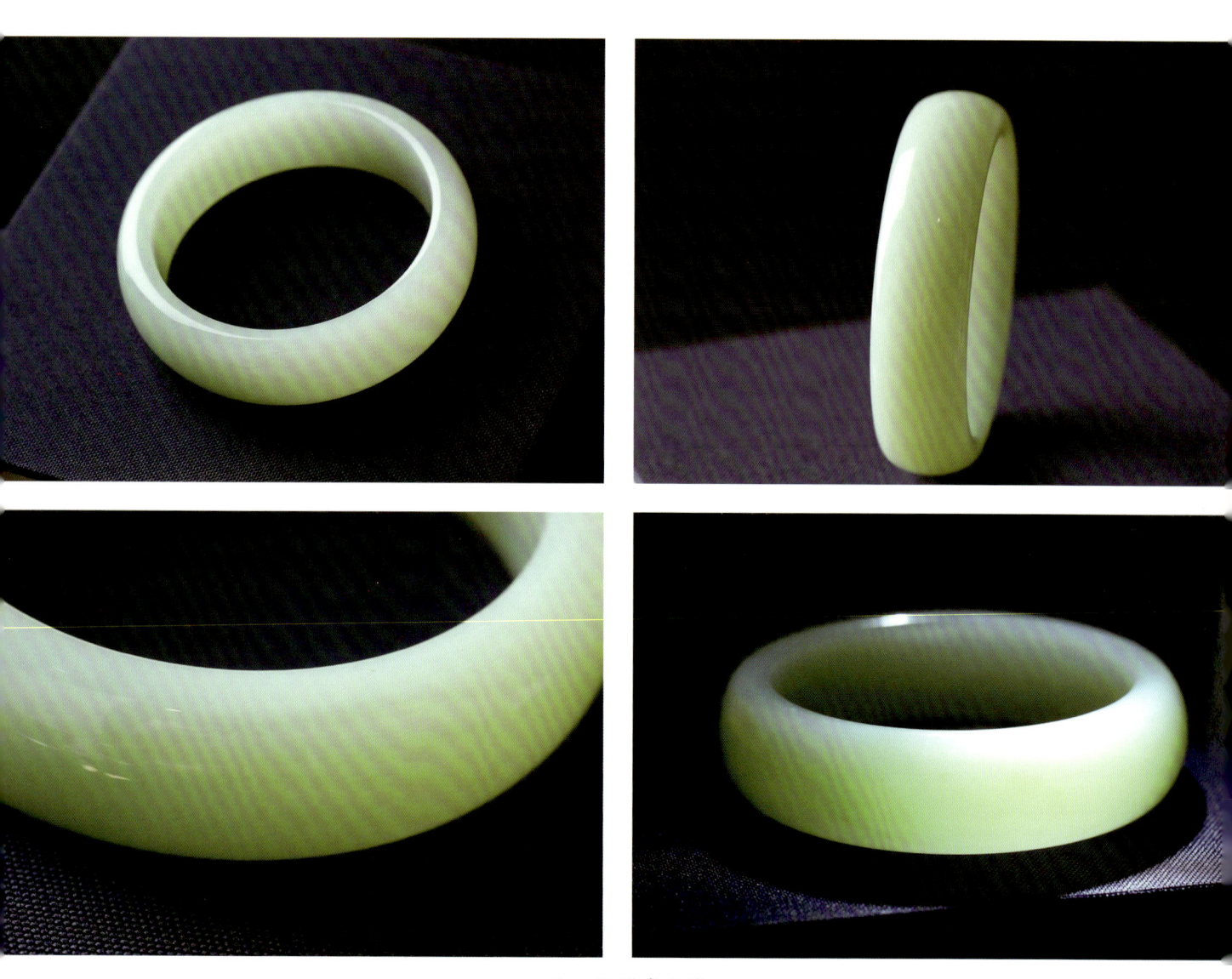

和田玉翠青手镯

圈口：59mm
重量：92.1g

　　此和田玉手镯用料扎实、厚重，内圈磨平贴合手腕，称为扁口镯，也叫平安镯。其玉质细腻油润，整体带翠色，翠青色多为伴生色，如此大体量实属难得。翠绿的颜色清新脱俗，有着极佳的佩戴效果。

和田玉双鱼手镯

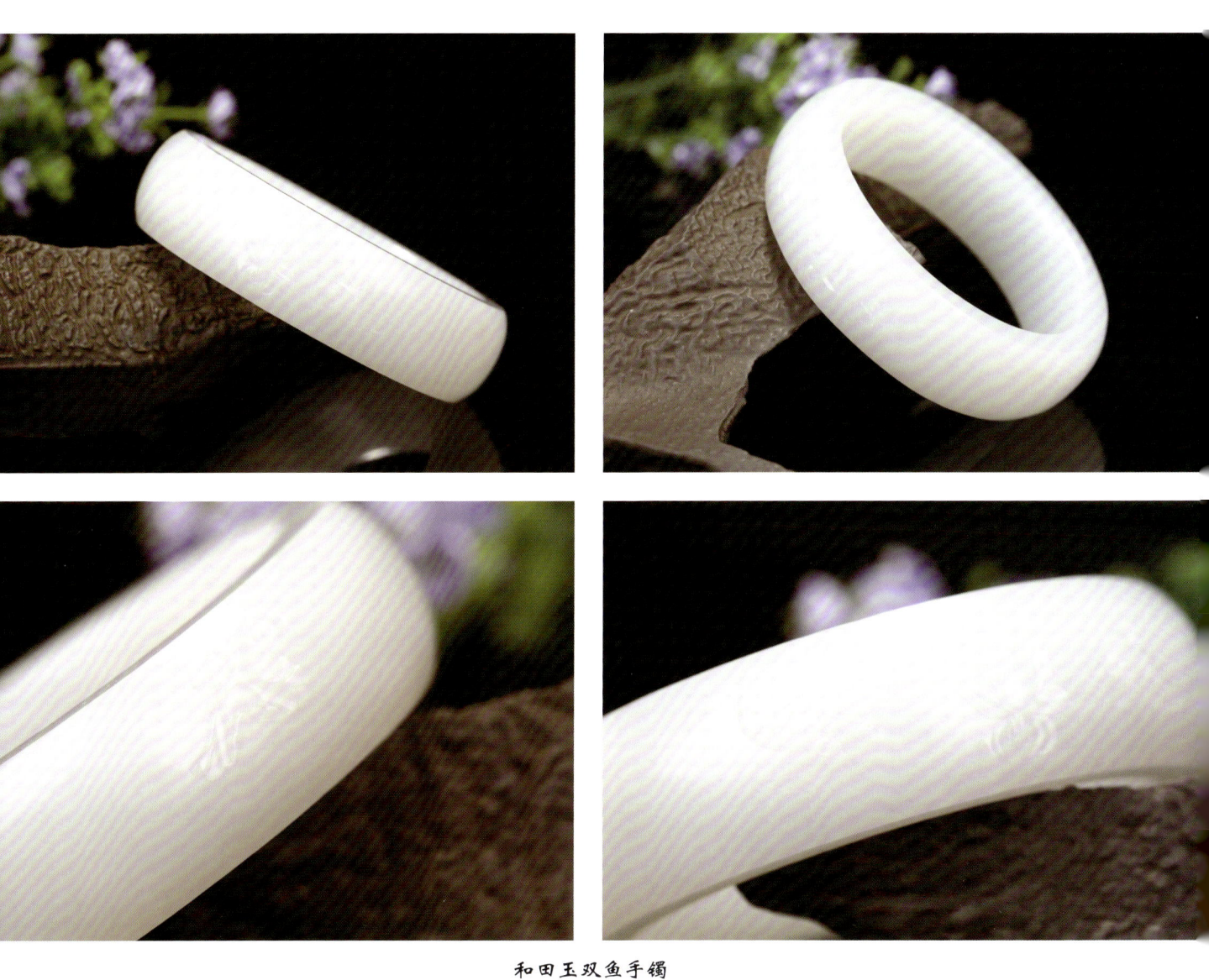

圈口：57mm

重量：89g

  这款和田玉平安镯玉质白皙，油润细腻，用料厚实，其上雕刻双鱼与荷花，造型古朴雅致，寓意连年有余、吉庆有余。

和田玉糖白玉手镯

圈口：58mm
重量：101g

  这款手镯白玉部分油润细腻，糖色为金红色，颜色过渡自然，饱满而浓郁，与纯色的白玉手镯相比更多一份灵动之感。手镯整体完美无瑕，优雅大气。

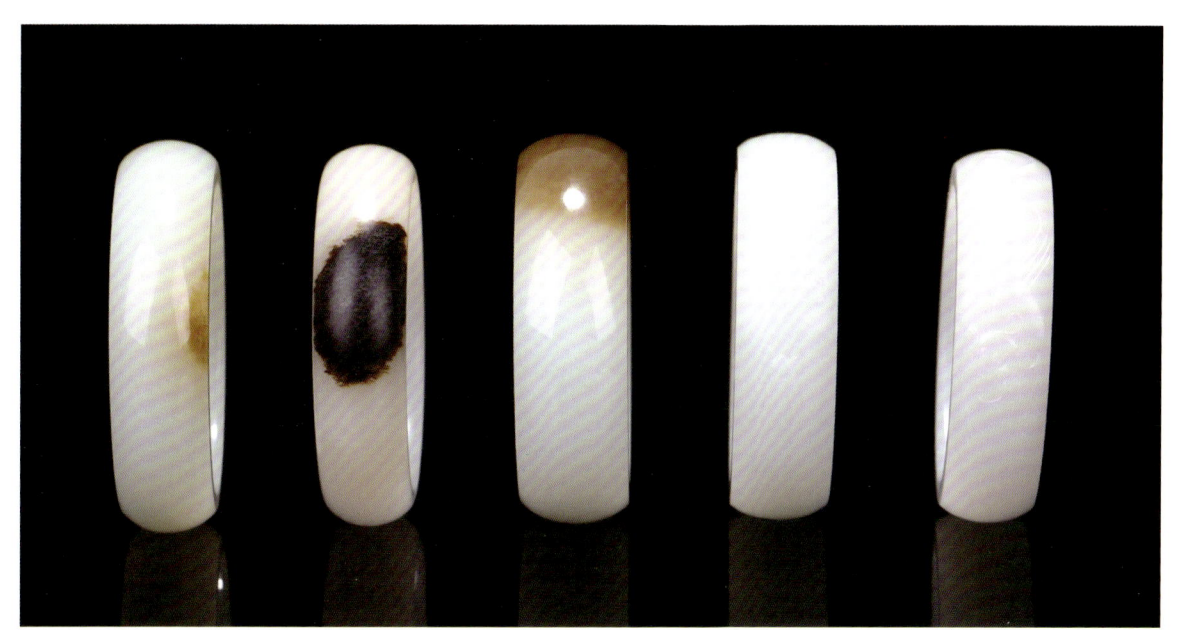

图中从左至右玉镯的品质逐级提高，从图中可以明显地看出玉镯表面光泽和质感不同，在元懋翔店内可以进行充分的比较，我认为产地并不是主导价值最主要的因素，而是它的品质，品质由哪些因素决定呢？无非是三方面：白、润、细。

提及和田玉，自然要关注白度，全白的手镯肯定价值高，如果带有鲜艳的皮色那就会额外加分，比如洒金皮或者红皮、黑皮等。上图中左边三只都不是全白的，全白的手镯肯定要比带一点糖色或黑皮、青花的要更具价值。白度的比较相对简单，两只放在一起，对比之后高下立判。

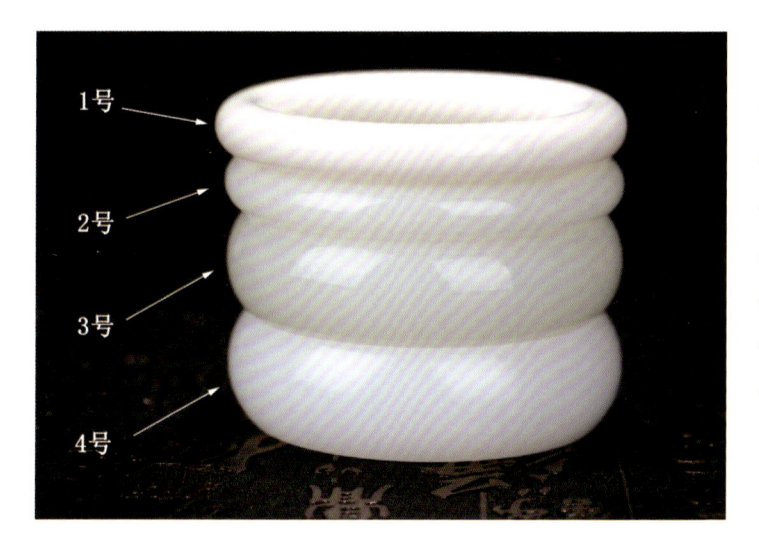

通过左图可以明显地对比出和田玉白玉之间的色调差别。1号手镯颜色呈现浆白色，瓷感重，白色给人的感觉是瓷白色；2号和3号手镯质地尚可，但是白度明显较差，呈现出明显的青、灰色调，对比之下一目了然；4号手镯密度、油性俱佳，表面呈现一定的油脂光泽，白色比较自然、纯正。

凝脂美玉

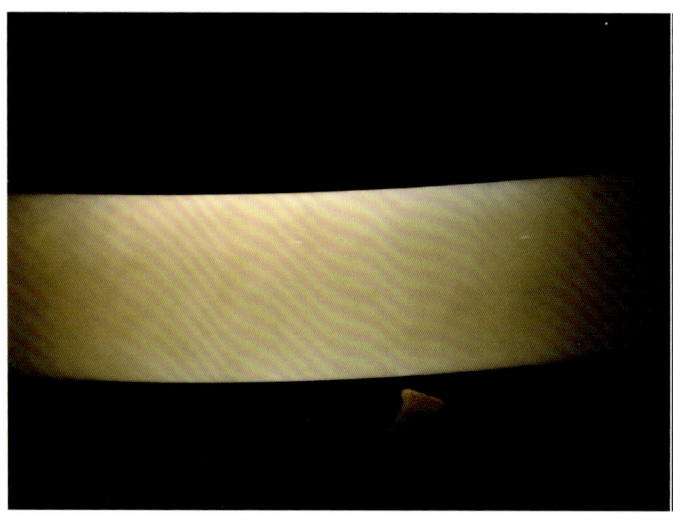

从图片对比可看出，两个手镯的内部结构，一个质地松散，颗粒状结构明显，且颜色发暗黄色；另一个相对质地紧实、致密得多，内部结构几乎不可见。

白度之后再看玉镯的润和细，这两点放在一起讨论，这就是上图这两只手镯的主要区别。首先两者都为纯白玉，局部带有雕工，这些都是玉镯的加分项。因为质地细腻，所以光泽才润，只细腻不润是不可能的，而细腻就是我们所说的密度好。新疆料比较润，就是说质地细腻，密度高。这个如何能通过肉眼直观地看到呢？就是在和田玉的侧上方斜45度角打光观察，如果正对玉质照射会有一个镜面曝光点，过强的光线会让人看不清任何东西，而测光斜打就不会有这样的问题。此时观察，看玉的结构明显不明显，如果有"玉花"就是我们常说的结构，如果内部质地犹如萝卜心一样，又或者好似米粥一般，那就说明玉质较差，如果有好似过年吃的年糕"糍粑"一样的质感，就说明玉质致密，是好玉质的理想的表现，也就是我们常说的"糯性"。

对于手镯来说，好的和田玉子料手镯当然是佩戴、收藏、传家的首选，但如今子料手镯的价格也确实比较高昂。所以对于普通玩家的佩戴来说，一些比较有特色的山料手镯也不失为一种选择，比如翠青、碧玉、青花手镯等。它们不仅在颜色上更加醒目艳丽，佩戴起来也别有一番风味。当然，如果您本身具有一定的购买力，那肯定是尽量追求完美。但如果购买力不足的话，那我们就要追求性价比，在没有硬伤的前提下，选择一些有鲜明特点的玉镯，既能以更实惠的价值入手，同时也具有一定的收藏的价值。

和田玉黄皮兽面手排

规格：8粒

在我国早期的玉器纹饰中，兽面纹具有典型的代表性。早期的良渚文化中出现的兽面纹最为经典，而商周时期的兽面纹更是之后各朝各代兽面纹不断发展、变化的前身。此串手牌为和田玉子料的黄沁皮，其颜色比沙金皮略深，陈化时间更长，手工雕刻的兽面，黄色招财，兽面意指神兽，有保平安的寓意。此手排共计八片，同料所取，由于其原料肉质相对粗糙，色泽偏灰，所以取其皮色，扬长避短，俏色巧雕。手排流行于欧洲，整体呈片状，佩戴舒适，贴合于手腕，松紧可调节，和中式的传统手串有所区别。

和田玉手牌

"手牌"同样作为手腕上的装饰之物，它所展现的美感与手串、手镯又不尽相同，手牌自成一脉，在饰品当中形成了一道独特的风景线。玉手牌，其字面意思简单明了，就是以和田玉所制作的牌形装饰品。它既没有手串的珠圆玉润，也不同于手镯的古朴典雅。玉手牌一般背面平滑，手牌的背部需根据手腕做出一定的弧度，这样佩戴起来更加舒适。雕刻上可以有原汁原味的素面形式，也可以有一些比较有特色的雕刻创作，比起手串，更多了一种风景。玉手牌更加适合搭配，一个玉牌搭配精细编织的绳结或玛瑙、蜜蜡、紫檀等配珠，让小小腕间温婉动人。作为一个爱玉者，一个腕上之物，你可能说不清它的寓意，也讲不出它的好坏，但每天佩戴于腕间，慢慢地你会发现，它已经成了自己的一部分，再难割舍！

和田玉子料念珠

规格：108粒

此款串珠由和田玉子料制作而成，精选原料，精工细作，玉质莹润，结构细腻，油脂光泽强烈，品质一流。每颗珠子均为莲花造型，相比普通的圆珠制作更加费时耗工，原料的损耗也更大。搭配红润的朱砂和鸡油黄蜜蜡隔珠作为跳色装点，尽显玉质之美。

和田玉念珠

众所周知，和田玉在我国有着千年的历史，正因如此，从古至今，以和田玉为材质所制作的佛珠、串珠一直广为流传。念珠兼具实用性和装饰性，可贴身佩戴并且形式各样、变化自如，其良好的把玩性和拓展性深受藏友们的喜欢，也赢得了广阔的市场空间。念珠和手串最大的不同即是念珠是由108粒珠子所穿制而成的长串，手串则是单圈的短串。而以和田玉所制作的念珠可以说是念珠家族中的"战斗机"了，为什么这么说呢？首先就是价值高！优质的和田玉原料不仅名贵而且稀有，这点毋庸置疑，而能做108粒完美圆珠可真心是费工费料。这点上往往是初学者的一个误区，认为圆珠很好加工，耗材不多，其实不然。和田玉想做成圆珠，首先要将原料切割成方块状，然后再磨制加工制成圆珠，通常圆珠的出材率只有原料的20%~25%，横向对比雕件55%~60%的出材率来说，珠子比雕件的成本要高了一倍不止。而且白玉念珠还得注意要以同料制作，如果不是同料的情况下，很可能出现颜色质地的差异，也就无法成串，即使成串价值也会大打折扣。所以，和田玉的念珠，尤其是子料的念珠，真要讲究一个"缘"字，可遇而不可求。

相比于和田玉摆件和质量上乘的和田玉挂件而言，串珠由于独特的佩戴体验，也更容易让普通人接受。平时盘在手腕上，佩戴之余更可以随时在手上盘玩，十分悠闲自在。念珠在古时本身就是计数工具，佛家弟子在做功课的时候，念经计数用的，而和田玉本身的特点也是佩戴越久，越显油润丰盈，正所谓人养玉，玉养人，因此备受人们的喜爱。不过在把玩之余，也要记得勤加保养，如果是素珠还好打理，如果是带有雕工的串珠，长时间地盘玩可能造成雕刻的缝隙变脏，这时就需要使用棉布或者软鬃刷沾着一点润肤油或者baby油去清理，一串干净且富有质感的串珠也一定会让您备感倾心。

和田玉白玉莲花串珠　　　　　和田玉碧玉串珠配白玉佛头

规格：12mm×108粒

　　图中展示的两件精品是以最经典的白玉与碧玉制作而成。碧玉菠菜绿的颜色抢眼夺目，在光线照射下呈现猫眼效果，几乎无黑点，可见材质之优异，以白玉三通做跳色处理，更显碧玉的鲜艳翠色；白玉串珠整体剔透无瑕，玉质油润富有光泽，因为白色稍显平淡，所以辅以雕工将每颗圆珠制成莲花造型，配以南红的三通和隔珠，丰富配色的同时，更提升了整体的视觉效果。

和田玉白玉串珠配南红和天河石

规格：8mm×108粒

此串和田玉白玉串珠，运用天河石和南红玛瑙做DIY跳色搭配，整条串珠尽显鲜活灵动。白玉串珠颗颗圆润饱满，还有几颗带有洒金皮，项链手串两用，是不可多得的精品。

二十四　和田玉子料玄武手把件

规格：90mm×56mm×37mm

重量：243g

  玄武与青龙、白虎、朱雀合称为四灵，被汉族民间作为整体一同信奉。玄武的形象是蛇和龟组合成的一种灵物，这是它最为独特之处，四灵中只有它是由两种动物结合而成的形象。玄武传说在夏朝就有，最早的形象是乌龟，曾经帮助舜治水，都认为它是吉祥瑞兽。玄武在道教思想中非常重要，与道教的丹道脉系发展交融，成为道教最重要的神兽之一。玄武也有"玄冥"的称呼，在古老神话传说中是北方的神明，在道教中是北方七宿星君、四象之一。玄武由龟与蛇融合而成，为灵兽之一，蛇善敛财，而龟主长寿，为水神，水利则财旺，龟生万年，长寿无疆。此玉为海派大师所制，其质地温润，略偏黄底，润度密度上佳，体量硕大，器型饱满，握在手中，如掌乾坤。

凝脂美玉

藏品细部

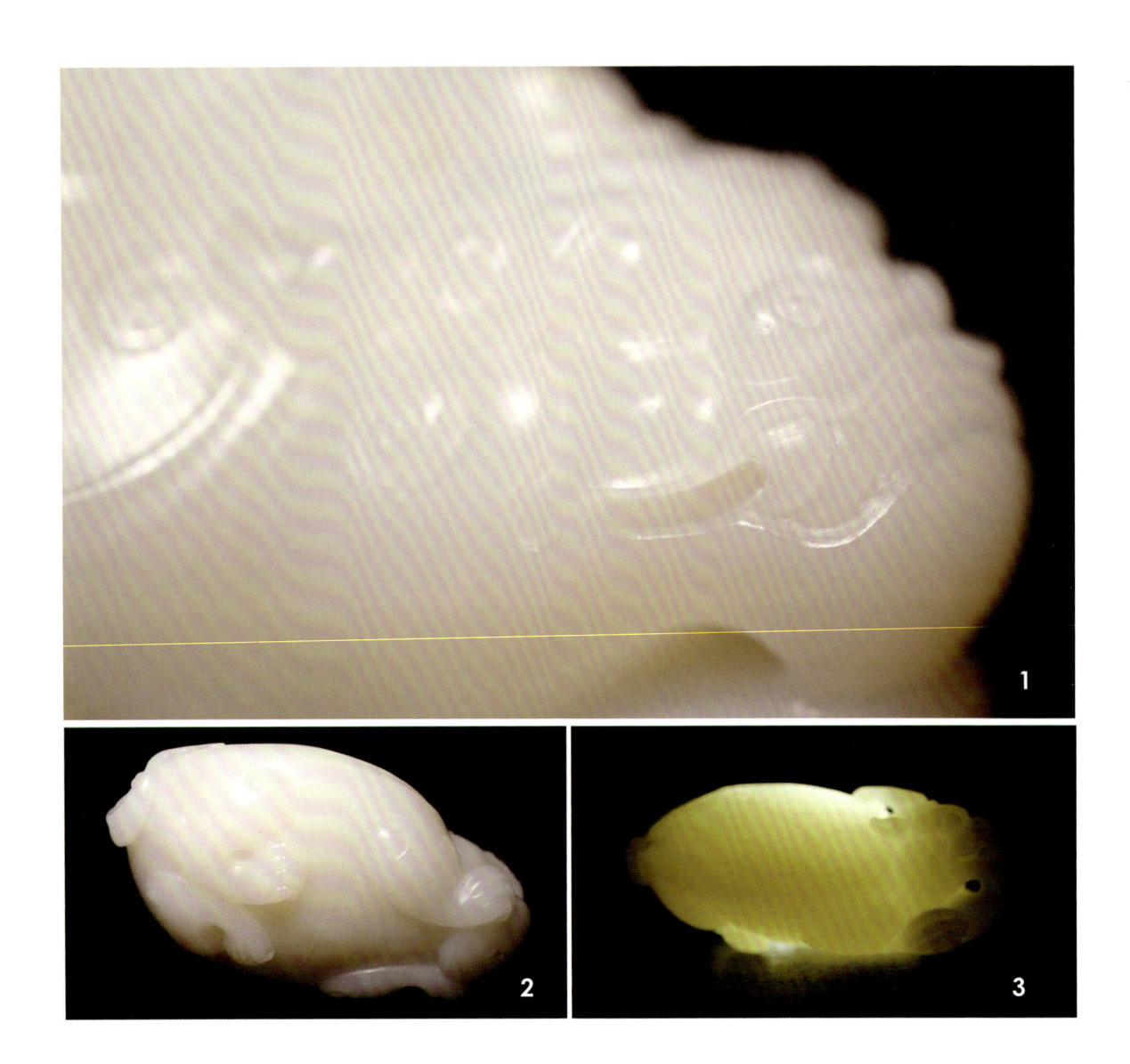

1. 玄武是四大灵兽之一，是水神，有助运势，此款把件质地为极品和田玉子料，更是配以精工，玄武双目炯炯有神，神态威严，霸气外露。

2. 底部四足雕刻也一丝不苟，前爪捧一枚铜钱，有招财进宝、好运不断之意。

3. 打透射光可见其颜色虽然略偏黄色，但是内部结构紧致、细腻，更难得的是，如此体量硕大的把件无一丝杂质，实属不易。

知识点解析

和田玉把件

手把件就是指拿在手中可把玩欣赏之物。手把件通常都有着主流的题材和美好的寓意，工艺可繁复也可简洁，更多的是讲究造型、意境和把玩时的手感。把件的尺寸通常在5～8厘米之间，重量一般为100～300克，因为这样的尺寸既方便随身携带，又便于一手把握。在工艺方面，则要求圆润流畅，握在手中顺滑、舒适。总而言之一句话，和田玉把件的标准是宜于把玩，大小约在一握之间。手把件的大小介于牌子和山子之间，因为和田玉要尽可能地保存完整度，把件的存在也可以说是一种必然。以目前和田玉的产状和产量而言，优质的和田玉如果满足条件一定优先考虑制作手镯，而有一定体量但是存在瑕疵、杂质的原料就很适合制作成手把件了。

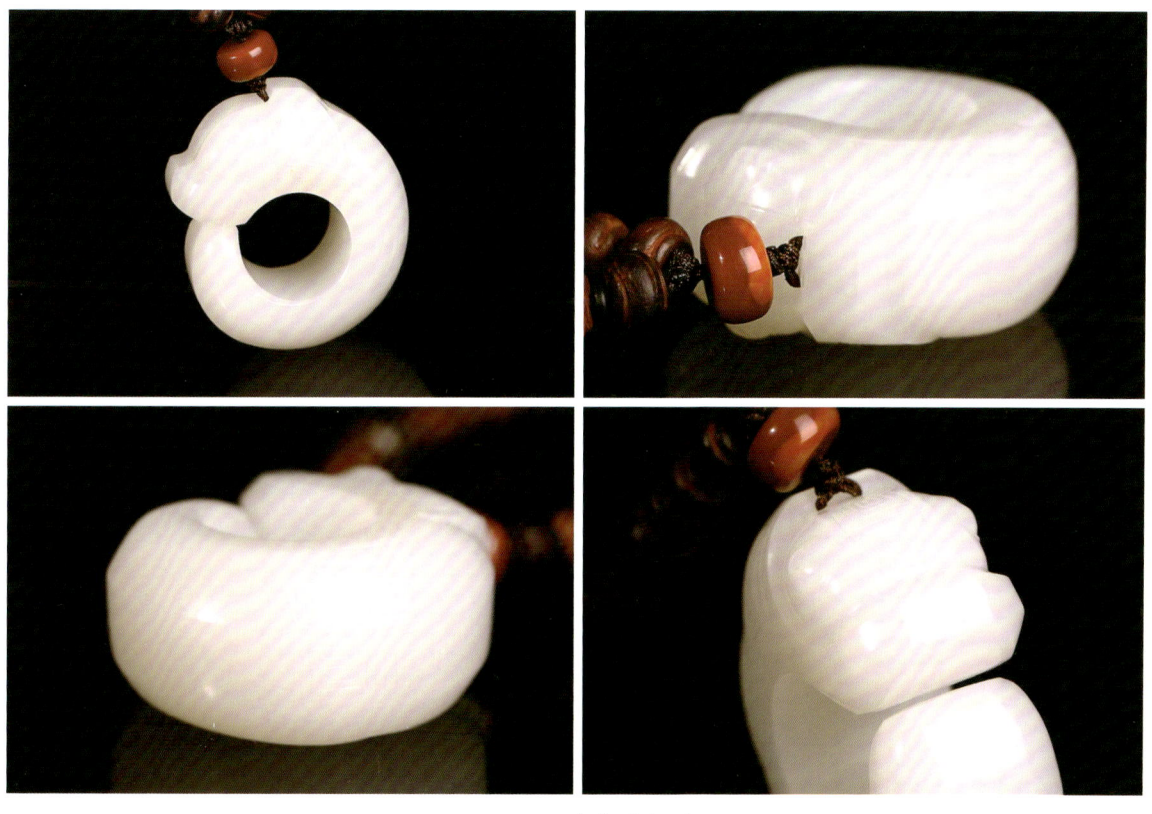

和田玉玉猪龙手把件

此玉一物两玩，既可作为把件，也可作扳指，采用红山文化中经典的玉猪龙造型，加以更加现代的修饰，是一件赏玩佳品。

手把件的题材多以神明佛像、吉祥瑞兽或喜庆题材的造型为主，工艺的繁复程度虽与题材有关，但也与原料本身的品质密不可分，挖脏去绺、避裂俏色等技巧可以说是手把件上的常规操作。也因此手把件精品辈出，一块原本价值不高的原料在匠人的创意构思和精巧雕琢之下化腐朽为神奇，变成了赏玩、收藏俱佳的精品，因而成为玉器中比较重要的一个品类。和田玉把件之所以深受藏友们青睐，除了上述的介绍之外，还因为在佩戴之余可时常把玩，不仅可以锻炼手部、按摩穴位，还有助于血液循环，赏玩之余还有益身心健康。

和田玉扳指

扳指最早是作为一种骑射时的实用器具而出现的，也被称为韘（shè），其初见于商代，在春秋、战国时期就已广为普及。随着年代的更迭，扳指也在不断地发展、演化，在其材质逐渐丰富的同时，形制也随着各朝代不断变化。最初的扳指本是一种工具，在人们拉弓射箭的过程中需要搭箭扣弦，这时就要将扳指套在拉弓手的拇指上，以保护手指不会被弓弦勒伤。可以说早期扳指完全是一种实用器具，不仅长度较长，且其上有槽痕，最初的材质也主要以坚硬材质为主，也有皮质所制的软材料扳指。而后扳指逐渐变短，槽痕也被取消，其材质也扩展到玉质、木质、金属材质等。逐渐的扳指的功能性也在发生着变化，从实用器逐渐向赏玩器的方向发展，成为一种身份、地位的象征，直到明清时期，扳指已经完全作为饰品成为当时的流行趋势，完全演化成了赏玩器。

几千年来，扳指的形制紧随时代发展、变化，在这一过程中出现过很多种样式。而这其中以坡形扳指和桶形扳指这两种形制最为主流。坡形扳指出现较早，以实用为主，在我国的发展历史中一直被使用到明代。而到了清代，则主要流行桶形扳指。这一时期，和田玉材质已经十分流行，扳指也不例外，如果说坡形扳指还兼具一定实用性的话，明清时代的扳指就已经全为赏玩之用。和田玉制作的扳指由于材质原因表面更加光滑、圆润，没有开槽的设计也已不具有任何实用性。但是取而代之的是，作为赏玩器的扳指，其材质的名贵度越来越高，同时作为饰品的一种，扳指上更辅以精美的雕工，更增添了不凡的艺术价值。

白玉，表面局部有黄褐皮色。表面浮雕狩猎图且镌刻乾隆御制诗句。一面碾琢一人纵马挽弓追射奔鹿，另一面阳文隶书《咏射鹿玉》"快马飞生耳后风，浮麋数肋中无空。漫言刻玉占佳兆，发羽拚弦屡此同。乾隆丙戌春日御题。"末署阴文圆、方"乾""隆"印。清宫旧藏。

白玉狩猎图扳指

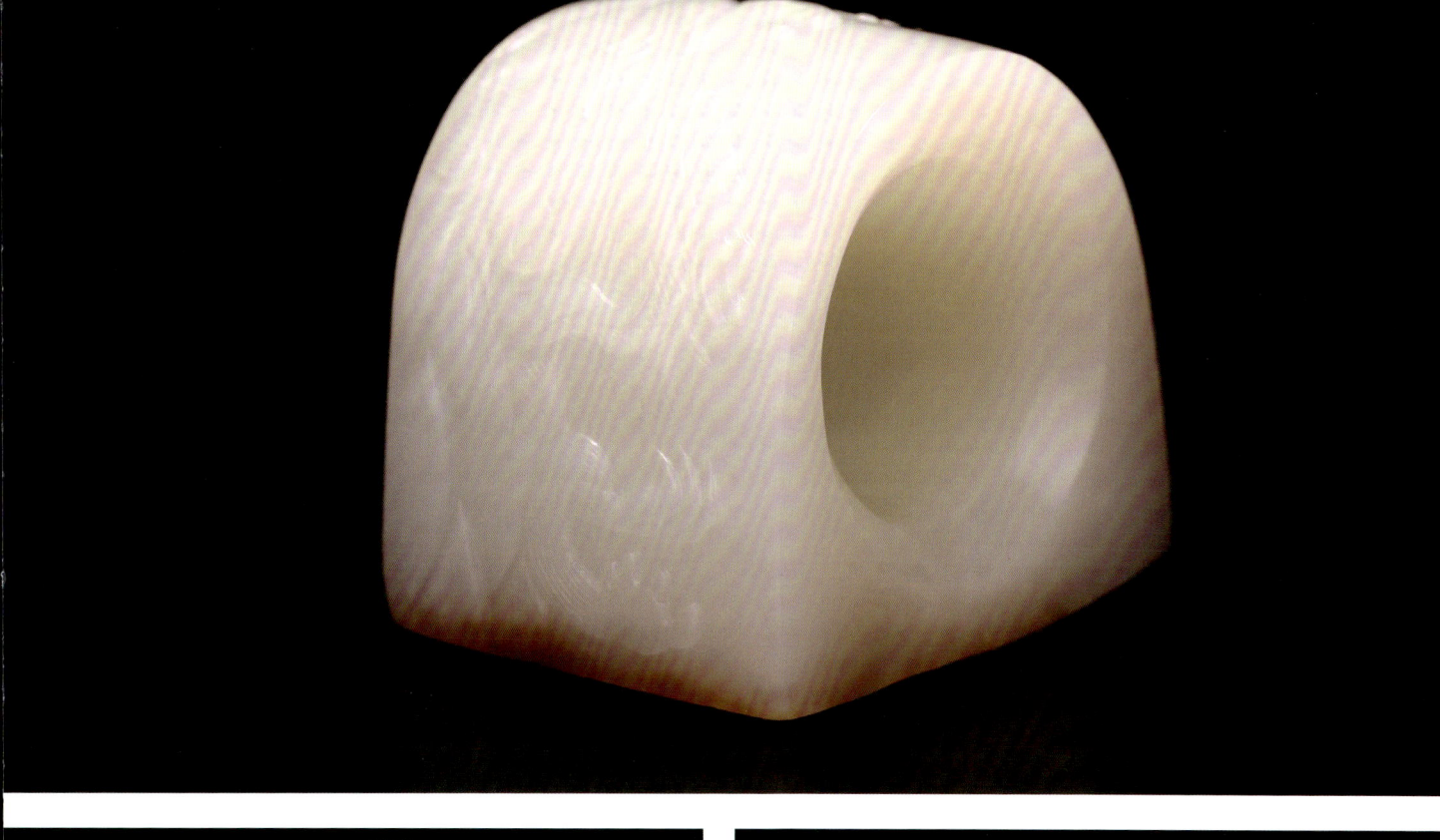

和田玉子料鱼龙变化扳指

规格：37mm×39mm×31mm
重量：77.8g

  此扳指近看玉如凝脂，平顺油润，散发出内敛的光泽，表面局部有黄褐色的皮色。扳指表面更施以雕工，以浅浮雕的形式刻画鱼龙变化的图案，在小小的方寸之间将鱼、龙两者勾勒成形，图案线条虽然简单，但足够生动形象。此扳指也是以小见大，是材、形、艺俱佳的经典代表。

和田玉挂坠

在玉质的饰品中，玉挂坠以其多样的形制、精美的刻画、创意的题材受到人们的广泛喜爱。从古至今，玉坠的形制富于变化，并不只局限于某种样式，形制或写实或写意，全凭匠人的奇巧创意。挂坠不仅可以是素身的全玉材质，也可与金银依托镶嵌，其薄厚大小不拘一格，常见的对称形状有圆形、椭圆形、水滴形等。同是挂于颈上之物，玉坠与玉牌，相比之下玉坠更加精巧别致，不同于玉牌的厚重大气，挂坠讲究简洁明快的工艺，在方寸之间勾勒刻画。而玉坠的雕刻题材也涉及丰富，从人物、动植物、果蔬等实物题材到佛像、瑞兽等一应俱全。作为一种经典的佩戴装饰品，挂坠也有明戴和暗戴两种方式，明戴就是将挂坠置于衣服之外，而暗戴则是将挂坠藏于衣内贴身而戴，两者可谓各有特色，因人而异。

和田玉龙凤对牌

从古代到今时，挂坠这一饰品经历了从粗糙到精致，从原始的骨质到金银再到玉石的发展过程，而这其中以玉材质的挂坠最具代表性。历史上，在唐宋元时期玉挂坠就已经成为一种非常流行的配饰，而这一时期也奠定了玉挂坠作为饰品的全新风格。唐代更有诗云："金埋无土色，玉坠无瓦声。"而随着玉挂坠发展至今，虽然其图案、工艺、形制仍在不断变化，但不变的是其总能让佩戴者尽显含蓄自信、成熟稳重。

和田玉子料雄鹰挂坠

规格：46mm×16mm×12mm
重量：14.5g

此件作品为高品质正宗新疆和田子料，洒金皮。玉匠用娴熟的雕刻技法勾勒出鹰首，头顶洒金皮，转起流畅，并有大展宏图之意，在子料上形成"实"与"虚"，雕刻的鹰眼玲珑、传神，为不可多得的精品。

精品图赏：挂坠

和田玉多子多福挂坠

规格：87mm×36mm×23mm
重量：106.2g

这款把件以和田玉为材质巧雕玉米的经典造型，俏色蝴蝶。质地温润的和田玉子料白度一流，立体精雕玉米的造型，形态逼真，颗粒饱满。以金皮为色浮雕一只翩翩起舞的蝴蝶，十分灵动。玉米本身就有子孙满堂的美好寓意，蝴蝶的"蝴"同"福"谐音，蝴蝶即"福迭"。此把件将多个美好寓意集于一身，有着福气即来，好运绵长的寄语。

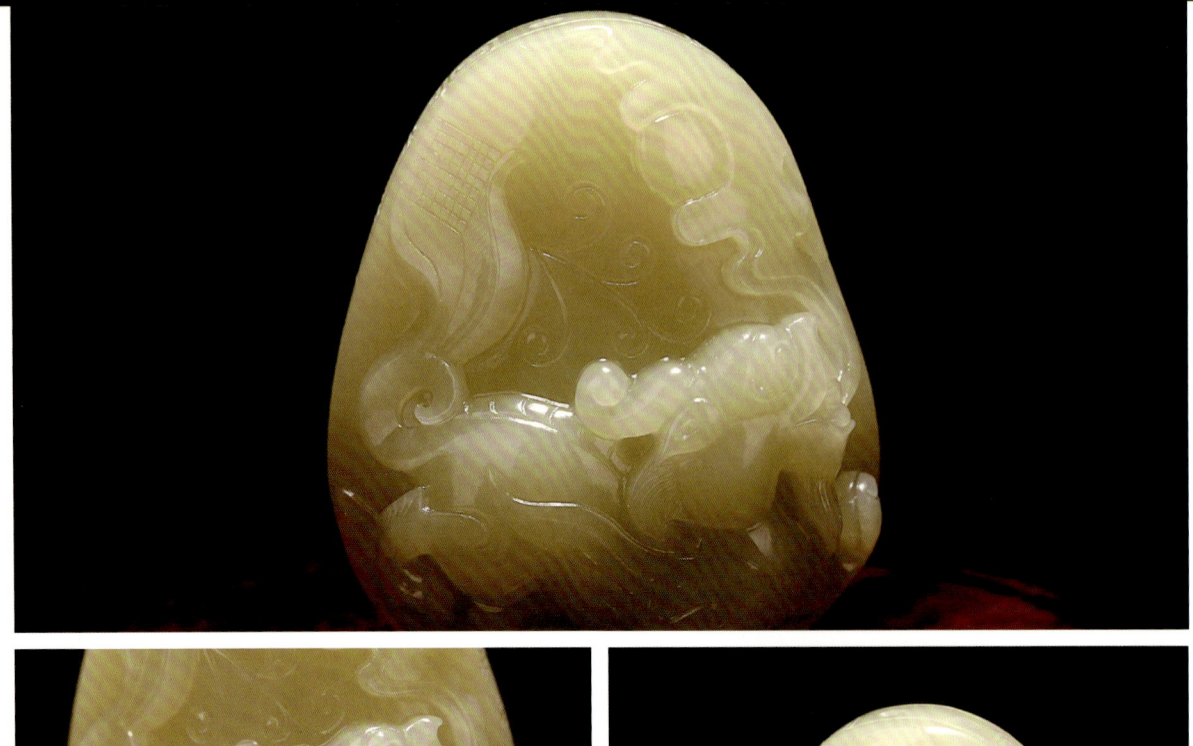

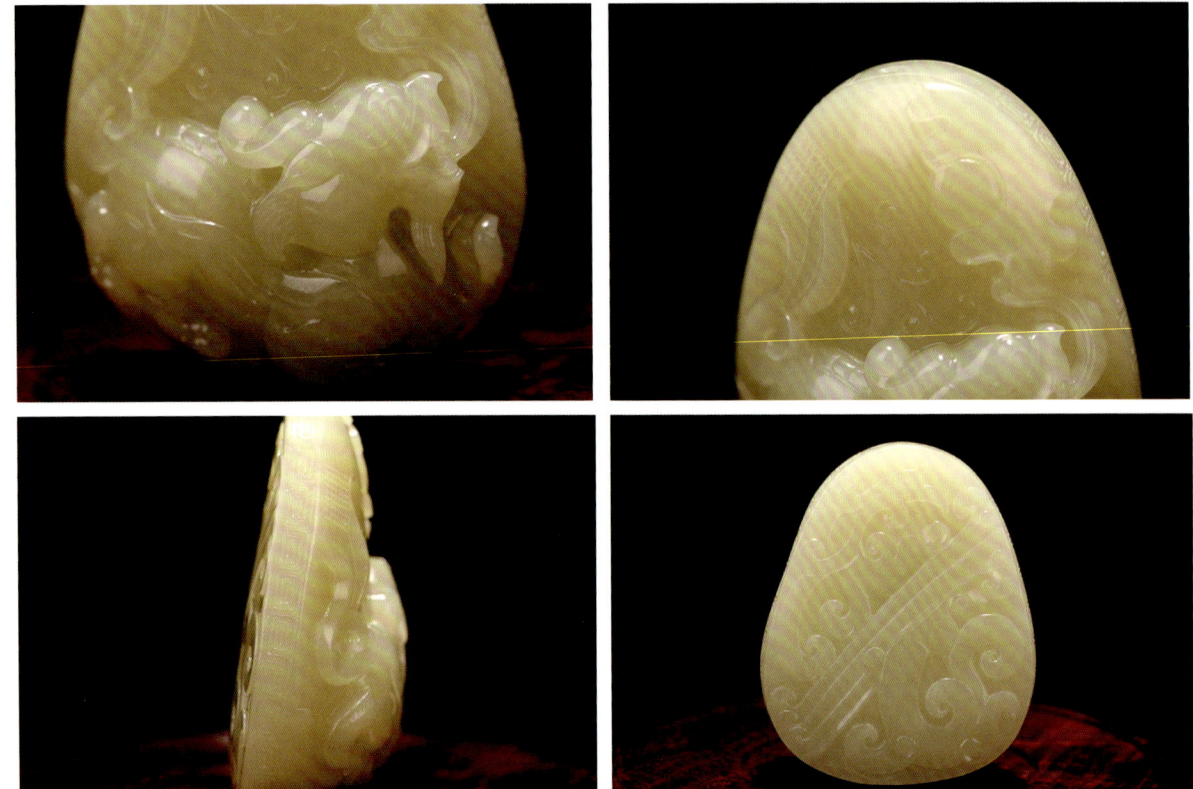

和田玉新疆黄玉貔貅挂坠

规格：49mm×40mm×20mm

重量：60g

此件作品采用新疆黄口料雕刻貔貅造型，质地细腻，浑厚油润，颜色浓郁，可与黄玉媲美。黄口料广义上就是黄玉的一种，可以说是最接近黄玉的原料，其产量不高，高品质原料更是日渐稀少，主要的产地有新疆的若羌、黑山等地，具有很大的收藏潜力及升值空间。

和田玉子料弥勒佛挂坠

规格：49mm×40mm×20mm
重量：60g

此件挂坠有着经典的红皮白肉，白玉玉质莹润，弥勒开脸生动传神，造型为经典的立姿，线条流畅洒脱。挂坠侧面以红皮俏雕铜钱和蝙蝠造型，红皮颜色醇厚饱满，有财运亨通、福在眼前之意。

二十五　和田玉子料秋韵绵绵挂牌

规格：82mm×48mm×12mm

重量：144.5g

  万物到了极致都会归宿到一种安然的状态，秋意味着硕果累累，落日繁华，而韵是一种水到渠成的意境。秋韵，是经历生活后的平凡，秋韵流淌，落叶归根。对于我们来说秋韵流年是喧嚣烦躁繁华都市里，在落叶缤纷之时与好友谈笑品茶的惬意时光。此玉牌运用顶级和田玉子料磨制，玉质细如凝脂，放大细节观看依然精光内敛，细腻如初。玉牌保留点点洒金皮，玉质白度高，雕刻非常见功力，浅浮雕工法精湛，整体构图鲜活生动，秋意盎然。

藏品细部

1. 此玉牌为新疆和田玉顶级原料所制,采用浅浮雕技法,将秋季释怀、洒脱的意境在小小的玉牌之上展现得淋漓尽致。

2. 玉牌上部雕刻围墙屋瓦,其上有藤蔓跃然而出,仿佛沥沥秋雨之后,硕果累累、金风送爽的季节已然到来。

3. 玉牌下部在方寸之间雕刻古琴、青竹、西施壶,构图巧妙、精致,让此玉牌平添人文气的同时,尽显古意盎然,更让秋意的宁静、朴实跃然眼前。

知识点解析

和田玉牌子

一说到玉牌恐怕很多人都会第一时间想到"子冈牌"。确实在牌型玉佩的范畴内子冈牌非常经典也最具代表性。相传，牌型玉佩始于明代，为明代玉雕大师陆子冈所创，通常被称作子冈（也写作子刚）牌。他雕刻的玉挂件，或方形或长方形，宽厚敦实，犹如牌子，所以称为子冈牌，求之者众多，而且对后世影响深远，堪称一代玉雕艺术大师。而随着时代的不断发展，如今牌型玉佩形制丰富，多以方形、长方形为主，也有圆形或椭圆形等，在其上可运用多种雕刻技法勾勒出图案或文字，并留孔以做穿绳佩系之用。

玉牌之所以深受人们的喜爱，与其题材的广泛和雕刻表现手法有很大的关系。最为著名的子冈牌就是将书画艺术结合并雕琢于玉牌的正反两面，这种新颖的形式不仅古意盎然而且颇具文人气质，传承至今，经久不衰。在中国的传统文化中，图案、纹饰可谓题材众多，而不同的题材都有着不同的寓意，这正体现了以音喻意、以物寓意的精髓，时至今日，玉牌的题材也无出其左右者。当然玉牌之上也可无任何雕饰，此时玉牌就被称为"平安无事牌"，寓意事事顺利，平平安安。除了经典的题材之外，玉牌的雕琢技艺也同样手法多样，通常以平雕和浅浮雕居多，这主要是由于这两种技法最能把握整体，在小小玉牌的方寸之间创作出适合的题材，同时又让玉牌的表面相对平整利落，更加提升空间感和层次感。当然也可用高浮雕、镂空雕、阴刻等技法，这时就需要玉雕匠人能够准确把握题材，用最为契合的工艺进行创作。

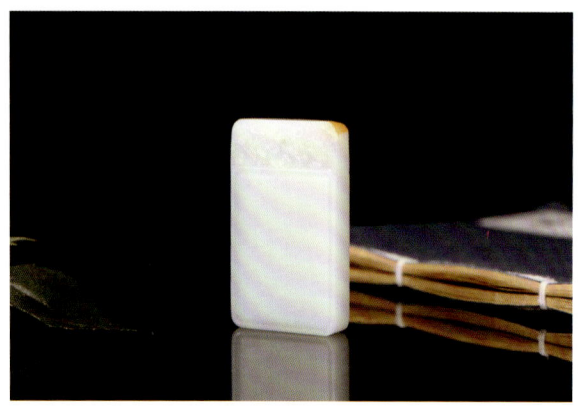

和田玉祥云平安无事牌

图中可以看到同为白玉的和田玉玉牌，对比之下也有明暗色差，同时形制的差异和题材的不同，也使玉牌呈现出了不同的韵味。

凝脂美玉

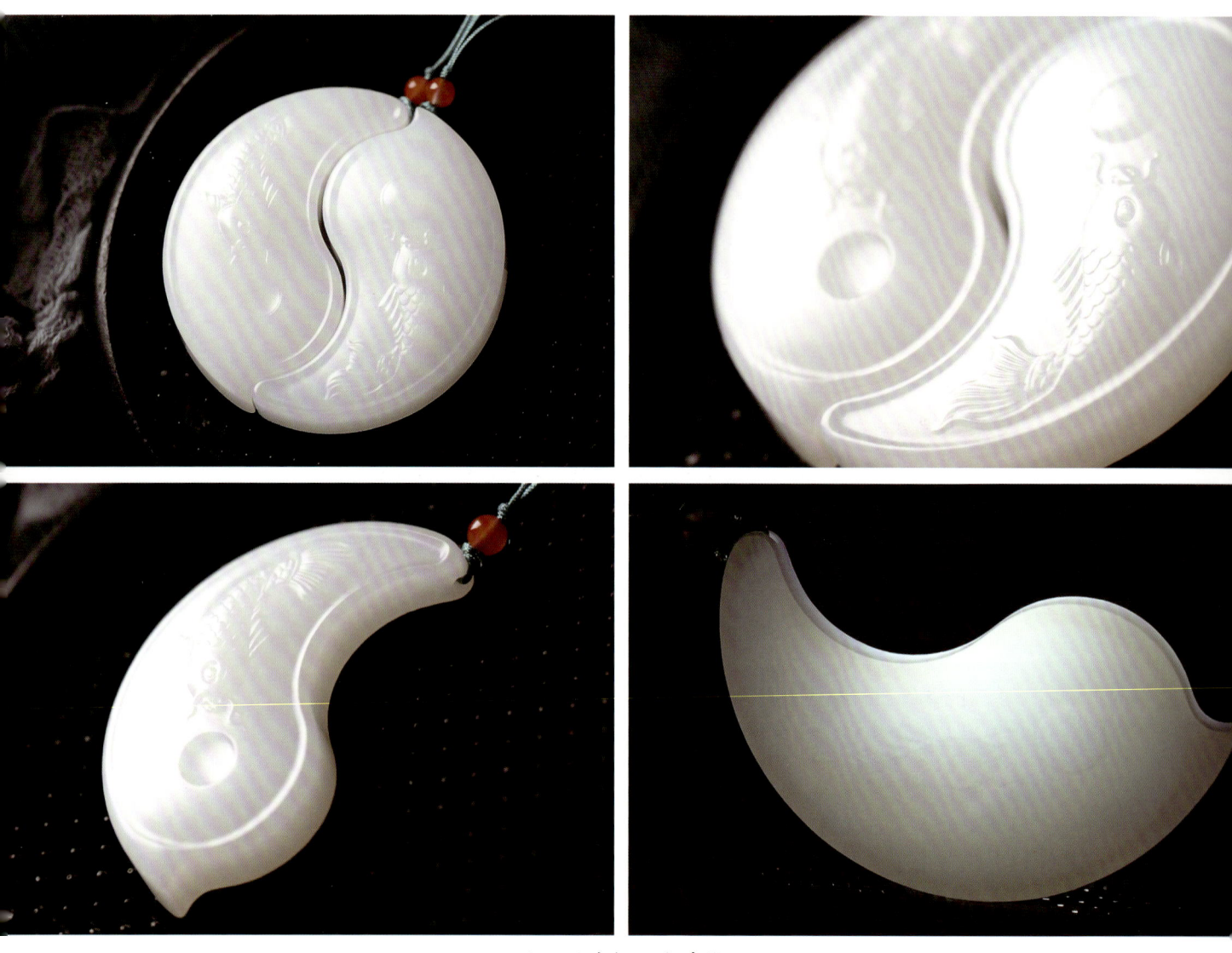

和田玉太极双鱼对牌

　　一块小小玉牌之上，其方寸之间融汇了书法、绘画、雕刻等众多艺术手法，使和田玉从一块璞玉蜕变成了拥有生命力的艺术品，使人们在把玩之余更多了一份回味之感。在目前的玉石市场中，明清时期的古玉牌一直是众多藏友青睐并追逐的对象，但是这一时期的作品毕竟存世量有限，且价值始终处于高位，很容易造成求大于供的市场状态。而现代玉牌受明清时期的风格影响较大，自然也传承了其工艺特点和艺术精髓，作为补充很好地填补了市场需求，同时也得到了藏友们的认可和青睐。近年来，玉牌深受大众的喜爱和欢迎，其无论在价值还是在造型上，也最易被消费者所接受，同时它所传递出的美感与中国传统思想不谋而合，成了经久不衰的佩饰时尚。

和田玉戒面

任何的珠宝玉石如果可以制作成戒面说明其必然有着极高的价值和出众的品质，和田玉自然也不例外。把切磨、雕刻成型的和田玉，镶嵌在贵金属戒指环架上，这种戒指圈顶部的饰物就被称为和田玉戒面。相对于宝石镶嵌戒面的色彩丰富、绚丽夺目，和田玉所制成的戒面似乎过于平淡无奇，但其实一颗优质的和田玉戒面应具有的光华内敛、质朴醇厚的特点，却是任何宝石都不具有的特质。对于喜爱和田玉的藏友来说，一款玉质上佳、设计独特的玉石戒指必然是其追求的目标。在这里，我也给大家几点建议，以供参考。

1. 弧形素面。在选择和田玉的戒面时，素面必然是第一选择。和田玉给人以温润浑厚之感，由于光线不能穿透其内部，所以和田玉的光泽和质感与宝石完全不同，并不适合做成刻面。刻面是通过切割把宝石或者玉石做成多面，前提是宝石必须透明，然后尽可能通过自身的高透明度和高折射率进行光线的折射和反射，从而呈现出比较好的火彩。而高品质的和田玉本身为半透明或微透明，所以完全没有必要进行切磨来制作成刻面宝石。

2. 白玉配彩金，碧玉配黄金。白玉和碧玉作为和田玉中的两个大品类，用两者制作而成的戒指通常情况下会选择不同颜色的贵金属进行镶嵌。如使用铂金镶嵌白戒面，不仅无法突出玉石的质感，也会让铂金略显暗淡。而玫瑰金的颜色可以和白玉形成对比，显得素面更白皙且富有质感，两者的搭配给人以温和感的同时，更衬托出和田玉的含蓄内敛之美。而碧玉则可以考虑用黄金来镶嵌，更能凸显碧玉戒面的绿色调，提高色彩的鲜艳度。

3. 男款包镶，女款爪镶。包镶是一种比较费金的镶嵌手法，但是此种镶嵌方式也有着一大优势就是包镶的戒指更为结实，男款的戒面比较大，而且戒臂宽度比较宽，适合使用包镶。女款大家一般都比较喜欢简单的款式，适合爪镶，其戒臂不仅比较细，突出主石同时也会显得手比较修长。

4. 不宜太多钻。和田玉戒面与各类宝石戒面不同，在镶嵌时不宜点缀过多的钻石进行搭配。因为钻石有着闪耀夺目的光彩，而和田玉则是给人温和油润的感觉，过多的钻石搭配镶嵌就会喧宾夺主，无法体现出和田玉主石的特点和质感，同时两者特性完全不同，一旦搭配的比例失调，和田玉与钻石的价值也就无从体现了。总结来说，玉石戒指可以配钻，但是不宜镶嵌过多，稍作点缀即可。

5. 黄金錾刻镶嵌。以镶嵌来说，和田玉与黄金的契合度更高，也就是常说的金镶玉。同时黄金还可搭配一些錾刻工艺，更能提升戒指的整体美感。黄金与和田玉的结合，也能很好地衬托和田玉的质感，正所谓珠光宝气。

6. 不适合卡镶。双向卡镶的镶嵌方式多用于方形钻石或宝石。其表面是平的，把宝石嵌入，因为更少的射入光，一般带颜色的宝石会显得更浓、更深。普通的镶嵌方式之下彩钻如果颜色相对较浅，应用卡镶就可以明显加深视觉上的颜色。而和田玉戒面一般都比较大，也比较重，用卡镶很不稳固，而主石太小也就失去了卡镶的意义，毕竟和田玉和宝石在同等体积下的价值是无法相比的，所以综合考虑卡镶并不适合和田玉。

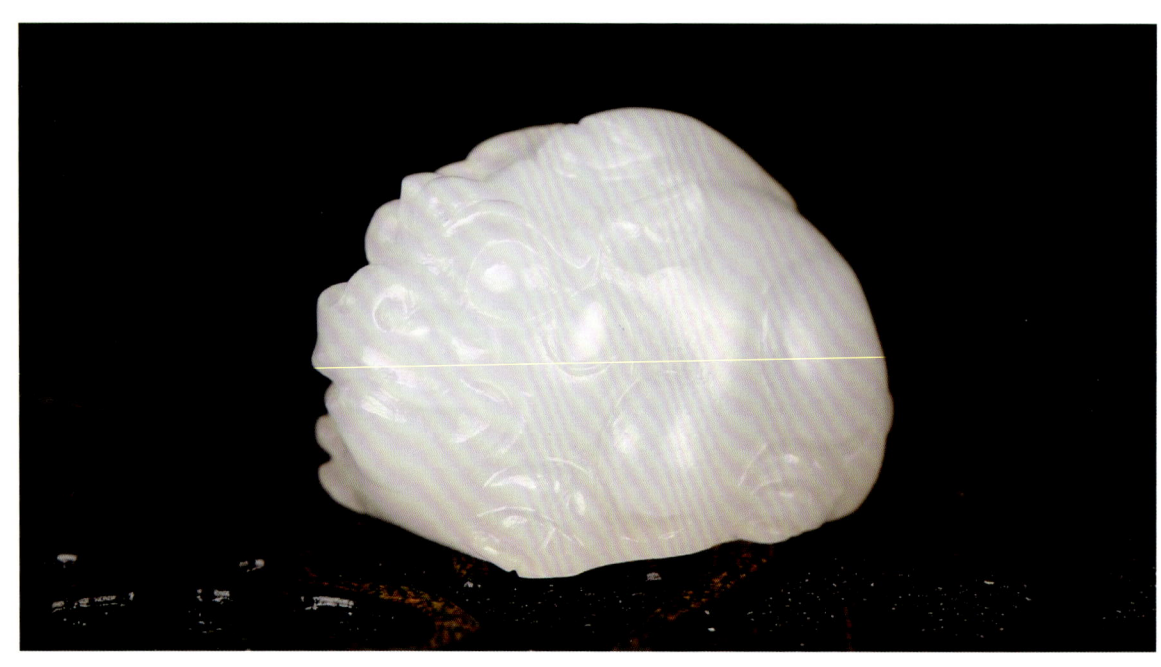

和田玉子料貔貅戒面

规格：17.2mm×13.7mm×10.8mm
重量：3.97g

貔貅恐怕是目前人们最耳熟能详的祥瑞之兽，从古至今，人们对于貔貅的喜爱程度从收藏和佩戴上就能看出，同时貔貅在中国的传统装饰题材中也有着广泛的应用。除了开运、聚财之外，貔貅的寓意也是非常丰富，转祸为祥、辟邪镇宅、促进姻缘等，为人们所钟情也就不足为奇了。

此貔貅戒面为和田玉子料所做，白度尚佳，微雕精工，工艺精湛，是非常精致和别致的一个子料貔貅戒面。有别于普通的素面戒面，整体都加以雕琢，但是形制仍然饱满、充实，作为戒面风格新颖、独特，为玉石的镶嵌开拓出新的想象空间。

18K金和田玉貔貅戒指

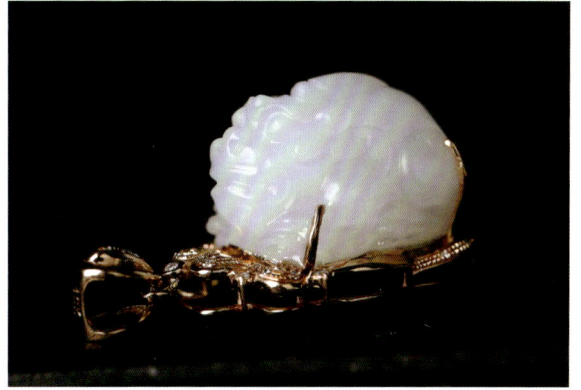

18K金镶和田玉貔貅挂坠

和田玉貔貅戒面

图中为18K金镶和田玉戒指和挂坠，主石采用了和田玉雕刻而成，造型为貔貅。在此基础上配以不同款式的镶嵌造型，在佩戴时给人以不同的印象和风格。同时还有一款未作镶嵌的貔貅主石，头顶留有金黄皮色，有鸿运当头之意。

金镶玉

　　金镶玉是非常传统的一种工艺加工方式，其讲究金与玉的有机结合，能同时体现两者的特点和价值，又不会喧宾夺主，金玉镶嵌又有"金玉满堂"之意，可谓形意俱佳。特别是随着北京奥运会中"金镶玉"奖牌的设立，也带来一股"金镶玉"的风潮。金银铜牌的配色，即白—金牌、青白—银牌、青—铜牌，这三者所运用的和田玉虽然是青海所产，但是配合金属所镶嵌而成的奖牌，可以说是中国优秀的玉文化与伟大的奥林匹克精神的完美结合，并为弘扬中华玉文化做出了重大贡献。

2008年北京奥运会的奖牌

　　以传统的金镶玉工艺所制作的配饰，通常都是用价值较高的中高档和田玉进行镶嵌加工，无论是款型、纹饰、玉质等都属精品，有着很高的价值。但是近年来市场上也出现了一些低端品以次充好，主要表现为所镶嵌的玉石往往品质低劣，而黄金由于有着很高的延展性，可加工成很薄的金箔进行镶嵌以降低成本。目前这些低端的金镶玉制品在玉石市场中普遍存在，藏友们在选购时要擦亮双眼。其实高品质的金镶玉对和田玉的用料有着很高的要求，而上乘的玉质也必然配以精湛的工艺，往往有着设计精美的图案，细腻的纹饰，同时金与玉之间有着很高的结合度，两者之间层次分明立体感强。而低劣的金镶玉不仅材质、用料廉价，且设计简陋、做工粗糙，镶嵌结合不牢固，很容易造成主石脱落的情况。总的来说，金镶玉这种工艺，玉质本身的价值最为重要，然后才是金镶嵌所带来的附加值，两者主谓分明，不能本末倒置，只关注金镶而不注重玉质，毕竟黄金有价玉无价，要知道高品质的和田玉是无法用黄金的克价来衡量的。

18K金镶钻和田玉观音挂坠

　　观音也称为观世音菩萨，其全称应为"南无大慈大悲救苦救难广大灵感观世音菩萨摩诃萨"，是西方极乐世界的上首菩萨，应化道场为浙江普陀山。观音仪态端庄、心性柔和，无论是绘画还是雕刻其形象都丰富饱满。而和田玉材质光华内敛、浑厚质朴，其悠久的玉文化与观音的虔诚信仰可谓完美的结合。

　　此玉坠雍容华贵，典雅端庄，神态庄严雍容，头戴宝冠，衣饰华丽、造型优美，给人以慈祥端庄之感，又具肃穆庄严之气。观音眉如小月，眼似双星，玉面天生喜，朱唇一点红。此款挂坠由和田玉大料圆雕所成，玉质细腻如凝脂，底部以糖色巧雕，而且细工也是一丝不苟，观音的发丝根根毕现，为工、意俱佳的精品代表。

二十六 和田玉十八臂观音造像

准提观音，其准提为梵语Cunte的音译，意为清净，赞叹心地清净。此观音常来世间，摧破一切众生之惑业，成就延命、除灾、求子诸愿，传有十分殊胜的准提神咒。准提观音有二、四、六、八、十、十二、十八、三十二、八十四臂之不同法相，随信者祈愿目的的不同而有着不同的形象。

此款造像为和田玉十八臂观音造像，整料制作，运用多种雕刻技艺，将准提观音的经典形象和造型呈现在人们眼前。观音全跏趺坐于莲花宝座之上，细眉高翘，双目低垂，表情沉静，开脸肃穆传神。观音顶严化佛，头戴五叶花冠，宽肩束腰，腰系珠宝腰带，整体造型把握恰到好处，细节之处更是一丝不苟。观音的十八臂所持之物各有不同，各臂或结印，或持法器、数珠、金刚杵等物，手、臂、踝处饰有钏环，凡此种种庄严其身。

规格：39cm×26mm×8cm

藏品细部

1. 此和田玉造型体量硕大，庄严肃穆，准提观音开脸自然，双目低垂，神态沉静，发丝根根毕现，从发式到衣着都雕刻得一丝不苟，令人叹为观止。

2. 准提观音为十八臂造型，每条手臂都呈不同动作，手部也是姿态各异，并持有宝剑、降魔杵、玉瓶等各种不同的法器，背后的皮色保留雕刻成火焰状，表现出身像周围的光明火焰，可见创作者对造像的严谨和考究。

3. 细节图中可以看出，观音手部造型细腻、逼真，手指、关节清晰可见，或持法器或做结印状，尽显玉雕匠人精湛工艺。

4. 此玉为整料雕刻，糖白玉料，运用浮雕、透雕、镂空雕等多种技法，同时还运用俏色巧雕将糖色雕刻成两只不同颜色的鱼，技艺超群。

知识点解析

和田玉造像

造像艺术在我国已经有几千年的悠久历史，在幅员辽阔的大地之上，劳动人民用自己的智慧和技巧创作了众多经典的造像艺术品，是我国传统文化艺术中的璀璨结晶。而在各类造像艺术中，佛教造型更有着举足轻重的地位。自佛教传入中国后，人们把文殊、普贤、观音、地藏菩萨称为汉传佛教的"四大菩萨"，文殊、普贤通常作为释迦牟尼佛的左右胁侍，并列在佛祖两侧，而观音菩萨作为阿弥陀佛的胁侍之一，地藏菩萨则是主管冥界。除了以上所提到的"四大菩萨"之外，还有八大菩萨之说，据《八大菩萨曼陀罗经》记载，八大菩萨是：文殊、普贤、观音、金刚手、虚空藏、地藏、弥勒、除盖障菩萨，他们各司其职，具有不同的神通。

佛、罗汉的服饰简单朴素，极少有装饰品。而菩萨的服饰却明显不同，他们一般头戴宝冠，垂下长长的缯（丝织品）带，袒露上身，披帛或着天衣（薄而轻的衣物），戴璎珞、项圈，手足饰臂钏、腕钏、脚镯，珠光宝气，尤其是唐代的菩萨，更加雍容。汉传菩萨自南北朝始出现女性化特点，这些题材多见于石窟寺，如北魏云冈、麦积山，这一时期的菩萨多采用交脚像或半跏趺，头戴宝冠，发髻较高，上身袒露或披帛，胸前有璎珞珠宝，下着羊肠大裙，衣纹既具有犍陀罗风格，又受汉族传统的影响。隋唐以后，持莲枝或水瓶的观音菩萨像增多，并出现了十一面观音、多臂观音，曲线明显而且服饰华贵，形象妩媚，呈现美人风貌。佛教观音随类度化，根据众生的不同身份和因缘，化作各类不同的身份度化，普度群迷，所以，观音造像的种类和形象最多。

以和田玉制作而成的佛、观音等造像，一般都供奉于佛堂之中，其通常有着严谨的造型，精细的刻画和较高的艺术欣赏价值，具有相当的特殊性。而和田玉制作的造像由于材料本身的稀缺性，导致优质大料制作的玉质造像价值都非常高，而且制作加工难度很大，因此每一件成品造像都可说是经典之作。

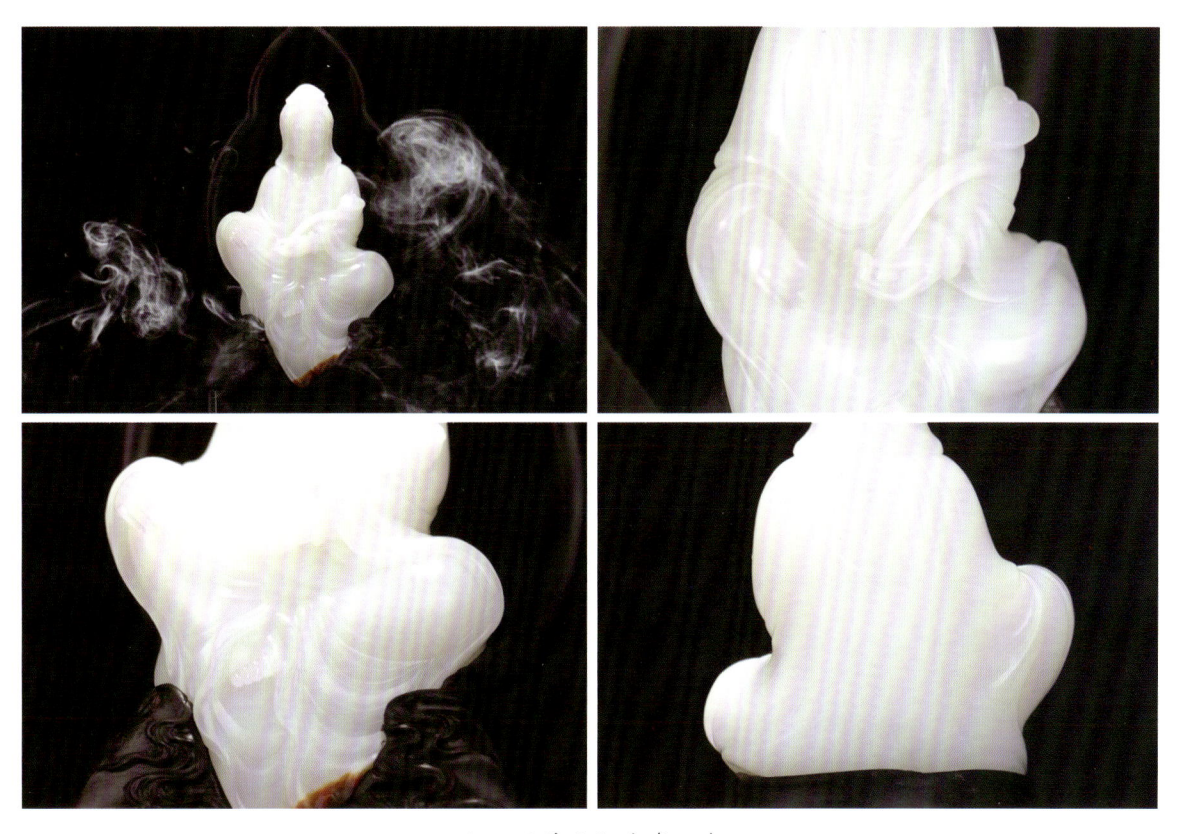

和田玉羊脂级自在观音

规格：127mm×75mm×38mm

　　和田玉观音摆件是非常经典且受众面较广的玉雕造型，这类摆件通常会采用品质较高的和田玉原料，而且在雕刻时更对观音的造型比例、神态表情、细节刻画有着严格的要求。同时观音摆件在关注雕刻技艺的同时，也要注意其摆放的位置和环境。观音摆件不应摆放在日常生活起居的地方，如卧室、卫生间、厨房等位置。如果要供奉卧室，也应尽量离床远一些，同时也不宜对着饭桌，以免对观音不敬。

　　此观音摆件为和田白玉所制，和田玉羊脂级，其如凝脂一般白璧无瑕，玉质给人以温润、凝脂之感，料质几乎完美无瑕，并在衣衫底部有一块红色的子料原皮。更配以顶级的工艺，周身雕刻细致入微、一丝不苟，开脸庄重、肃穆，姿态自然，配以简约的底座，给人以一种大气磅礴、庄严肃穆之感。

和田玉摆件

　　和田玉摆件不仅经过雕刻能够成为精美的艺术品，就连其自然未经修饰的纹理都透露着非常浪漫的气质。这些玉雕作品通常都有着相对硕大的体量，其造型饱满、细节丰富，通常以人物造像、山子等题

和田玉缠枝莲纹螭龙耳寿字葫芦对瓶

规格：255mm×102mm

重量：1360g

  此对瓶玉质细腻润泽，色泽纯正，瓶颈长，溜肩，腹微鼓，收胫，圈足，双如意耳衔环耳，盖钮及腹部红皮俏色蝙蝠，寓意福寿如意。对瓶为痕都斯坦制作工艺，采用水磨技术，通体玲珑薄透，鬼斧神工，从内壁可以看到外壁浮雕的花纹。在装饰手法上，采用浮雕、立雕、镂空雕等复杂的组合工艺，作品整体纹饰纤柔而华美，温婉而秀丽。

材居多，有着很高的赏玩价值。很多有实力的玉石爱好者热衷于收藏和田玉摆件，不仅可以作为一种高档的陈设艺术进行摆放，同时也是一种非常有价值的投资，有着广阔的升值潜力。毕竟和田玉属于不可再生资源，随着原料的匮乏，大体量的雕件也越显珍贵。

  摆件因造型、大小、题材等因素的不同，在陈设摆放时的环境、位置也有所区别。若是在居家环境中做陈设之用，那可选择一些相对精巧别致、工艺精湛的摆件来作为居家装饰；若是摆放在办公环境的话，则可以选择器型相对大气、沉稳的和田玉摆件进行装饰；若是摆放在门口、大厅等这类易于赏鉴的重要位置时，那选择的摆件首先在体积上要给人以足够的视觉冲击力，同时这类玉雕摆件的雕刻水平、工艺价值等方面也应具备相当的水准，因为摆放位置必定是能让人驻足欣赏之处，所以此时的玉雕摆件一定要型、艺、材俱佳。

和田玉香炉

香炉有着高雅的艺术气息，自古以来便是文人雅士的钟爱之物，燃一炷香，在曼妙芳味、烟雾缭绕之间，凝神静气，让人仿佛有远离尘世之感。《周礼·天官》中有着关于香炉的最早记载："炉之名始见于周礼冢宰之属，宫人寝室中共炉炭。"香炉这一器型最早始于春秋时期，同时期的楚国由于地处位置相对潮湿，所以在室内熏香以做除霉、杀菌之用，更是成为香文化最早的发源地。香炉早期主要作为一种生活和祭祀用具，并未作为任何宗教的器具使用，也不具有任何精神属性，而后随着时代发展，由

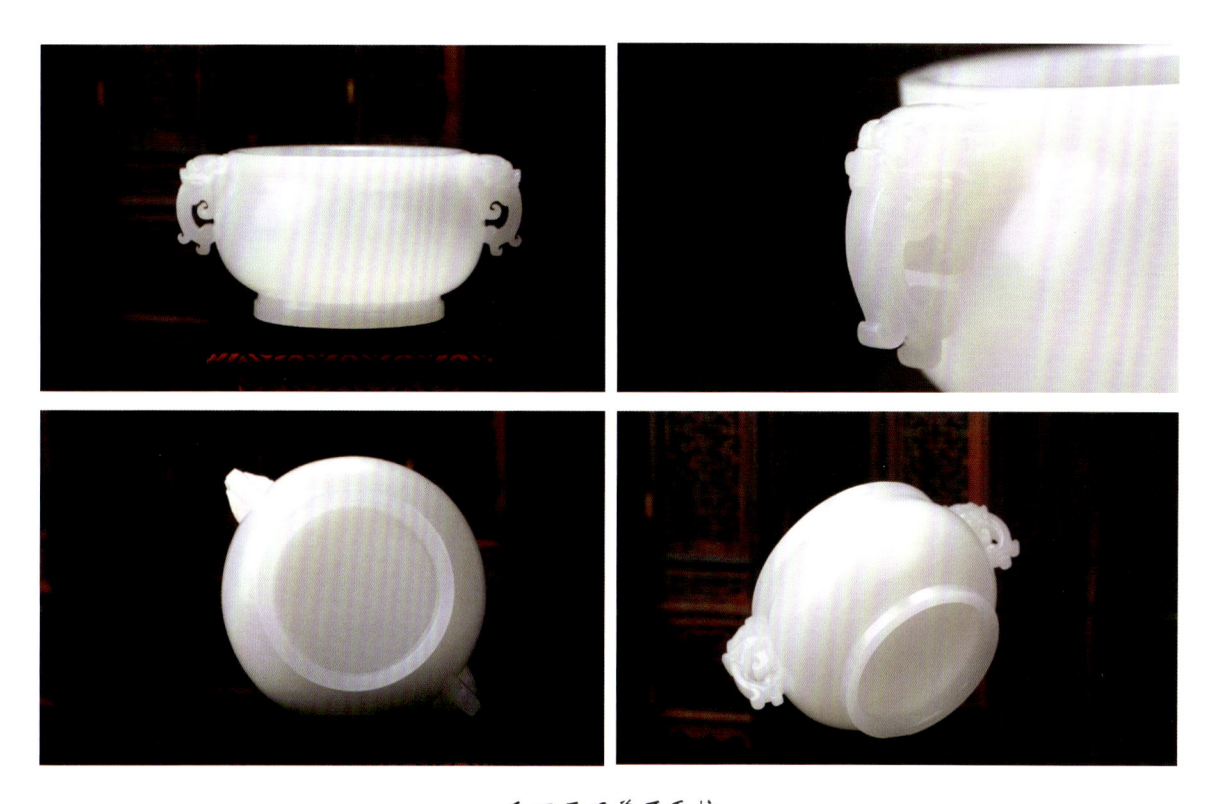

和田玉双兽耳香炉

香炉的使用有上千年的历史，其原本是作为实用器物为人们使用，而后其工艺不断发展、提升，成为具有精神属性的工艺品，传世的香炉更具有极高的艺术价值和收藏价值。香炉种种与文化和社会生活息息相关，是一种情趣和意境的载体，作为一种造型和材质都十分复杂的器物，至今仍受到收藏者的喜爱。随着社会的发展，人们的生活方式和思想观念也在改变，但传统文化的精髓却并非如青烟一般消散而去。香炉作为一种艺术和精神的双重载体，经久不衰，为人们所珍视。

此香炉有着脂白的颜色，玉质不仅温润细腻，而且宝光蕴泽。看似简单的器型实则古朴秀美、典雅大气，圆润饱满的曲线与双兽耳的经典设计完美契合，简约和不简单的工艺更体现出玉雕匠人的技艺超群。

于佛教与道教的兴起，才出现了以焚香为功能的香炉。

　　在我国古代，燃香并非如现在一般直接将香材点燃，而是通过炭火烘焙加热香材来取其香味，同时加热过程也是很有讲究的，香材与炭火之间要使用云母片将两者隔开，保证香气四溢的同时香材又不会过热焦煳。而自明代之后线香才应运而生，因此很多古代的绘画作品中只见各式的香炉，却未见插在炉中的线香就是这个原因了。香材不断发展、变化的同时，香炉亦是如此。香炉的用途十分广泛，熏香、陈设、香道或敬供神佛等多个方面，而香炉的器型不仅种类繁多，且造型各异，手炉、卧炉、香筒、博山炉、宣德炉等，同时更配以整套的辅助器具，使用的材质更是涉及金银铜铁、竹木、陶瓷、玉石等。

和田玉碧玉薄胎天宫炉

　　此款天宫炉采用顶级和田碧玉所制，整体器型大气磅礴，使用掏膛工艺加工玉料内部，对于原料的损耗极大。整件作品玉质纯净，造型规整，雕工精细，纹饰采用了西番莲纹，雕刻得精美绝伦。厚度只有0.5毫米，花纹飘逸，参照了瓷器、青铜器纹路的制作理念，充分体现了玉雕"空、飘、细"的制作特点，具有极高的工艺水平。这种薄胎玉炉对材料的要求很高，一是得够大，二是不能有裂，神仙难断寸玉，外面没有裂，不代表里面没有暗裂，而且雕刻的时候必须零失误，否则前功尽弃。

二十七 和田玉龙行天下挂件

规格：53.7mm×35.3mm×26.2mm

重量：88.4g

在和田玉制品的创作过程中，龙的形象为经典的题材。和田玉在我国玉石界地位超然，而龙象征着九五至尊，两者的融合可谓必然。龙这一尊贵的象征，其作为艺术题材更有着美好的寓意：龙的体态如呈现升腾之势则寓意仕途蒸蒸日上，事业顺利；而龙与"隆"谐音，有生意兴隆、财源滚滚之意；鱼跃龙门，更是寄托了人们金榜题名的美好愿望；对于长辈来说，玉龙还有长寿之意；而龙与凤的图案更是有着龙凤呈祥的寓意，象征爱情的美满幸福。

此款挂件对工艺要求十分讲究，龙的雕刻技法如工笔般细腻，线条流畅，龙首不怒而威，气势凌人，瞬间将龙的尊贵与威武之态跃然玉上。龙须在精细的工艺之下根根毕现，弯曲的龙爪刚劲有力，彰显出龙行天下的气势。而玉质本身白皙致密，油性十足的肌理上雕刻此龙就更是独具韵味，仿佛龙在云间盘旋，若隐若现，吉祥安泰中，更多了几分英武不凡。挂坠侧面以黄皮俏雕龙珠，即火焰珠（太阳），起源于古人对太阳和龙的崇拜。此挂坠寓意龙行天下，工料俱佳，霸气外露。

凝脂美玉

藏品细部

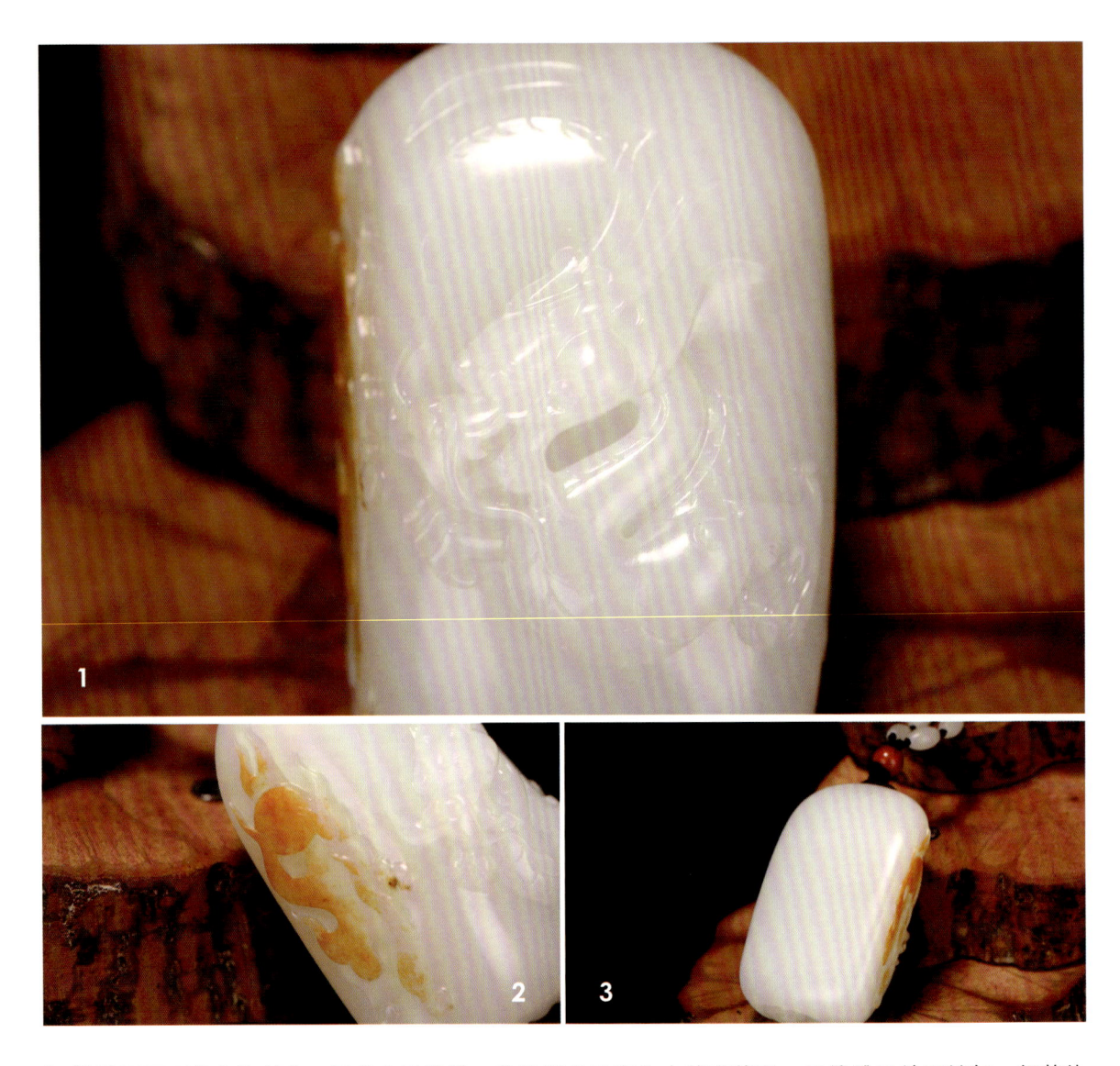

1. 挂坠正面玉龙盘旋其上,玉龙身形矫健,仿佛置身云海之中若隐若现,虽然雕工并不繁复,但整体给人以君临天下之感,霸气十足。

2. 龙是东方世界所崇拜的圣兽,而太阳则周而复始地自东方升起,两者正是东方文化的一种体现。此玉黄皮俏色火焰珠,有日出东方、蒸蒸日上之意。

3. 此挂坠背面完全无雕刻,留白处理彰显玉质的白皙、致密。通过图片可看到在光下玉质呈现油脂光泽,洁白无瑕,无任何瑕疵。

知识点解析

和田玉的保养技巧与佩戴把玩

在和田玉的众多说法中，我们最常听闻的就是"人养玉，玉养人"，对于和田玉来说，最好的保养方式莫过于贴身佩戴。一块好玉所拥有的质朴光华会让人心生怜爱，贴身佩戴自然是最为合适的选择。而在佩戴的同时，人体所分泌出的油脂可以很好地滋润玉石，同时柔软细腻的皮肤还能起到抛光的作用，这是所谓的"人养玉"。一个"养"字，仿佛将和田玉赋予了生命一般，这虽然只是一种比拟的手法，但玉石很多情况下本就承载着人们的精神寄托，这也可以说是中国人的一种文化情结。而令人们如此珍视的和田玉，自然要精心佩戴，妥善保养，这里我就总结归纳了以下几点以供大家参考。

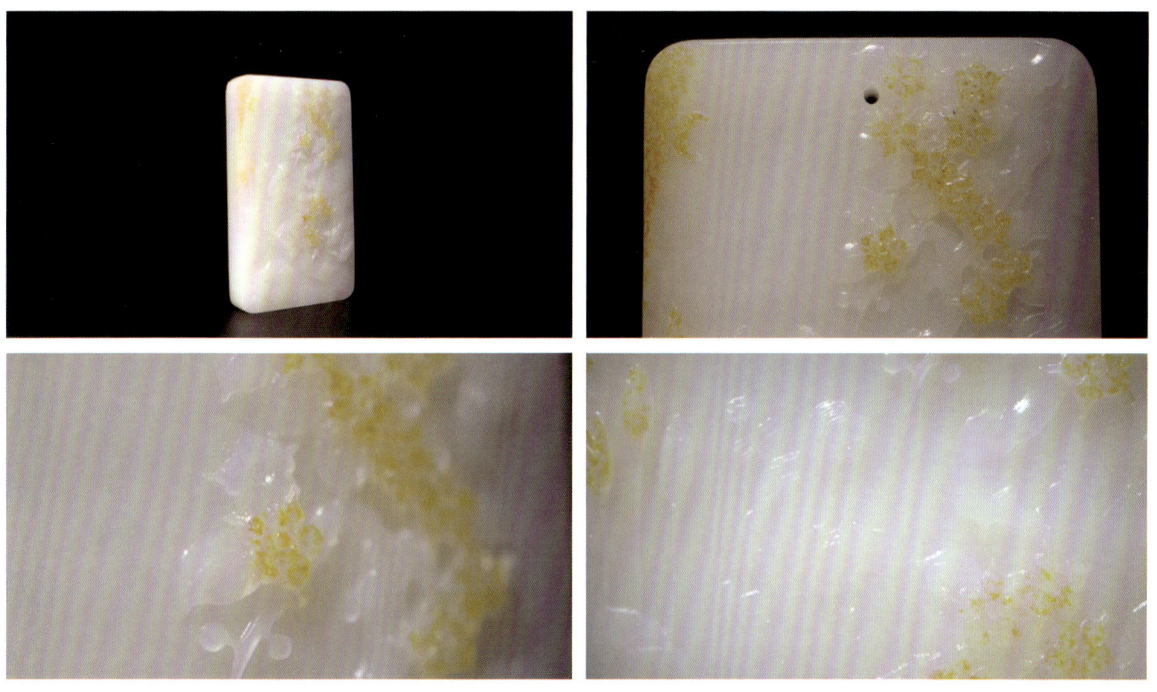

和田玉春江花月夜玉牌

和田玉的摩氏硬度在所有矿物中属于中上等的水平，大部分为6～6.5，但是其有着独特的纤维交织结构，而且并未解理发育，所以就有很高的韧性。但是韧性再好的玉石也要注意不要受到重击、磕碰，以下几种情况提醒大家要注意。

1. 在缓冲面积较大的地方摘手镯

和田玉手镯可以长期佩戴，不用每天进行摘取，长时间地佩戴不仅可以使和田玉越戴越润，更让人对佩戴玉石产生一种信仰，而且成就感满满。不过如确实需要摘下手镯时，很多藏友们觉得洗手间可能是一个不错的选择。但是这里大家要注意了，洗手间多为瓷砖结构，同时在摘取手镯时或多或少的都需要一些润滑剂，一旦打滑玉镯脱手，玉质与瓷质之间硬碰硬，很可能造成玉镯的损伤，甚至损坏。所以这里推荐藏友们在相对软质且面积较大的地方进行以上操作，居家来说卧室的床就是一个理想的选择。当然最好提前在床上铺好垫材，以防止润滑剂等弄脏床单。

2. 挂坠绳不要太长

很多藏友们有喜欢佩戴玉质的挂牌、挂坠等，这时一定要注意佩戴的挂绳或者项链不宜过长。通常情况下佩戴的挂饰垂于胸前比较服帖，而一旦佩戴的挂饰位置低过胸部，弯腰时就非常容易与桌子等坚硬物体磕碰，非常容易对玉饰造成损伤。这就好比我们在车中的后视镜上挂的车挂，在刹车时由于惯性会前后摆动，一旦挂绳过长很有可能会撞到风挡玻璃。所以作为佩戴来说，挂绳的长度要适宜，否则不仅影响美观，还可能对挂坠造成损害。

3. 合理清洁玉石

在日常的生活中，就算再精心的呵护，玉器也难免沾染灰尘、污垢或者油渍等，这里给大家介绍几种简单的清洁方法。如果有灰尘的情况下宜用软毛刷，可以很有效地将玉器表面和缝隙清理干净；若有污垢或油渍等附着时，可以用清水冲洗干净，过程中不宜用力过大，否则可能破坏原有的包浆；还有一种方法就是使用Baby油或者润肤油擦拭，也可有效地去除油污。以上的几种方法要根据实际情况来选择使用，同时一定要切记玉石的清理不可使用任何化学除油污洗剂，更不能用食用油擦拭玉石。

4. 妥善保存

玉饰在不进行佩戴的时候，一定要放入首饰盒内，而不要随意摆放。这样做的好处一是能有效避免灰尘堆积，保持品相；二是如果随意摆放，一些不可预期的磕碰有导致玉器受损的风险，而且如果家中饲养小动物就要更加注意。当玉器长期不进行佩戴时，也要定期进行一些简单的保养，平时可以涂抹少许的Baby油，但不要用水泡，最主要的目的还是保湿。玉质要靠一定的湿度来维持，虽然和田玉在常温下不会脱水，若周围环境的湿度很不稳定，过于干燥的话，玉石也容易发干、发涩，长时间处于这种环境之下，对于玉器的原质保持势必会有影响，从而降低其艺术价值和收藏价值。

和田玉糖玉巧雕观音带链挂坠

凝脂美玉

269

5．勤盘勤戴

对和田玉来说最简单的保养就是"勤盘勤戴",经过长期佩戴的和田玉由于受人体肌肤的长期"抛光",表面会有一层致密的包浆,其表面光泽会有一定程度的改观,这对于保护和田玉免受外界风化是非常有利的,所以行话说"藏不如戴"。和田玉的内部有离子形式存在的"结构水",虽然这种"结构水"常温下很稳定,但在平日的佩戴与把玩时,也应尽量避免强光或高温,以保护玉石。玉石在500~1000℃逐渐会溢出一部分水分,导致质量变轻,质量的溢出比例约为1%,虽然日常接触不到这么高的温度,但也要尽量避免让玉石靠近明火。

和田玉的盘玩不仅是颜色或者品质的变化,更是一种心境的修养,这一过程中玉石仿佛具有了生命一般与收藏者之间进行沟通和交流。所谓玉养人,养的是内在、心境,这也是人们盘玩和田玉的乐趣所在。当然在盘玩和田玉的过程中也有一些细节需要注意,以下简单地归纳总结给各位藏友作为参考。

① 和田玉并非木质手串,千万不要像木串一样用手盘玩,这样不仅效果甚微,也容易对皮肤造成伤害。盘玩的过程类似于加工时的打磨抛光,但是人手是不能代替这一工艺流程的。正规的打磨是使用金属合金磨棒和各种目数的砂条,而抛光是最后的环节,需使用布轮沾着抛光膏进行加工。人的手可以替代布轮抛光,但是替代不了砂条进行打磨,毕竟玉质的硬度要远高于皮肤。所以玉石,特别是新加工制作的,可以用布袋进行盘玩,或者直接贴身佩戴即可。

② 盘玩玉石一定要净手盘玩,切不可急功近利。盘玉之道就是在不经意的接触、摩擦之间使玉石更加油润、光泽,这是一种缓慢、自然的过程。玉石在贴身佩戴及盘玩时,由于吸附了人体油脂会显得越来越油润,同时慢慢形成的包浆也可有效地保护玉石。而盘玩玉石的前提就是净手盘玩,如果藏友们是容易出手汗的类型,那切记不能直接用汗手把玩玉石。原因在于汗液和油脂有本质区别,汗液可分为有机和无机两类成分,其中无机成分呈现酸性,如果长期接触、堆积会对玉石产生腐蚀,玉石的表面也就不再润滑反而会显得干涩无光。

答疑解惑

和田玉的原料有哪些瑕疵？

众所周知，和田玉根据产状可以分为子料、山料、山流水料、戈壁料等，世界范围内更是产地众多，在选购的时候首先就要确定原料是不是真正的和田玉，之后再来评判选购和田玉的价值，而最为优先的就是玉质本身。上文中也都多次提及，首先是玉质本身的白度、润度、细度这些基础属性；然后再来看雕工、设计、创意、皮色这些加分项；最后看瑕疵，如裂、棉、浆、水线、杂质等这些减分项。这三个步骤对于评断一块和田玉的价值，可以算是比较公正且客观，并不带有任何的主观因素。但在实际的选购过程中，消费者还要结合自己的实际需求，综合以上三个方面进行合理的选择。本书中对和田玉的品质和工艺都有大篇幅的介绍，下面就和田玉的瑕疵给藏友们做一个详细的介绍，并探讨瑕疵对于和田玉成品的加工以及价值会产生怎样的影响。

1. 裂

和田玉子料素以其高品质而著称，但其实在和田玉的业内也有"十子九裂"的说法，也就是说，通常情况下子料都会带有裂。这些原料上的裂隙不仅会降低玉石的价值，同时在加工过程中也让人颇为头痛。和田玉的裂隙产生的原因很多，有可能在形成时就已存在，或是强烈的碰撞造成，还可能因为地质原因，如地壳的挤压或地震等因素所导致。而和田玉的裂隙大致可以分为两类，即明裂和暗裂。明裂就是在玉石表面的外伤，这种裂隙清晰可见，可以通过加工有效地去除；而暗裂则比较麻烦，其存在于玉石的内部，即使借助工具也不易发现，经常在玉石的加工过程中才显露出来，令人防不胜防。虽然裂让和田玉不再完美，甚至变得非常不美观，但毕竟是天然之物不可强求。当然技艺高超的玉雕匠人会在设计的时候将裂隙合理避掉，通过巧妙的创意和加工依然可以得到传世精品。

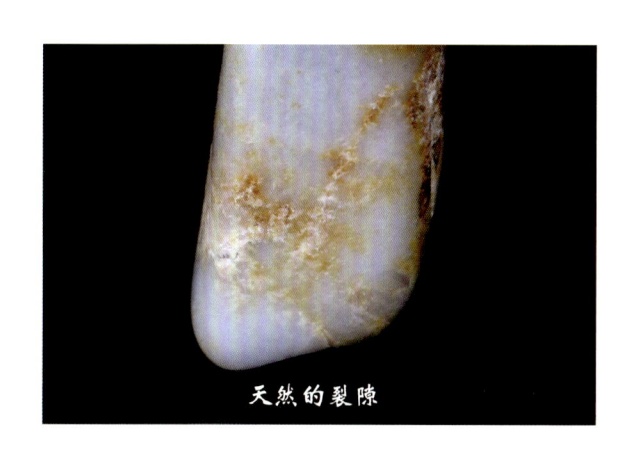

天然的裂隙

2. 棉

和田玉中的棉是一种白色晶体的聚合物，其主要成分以粗颗粒的透闪石为主，还有一些白云母。通常情况下棉会普遍存在于各类和田玉的原料中，无关产地、质地，可能浮现于玉石表面，也可能深入玉质肌理。当然，和田玉中的棉也有不同的类型，主要有点状棉和片状棉，其分布的形态时而呈线状，时而呈云雾状，还有如芝麻点一般广泛分布在玉石之中。特别要注意的是，如果棉的分布直接贯穿整块原料，那这种原料很有可能不会进行加工，因为其内部品质不佳存在大量棉絮的风险很高。

① 和田玉的棉算是瑕疵吗？对和田玉的品相、价格有无影响？

棉是和田玉中存在的一种瑕疵，其对玉石的价值还是有比较大的影响。棉在和田玉中分布较少或者存在于表面、边缘等部位，并未深入玉质内部的情况下，可以通过加工工艺有效地去除。但是如果棉遍布和田玉之上，或者比较深入玉质内部的时候，处理起来就相对比较麻烦，和田玉的价值也就大打折扣了。可以说棉的多与少是和田玉干净程度的重要指标之一。

② 只有和田料子上有棉吗？青海料、俄料、韩料上有没有棉？

所有产地的和田玉都有品质高低之分，瑕疵更是普遍存在的现象之一。和田玉中的棉是在成矿时就已经形成，虽然产地各不相同，但是和田玉成矿过程却是大致相当，所以无论是和田料、青海料、俄料或者韩料等都会有棉的存在，棉的存在与否并非区分各个产地品种的依据。

③ 和田玉上的棉通过盘玩，可以去掉吗？

这个问题的答案一定是否定的，不能去掉。上文有提到，棉的主要成分是颗粒度较大的透闪石，其性质是非常稳定的，仅仅通过盘玩是不可能把棉盘掉的。同样的情况下，无论多长时间的盘玩也无法改变和田玉的矿物结构和矿物组分，各类瑕疵也都不会因为盘玩就消失不见。

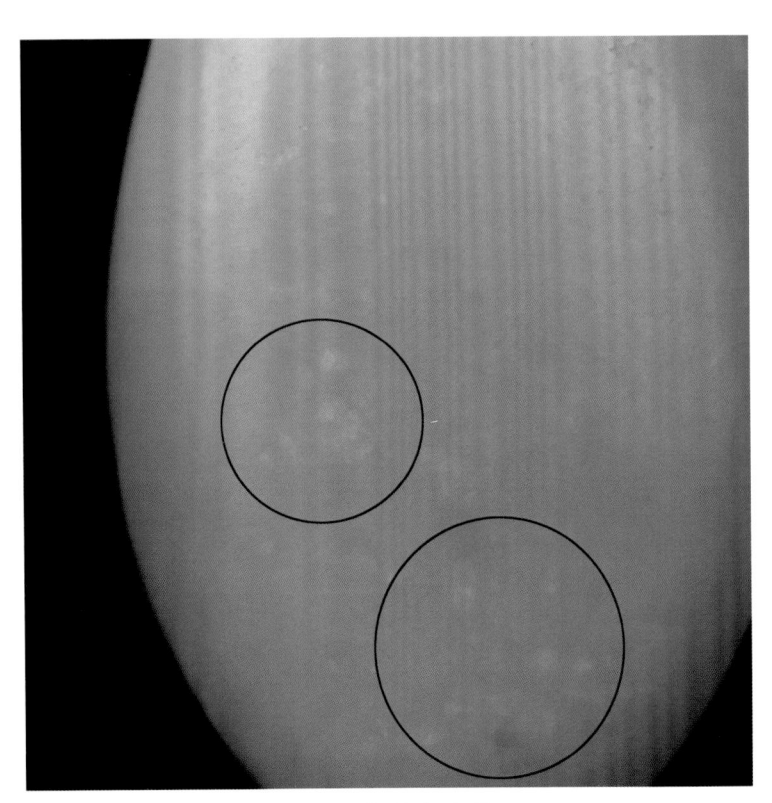

和田玉上的点状棉

④ 和田玉的棉，仅凭肉眼都能看到吗？

和田玉中存在的棉大部分都能直接观察到，但如果棉点较小且存在于和田玉的内部，在自然光下以肉眼观察是难以发现的，这时就需要用手电打透射光，此时棉就能显现出来并被观测到。如果通过以上方式，未见到棉的存在，或者棉非常难以被发现，那么此时棉对和田玉的品质和美观度的影响就微乎其微了。此时藏友们也不必为此过于纠结，否则反而无法欣赏到玉质的整体之美。

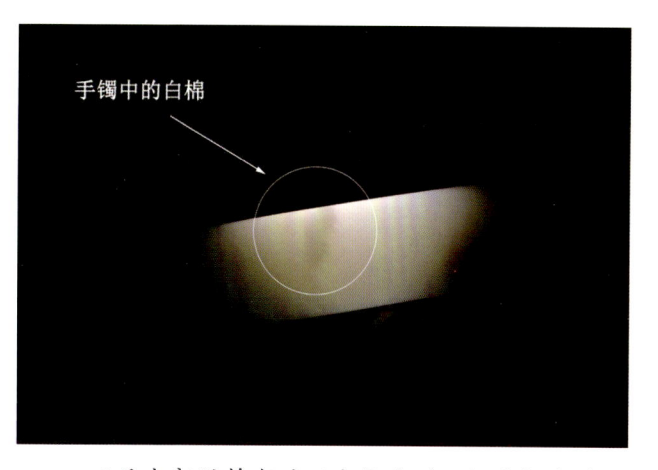

玉质内部的棉有时不容易看到，但是很多时候在打光之下就可一览无余。

3. 浆

在和田玉中，所谓的浆就是石性比较重的部分，它能以点、线、面等各种形式存在，浆主要是由玉质、棉等共生而成。浆会严重影响玉石的品质，是玉石中的一种瑕疵，不过若是在加工雕琢为成品的时候处理得当，就不会影响玉石的价值。通过强光手电的照射带有浆的部位，我们可以观察到光线几乎无法穿透浆的部分而进入玉石内部，所以也有浆石的称呼，突出的就是石性，这也是判断浆石的重要依据之一。和田玉的浆石主要有两种，分别是硬浆与穿浆。一般来说，带有硬浆的玉料其质地往往比较细腻，而带有穿浆的玉料则很有可能内部玉质较差，藏友们在选购时一定要多加留意。

北京大学地球与空间学院郑默然老师的论文中有提到，使用红外光谱学分析、岩相学观察和电子探针测试等手段，对和田玉子料当中的不透明部分"浆"进行了岩石矿物学研究。结果显示，和田玉子料中的"浆"

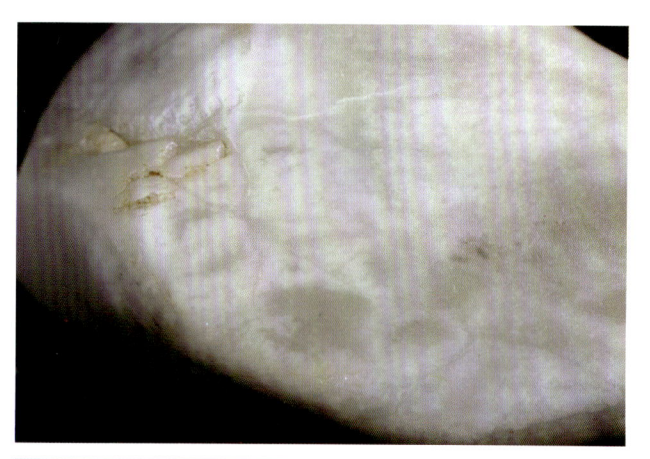

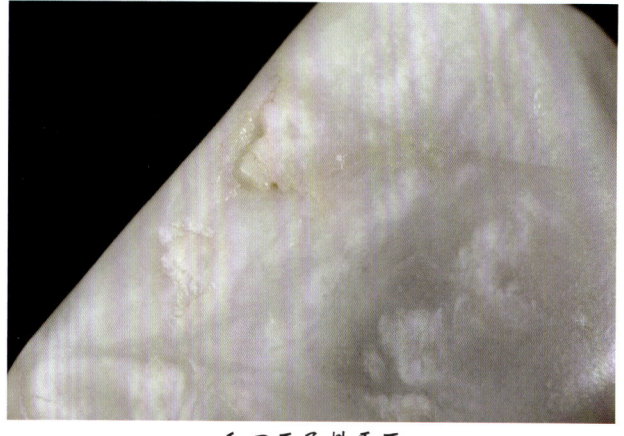

和田玉子料原石

在原石表层能看到大面积的浆石部分，玉质整体质量一般，浆石部分有明显的石感。

主要组成矿物是透辉石和粗粒透闪石，个别含有白云母。根据矿物组成的差异，"浆"分为透闪石型、透闪石-透辉石型、透辉石型3类。和田玉子料中"浆"的表面特征与组成矿物的种类无关，仅与矿物颗粒的大小和分布结构有关，而玉质部分的颜色对"浆"的组成矿物、表面特征、分布位置等没有直接影响。和田玉子料中"浆"的形成应与透闪石在形成过程中的交代残留有关。

4．水线

水线是普遍存在于和田玉中的一种结构，在各个产地、产状的原料中都有出现，只是程度有所不同。而相较来看，水线更集中出现于产自青海地区的和田玉中，是青海料的重要特征之一。水线在和田玉中一般以直线或者近似直线的形式出现，以肉眼观察其呈现为半透明类似筋一样的形态。水线对于和田玉价值的影响要根据其大小、长度、位置等，视具体情况而定，但相较于裂隙、棉、浆石等，影响还是比较小的。

水线并不是石英等其他矿物，更不是有些藏家担心的裂，其实水线是一种天然结构，只不过是有明显定向排列的透闪石而已，成分和一般的和田玉完全一样，只不过一般的和田玉是纤维交织结构。水线定向有序排列的结构，因为紧密所以相较于周围的位置，透光性特别强，所以呈现出了半透明的质感，但是韧性略微有所降低，因为相互交织并拉扯的结构此时出现了一道"解理"。打个比方，就像平时掰桃子的时候如果顺着果核的延展方向施力，就会比较容易地将桃子一分为二。所以，人们一般认为料质不好，质地不细腻，才会出现水线，这其实是一个误区，水线位置的质量其实比周围的矿物密度还要好。

上海同济大学周征宇博士，在论文中也有提到，通过对青海玉与其中的水线进行X粉晶衍射(XRD)、显微镜和扫描电镜(SEM)分析结果表明：青海玉中水线的主要矿物成分与主体是一致的，均为透闪石，且含量更高、结晶度更好。显微镜和扫描电镜下观察水线与主体部分呈突变接触，水线中的透闪石晶体为细长纤维状，具有明显的定向性。较高的透闪石含量和定向紧密排列的显微纤维构造是造成水线透明度较高的主要原因，同时这种结构还使其韧性降低。这篇论文也有效地印证了上述对水线的观点。

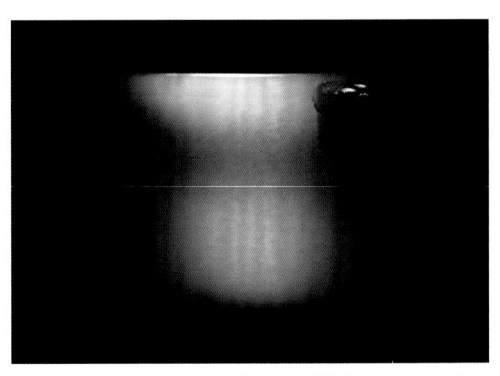

此图中通过打光，玉料中的水线清晰可见，对玉的价值有一定的影响。

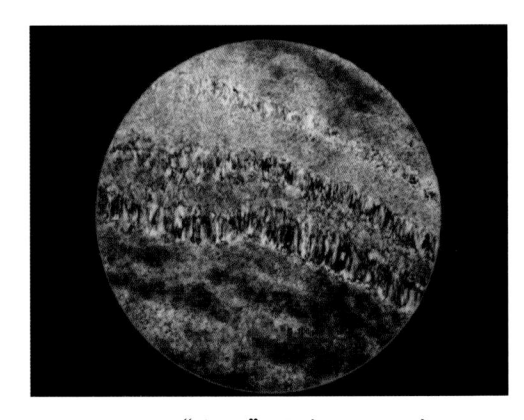

和田玉"水线"偏光显微照片

二十八 和田玉子料登高望远大牌

规格：99mm×44mm×14mm

重量：166g

对于中国而言，君子比德于玉，和田玉的厚重符合儒家思想对君子的定义，象征着美德便是和田玉原本的寓意。除此之外，和田玉的寓意还要看它雕刻而成的形状，形状不同，寓意也是大不相同。

此玉为和田玉子料，牌子玉质温润，牌型大气方正。其中雕刻了松、山、云、楼等吉祥之物。整体结构浩瀚雄伟，给人带来身在其中、难以言表的喜悦，看此景心中油然而生的不仅仅是一份探索的欲望，更有一种令人雀跃的奇妙体验之感。此玉雕刻景物整体形象饱满，更有祥云置于玉牌底部，又与朴素的案面形成了视觉上的平衡，手持此玉读文赏诗，定犹如幻境，悠然自得。此玉设计更是简繁得当，松树代表着长寿，有句俗话说得好："寿比南山不老松。"景中祥云之上，楼宇更有如仙楼一般，远处山石好似渐行渐远，山上松柏更有雾里看花之美感。整个作品古朴之趣盎然，再配如此美玉十分难得。

藏品细部

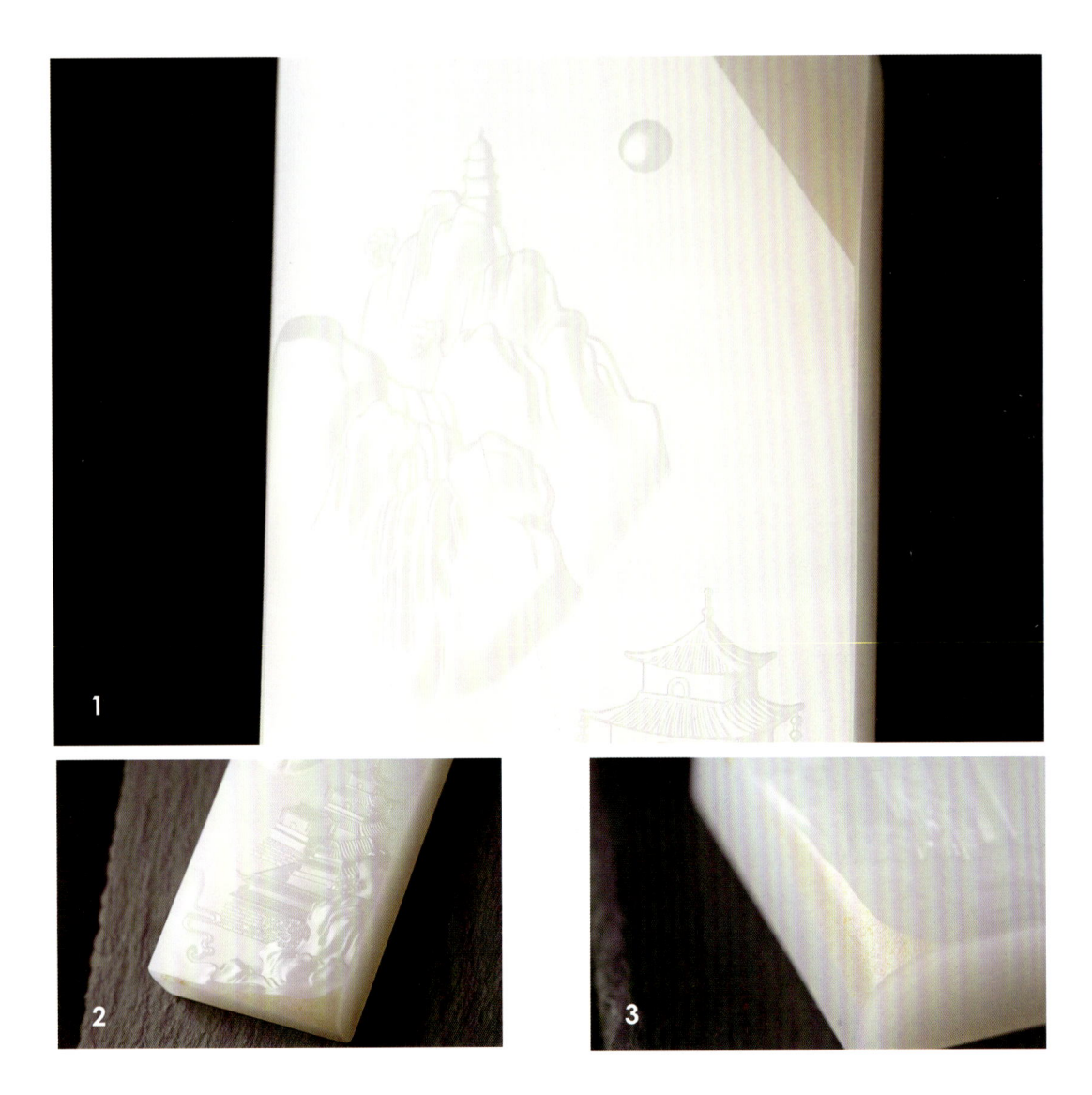

1. 远山楼台的雕刻大气，高山流水写意动感，上方一轮红日，意指要登高远望，才能看到无穷无尽的美丽景色。

2. 玉牌下方刻画鹳雀楼，其典故出自唐代王之涣的《登鹳雀楼》："欲穷千里目，更上一层楼。"此经典诗句比喻取得成功需要付出努力，也比喻登高望远、高瞻远瞩的生活态度。

3. 此玉牌保留了玉料的原生皮质，金皮点点流于表面，并未深入肌理，凸显出料质的细密、紧致。更可作为子料的判断依据，能够极大地提高此作品价值。

知识点解析

和田玉的收藏

和田玉的化学稳定性极强，很难受外界的影响而发生质变。一件玉器可代代相传。收藏和田玉并不意味着只要是和田玉就可以收藏，一定要宁缺毋滥，要追求精品，而且要确保货真，再就是价实。当今和田玉市场火爆，一块小小和田玉子料其价格甚至可以轻松过万，因此藏友们在选购时务必要择优而选且要量力而行，若在条件允许的情况下可找业内专家帮忙掌眼，同时一定要到信誉好且品质有保障的大品牌实体店选购。在这里我也总结了一些在选购、收藏和田玉时的建议，供藏友们参考。

1. 杰出的观赏性和深厚底蕴

玉雕作品以其缤纷多彩的题材、吉祥喜庆的寓意、鬼斧神工的技艺、质朴典雅的质地、含蓄内敛的气质以及传承深厚的文化，而具有无与伦比的观赏性，仿佛有品不尽的韵味和感受。和田玉的美，不仅在表面，更在内涵，就像我喜欢玉，相比皮色和玉质，我更钟情于玉质，每个人欣赏和田玉的角度可能不同，但是对玉的钟爱却都是一样的。相比其他国家的玉石文化，中华民族的玉石情结更加深厚、久远，相信诸位看完本书，会对我们拥有如此深厚的底蕴和文化而备感自豪。

2. 稳定的保值升值功效

和田玉自源起伊始，历经漫长的时光变迁，但是其地位和价值从未大起大落。就算在战火纷飞的年代，和田玉的价值也始终居高不下、傲视群雄。随着时代的发展，玉器的价值更是不断提升，其增长幅度甚至已近万倍。自古以来，玉石就有着至高的地位，玉玺是皇权的象征，玉璧玉琮是礼天地的圣物，无论是神权还是皇权，和田玉都有着举足轻重的作用，正所谓黄金有价玉无价。

从目前的保有量来看，和田玉的产量并不算低，但优质原料相对较少，占比较小。再加上功力深厚的玉雕匠人穷极一生也只得几十件精品传世，相比较其他的艺术品类，其成品量微乎其微。随着生产成本的逐年增加，和通货膨胀所导致的物价上涨，和田玉成品售价的逐年增长是无可避免的，其增值性更是被世人所公认。而且相比黄金这些贵金属，每一块和田玉都有自己的纹理结构，都是独一无二不可复制的，有着极高的收藏价值。

图中所展示的是我在和田大巴扎市场淘到的和田玉小子料。别看小,但是颗颗都是小精品,品相十分完美的红皮小料,价格昂贵的主要有三个原因:玉质白、红皮没裂、规格均匀。在现在的和田玉市场当中,这样的精品小子料已经是凤毛麟角,异常稀缺。

3. 选准收藏途径

我们的藏友在平时和田玉的选购中,要通过正确的收藏途径和渠道来进行购买才能保证和田玉的品质。不同渠道的和田玉不仅品质参差不齐,而且由于成本的不同,价格也有一定的差异。比如,零售商的玉石成品由于零售环节的成本较高,所以其终端的销售价格也相对较高,但是与此同时其售后服务也相对有所保障。现在的市场由于和田玉原料的紧缺,成品的价值也是持续走高,作为销售商更加注重的是品牌的口碑和信誉,保真度和高品质远比价格更为重要。

4. 了解市场价格

精品的和田玉成品作为商品有着极高的收藏价值,在目前的市场中更是有着很强的商业流通性。而一件和田玉藏品的价值除了自身的品质和工艺之外,还是要由市场来决定。和田玉本就源于自然的创造,其原始的形态没有任何人为加工的痕迹,所以仅从其自然属性来评定和田玉的价值是无从下手的。但作为收藏品的和田玉则包含了原料采集的艰辛和创造性的雕刻工艺,因此它的价值又有迹可循。但在不同社会时期,其价值也并非一成不变,它是随市场认可度等多方面因素而改变的。所以任何一件和田玉收藏品的价值的认定都必须建立在了解市场的基础之上,只有这样才有可能做出准确的价值判断。

答疑解惑

和田玉具有哪些美好的寓意？

和田玉在我国有着几千年的历史积淀，有着十分深厚的文化艺术底蕴。从古至今，人们对和田玉就有着美好的寄托，人们相信玉代表正气、好运、品德和灵性等，同时玉在人们心中更具有着护身保命、消灾避祸、吉祥如意等含义。人们无论是收藏玉还是佩戴玉，除了玉本身的价值之外，还对其寄寓了美好的信念和希望。

1．事业与财富

高品质的和田玉所具有的高价值早已被人们接受并认可，其甚至可以直接等价于财富。在本身具有高价值的同时，和田玉在雕刻时也经常采用象征财富、成就、仕途的题材。这其中如荔枝、桂圆、核桃三者的果实都是圆形，取"圆"字的谐音"元"，寓意连中三元；鲤鱼跃龙门也是非常经典，比喻一举成名、金榜题名；还有猴子取"猴"的谐音"侯"，常与印章或者大象组成题材，意为封侯挂印、封侯拜相，比喻事业有成、名利双收、飞黄腾达、加官晋爵。

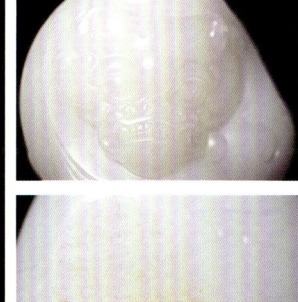

和田玉子料羊脂级貔貅把件

规格：71mm×66mm×50mm

重量：355g

此玉为和田玉羊脂级子料所制，玉质非常浑厚莹润，在自然光下反射出脂白色的油性光泽，真正的顶级原料。此把件保留原石子料的形状雕刻貔貅造型，成品浑圆厚实，依稀可见子料的原石形状。貔貅雕工精湛，不同于寻常的雕刻貔貅整身，而只雕刻了面部，其面相威严、传神，不怒自威。打透射光看玉质内部，肉眼几乎不可见其结构及颗粒感，更无丝毫杂质。背面留有点点金皮，更是证明其为子料的标志。

2. 身份和权力

历朝历代中，和田玉都是国之珍宝，是王侯将相身份、地位的象征之物，普通百姓亦无法染指。和田玉自被发现伊始，就有着尊贵的地位，更是权力的象征，具体到实物就不得不提到印玺了。印玺原本为一种实用之物，之后随着时代的发展，印玺也成为身份、地位的象征，臣民所用只能称为印，只有皇帝用的印才能称为玺。在中国几千年的皇室宫廷中，和田玉所制作的玉玺象征着最高的权力，决定着历朝历代权力的更迭。而作为一种凭信工具，印章有着广泛的应用，其更与书法、绘画和雕刻等艺术相结合，成为一种独特的艺术品类，制作材质更是多样，而就收藏来说，玉质印章无论材质价值还是艺术价值都是最好的选择。

3. 艺术

和田玉含蓄内敛、温文儒雅，不仅与中国人的气质相符，其文化价值和艺术价值更与儒家的思想文化完美结合，可以说和田玉自被发现伊始，就一直传承着中华民族的人格精神，并孕育了中华民族的审美情绪与价值观念。和田玉本就是大自然所创造的艺术品，其经历了严酷的环境和漫长的岁月，最终呈现在人们眼中的是脂润饱满、精华毕现的自然结晶。而以和田玉制作而成的艺术品，则是在自然的基础之上通过非凡的创造力对玉石进行加工，使雕刻工艺与自然之物完美地结合，更加美轮美奂、无与伦比。往往传世的和田玉精品都仿佛具有生命力一般，不仅传承着艺术，而且其本身就是艺术。

制诰之宝

青玉质，交龙纽方形玺。篆书。面15.2厘米见方，通高13厘米，纽高6.7厘米。附系黄色绶带及牙牌一，牙牌两面分别用满汉文刻"制诰之宝匮之钥"。此宝为清太宗时所得元玺之纺织品，乾隆时取代"丹符出验四方"，列入"盛京十宝"。清宫旧藏。

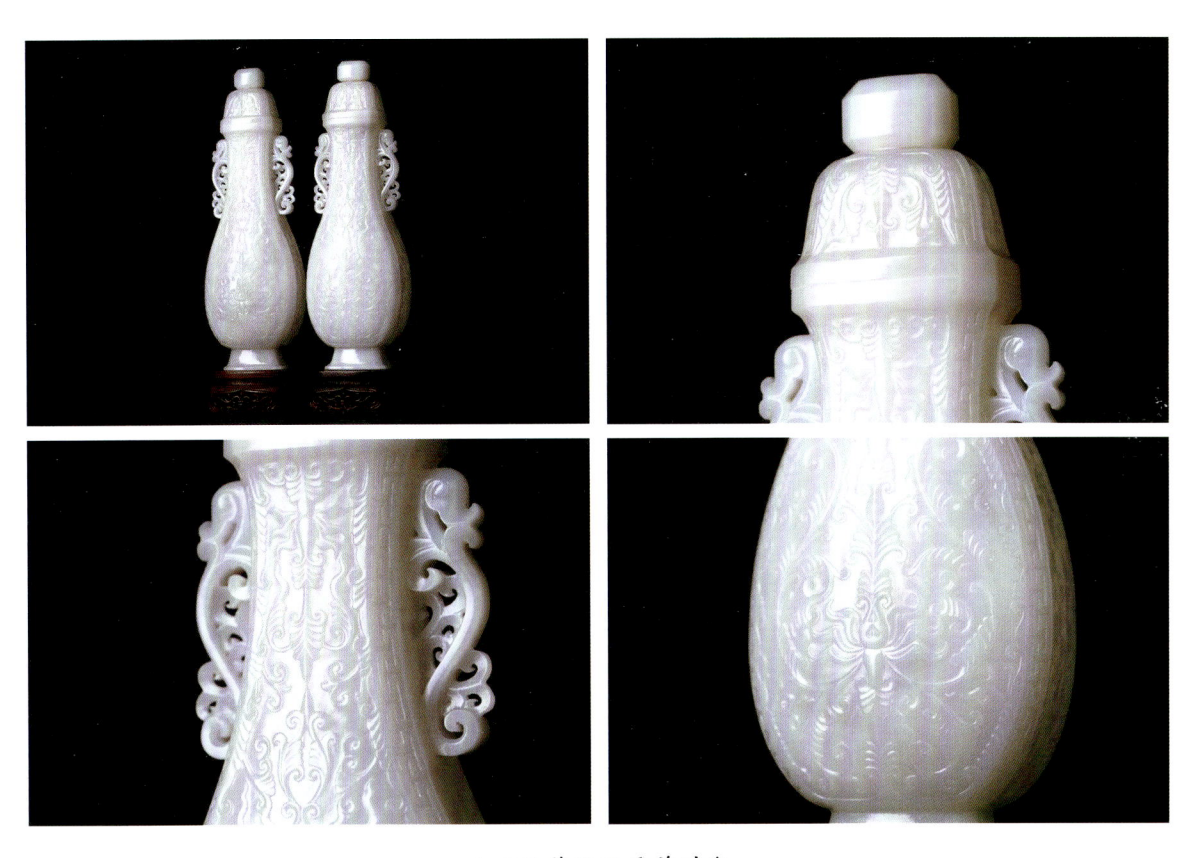

和田玉薄胎西番莲对瓶

规格：265mm
重量：531g/520g

此和田玉薄胎西番莲对瓶，由一块原料制作，整料挖制，超薄胎体，配以红木底座。其工艺价值和艺术价值非常高，玉能做到此等境界，对玉质原料、工艺水平、资金实力都是考验。做赏器、立件，要求原石不能有裂，否则前功尽弃，同时玉质温润细腻、白度上佳则更为难得。一旦雕琢成品，便是无与伦比，能制成此物者，元懋翔。有舍有得，舍得之间，成就辉煌。

4．爱情

"玉之美，有如君子之德。"由此可见玉在古代为文人雅士所钟情，不仅如此，玉更被作为定情之物。而在传统的雕刻题材中更是有很多寓意美丽爱情的题材：如百合寓意百年好合；若百合与莲藕同时出现又有佳偶天成；而鸳鸯与荷花、荷叶组合在一起，表示夫妻相处和睦、恩爱有加、白头偕老。这些美好的寓意经久不衰，而通过和田玉辅以爱情题材的雕刻创作，更通过两者的融合承载了人们对于美好生活的无限向往。

和田玉一品清廉挂牌

规格：76mm×41mm×12mm
重量：110g

一品，是古代最高官阶名称。莲，荷花也。古来赞美荷花之诗文甚多，宋周敦颐《爱莲说》之句"出淤泥而不染，濯清涟而不妖"至今脍炙人口。"莲"与"廉"同音，"一品清廉"有为官清廉、品格高尚之意，而在唐代，荷花更被作为爱情的象征而有所记载。更有"牵花恰并蒂，折藕爱连丝"的诗句描述荷花，表示男女甜蜜爱情的缠绵不绝。此一品清廉挂牌匠心制作，材质上佳，雕刻荷花图案，寓意美好，雕工简约、传神到位。

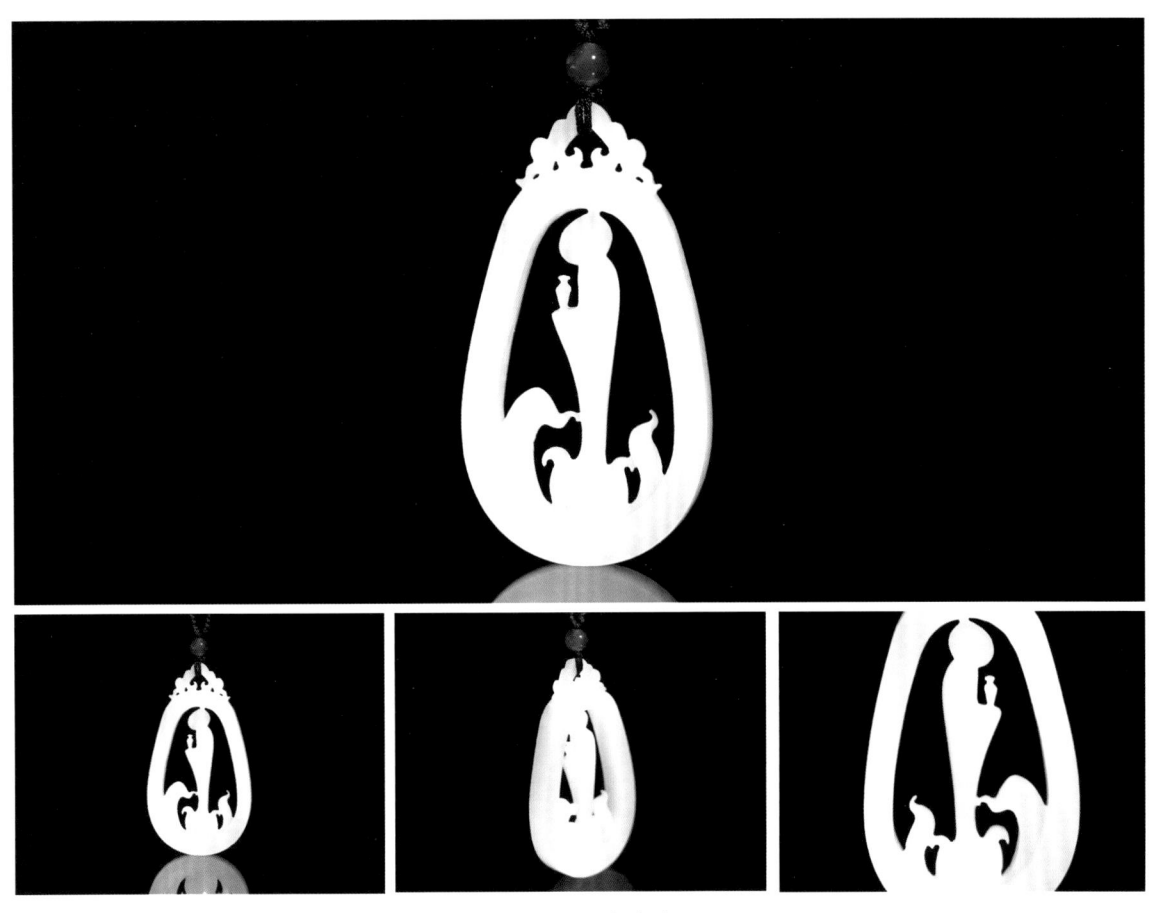

和田玉悟道挂坠

规格：33mm×27mm×15mm
重量：17.2g

此玉白皙温润，题材与挂坠浑然天成，古朴简约，是一件韵味十足的精致雅玩。独特的风格表现出了作者富有创造性的构思能力和较高的艺术文化修养。同时挂坠更是采用了镂空雕刻的技艺。镂空雕刻技艺是从圆雕之中逐渐发展而来，其可以更加有效地表现出物象的立体感和空间层次感。

5. 品德

玉自古代时起就是高尚道德的象征。儒家有"君子比德于玉"的说法，就是说一个君子(主要是指社会的上层人士和知识分子)的品德要像玉石一样有"五德"或者"七德""九德"等。这是把玉的自然属性拿来比喻人的社会属性。而在中国人看来，德是一个重于生命的问题。如果指责某一个人"无德""失德""缺德"的话，这就是一个非常严重的问题了。玉在我国古代更是君子的象征，更代表了君子高尚的品德，玉的气质正与君子讲究的恭敬平和、温润悠远相吻合。

6. 平安

有一词句为"化干戈为玉帛",大意为停止争斗,言归于好。可见玉石所承载的不仅只是自身的价值,还有更多的内涵和寓意,而平安的寓意正是其中之一。以形制来说,最为人所熟知的就是平安扣和平安无事牌了。除此之外,还可以结合题材以和田玉为材质进行雕刻,比较有代表性的图案有观音、佛、关公等。

和田玉山料水窝玉环挂坠

规格:50mm×15mm

重量:91g

绞丝纹又称绳纹、扭丝纹等,因其上雕刻的纹线阴阳相间,如同扭曲的束丝一般而得名。带有胶丝纹的玉器最早可追溯到良渚文化,春秋战国时期更是达到鼎盛。此挂坠外形也有平安扣之意,平安扣,其寓意不言而喻,即是平安,简单朴实却又深远而耐人寻味,从古至今,平安都是人们对于生活最朴实的愿望。

此玉环是以山料制作而成的白绞丝纹玉环,拉丝顺滑平直,与玉环浑然一体,桶珠从中孔取出,雕刻出似波浪般极富韵律的美感,配孔雀石碧绿缠丝遥相呼应。拿着它,似乎总想找到源头和方向,却发现始终一无所获,一直在旋涡中徘徊着,前进着……终于发现,原来,生活本来就是一个环,似有方向和追求,却永远都是一个圈。

7. 吉祥如意

在玉饰的各类图案中，经常以龙、凤、灵芝、祥云、蝙蝠等代表吉祥如意、喜庆祥和之意。龙是祥瑞之兽，凤为百鸟之王，两者交相辉映，预示天下太平、五谷丰登，而结婚之喜也称为"龙凤呈祥"；蝙蝠的蝠字谐音"富"象征幸福，有"福在眼前"之意；祥云纹形若如意，寓意吉祥如意；人们把喜鹊

和田玉子料羊脂级龙凤呈祥挂坠

规格：48mm×39mm×26mm
重量：63.5g

"龙凤呈祥"是我国经典的传统题材，其寓意华丽高贵、喜庆祥和。龙神性威严、好水通天，是祥瑞的征兆；凤华美高洁，喜火向阳，更有百鸟朝凤之说。两者神性互补，阴阳相合，组成的画面华美尊贵，给人以祥和喜气之感。

龙凤呈祥为和田玉羊脂级子料匠心之作，雕刻龙头凤首，红皮俏色，雕刻线条简洁利落，寥寥数刀间，便将龙凤刻画得传神到位。挂坠背面点缀祥云图案，大面积的留白更凸显出玉质的高规格。龙与凤皆为人们所崇敬的祥瑞之兽，古时龙袍凤冠皆是皇家的象征，给人以华美庄重之感，而今时今日更成为人们祈福美好、幸福的寄托。

作为一种吉祥鸟，看到喜鹊是一种好的征兆，故常以梅枝之上落有喜鹊的题材来表达好运将至、好运当头的寓意。以上只是列举出了很少一部分，凡此种种有非常多的图案和题材都可以表达吉祥如意、幸福祥和、好运连连之意，这也正反映出人们对幸福生活的追求与祝福。

清·青玉鹤鹿同春松山如意

此玉为清宫旧藏，展出于故宫。如意首作灵芝状，树下老者手持花篮前行，回首身后跟随的童子，童子亦肩抬花篮。如意柄的中部和尾部各琢一陡峭岩壁，一仙鹤回首而望立于松树林间，一梅花鹿昂首站于山石之上。鹤、鹿与老者、花篮、松树、如意一起出现，意在颂扬鹤鹿同春，吉祥如意，天地如意。

结语、初衷、展望

公元前221年秦始皇统一六国后，颁布了一系列政令统一了全国的文字、货币、度量衡，从此普天之下，书之同文，市之同币，量之同距，车之同轨。自秦始皇统一度量衡伊始，规范的标准化使经济得以全面的发展。GIA美国宝石学院1953年发布4C标准，其后几十年，钻石成了一种通量流通物。交易量更呈现出爆发之势。而和田玉已有几千年的历史，面对如今的市场窘境，如何突出重围，走向国际化，被全世界人民认知、认可，甚至成为一种国际流通物，绝对是一个课题。重要的是，要去除产地的偏见，去除对产状的偏见，去除对子料的盲目崇拜，和田玉在全世界都有产出，这在前文都有提及，而且中国的玉石加工工艺冠绝全球，这更是一个巨大优势。从中国市场扩大到全球市场，让和田玉可以走出国门享誉世界，这不仅是我写此书的初衷，更是我对未来整体行业的展望。

和田玉是中国四大名玉之一，有着8000多年的历史，集人们的万千宠爱于一身，在中国的传统玉石中有着首屈一指的地位。但是时至今日，在国际上，对和田玉的认可度却与国内大相径庭，并不具有世界文化属性。事实上对玉的认知度和认可度基本上只局限于国人的文化圈内，国外对和田玉的关注甚少。我也经常出国考察，在走访的过程中发现，如果你拿着翡翠或和田玉到外国典当行或珠宝店出售时，经常会出现无人问津的尴尬场面，但中国的青铜器、古瓷器、古漆器、古书画等却备受追捧。这其中不乏欧美人的审美习惯、文化差异的问题存在。但是我们的武术、茶叶、陶瓷等不仅是中国人的最爱，是中国人的习惯、文化的体现，为什么欧美人也接受并追捧着呢？而且茶叶、瓷器等曾经一度让欧美的上层社会青睐有加，是非常高档的奢侈消费品。会形成如此巨大的反差，这其中的根本原因就是和田玉缺乏辨识度、概念不清，没有统一的国际化标准去界定。

和田玉形成的地质条件并不复杂，其产状也有着鲜明的特征，除了我国之外，俄罗斯、韩国、加拿大、新西兰等20多个国家和地区都有着丰富的和田玉资源。2008年北京奥运会，奥运奖牌使用的和田玉让世界知道了中国人对玉石文化的钟情，各国生产的玉石纷纷加入中国市场，而中国对"和田玉"的认证并不强调产地，只要纯度达标，都可以贴上"和田玉"的标签。而目前国内的和田玉市场更是乱象丛生：和田玉的产地身份界定模糊不清，质量评价大多依赖个人的主观判断，没有统一的评定标准，导致了和田玉定价无据可依，价格相差悬殊；市场中和田玉的质量也是参差不齐，品质更是难以保证，造假之风横行，以次充好、替代品、假子料、假皮色在市场中横行无阻；业内同行之间也经常为了一己私利相互排斥，刻意地贬低同行的商品，令本就混乱的大环境更是雪上加霜；而玉雕人才的流失及匮乏，更导致大量工艺粗糙、材质低劣，只为短期获利的和田玉产品充斥市场。在和田玉市场急需标准化的今天，这些问题都直接影响到了和田玉产业健康、有序的发展。

而标准化的确立不仅对和田玉市场有着规范作用，更是和田玉能否走向国际市场的重要条件之一。现今的和田玉，其国际影响力与钻石、彩宝等相距甚远，即使与翡翠相比也有着较大的差距，只有古玉等一些古玩艺术收藏品才会出现在国际性的拍卖中，其中多为明清宫廷的和田玉器物，其玉石的材质价值仅是一个次要因素，国外收藏家更看重的是其历史、文化和艺术价值。这与国内市场追求材质的情况大异其趣。

目前中国的和田玉没有办法像西方珠宝那样成为稳定的投资理财品种，很重要的原因就是其价值评判缺乏恒定的标准。现阶段我们只能做到鉴定是不是玉以及属于什么玉种，把它们区分开来。就和田玉未来的发展而言，制定严格的等级评定标准是大势所趋。这就需要在前人研究的基础之上，通过大量的实地考察进行调研、论证、搜集等工作，不仅仅参考以往的和田玉标准，而且通过众多业内学者、专家、商家的沟通，最终制定一套能够切合实际、贴近市场的和田玉国际化标准。我作为老字号元懋翔的传承人，对和田玉一直有着很深的情感，并多次到新疆考察，了解和田玉的现状和文化，希望能为我国的传统玉石文化献出自己的一分力量。

我认为一套完整的和田玉行业标准应该包括以下几方面的内容。

1．和田玉的鉴定标准，主要是鉴别和田玉的真伪。

2．和田玉分类标准，主要是根据玉石颜色的分类，其应该有标准物作为参照，并配以详尽的文字描述加以说明。因为用人的眼睛来感观颜色是很困难的事情，每个人对于颜色的界定都会有些许差异，为了尽量消除主观因素，需要让评定标准更加量化。

3．和田玉的分级标准，要对玉品质优劣评价有详细的量化标准。这就涉及等级的细化，针对不同玉种和不同颜色，其要求也要有所区别。通过这样的方式，我们才能对质地、块度、净度等多方面给出量化的标准，让和田玉的价值评定可以更加具体化、等级化。

4．和田玉的加工工艺等级标准，好的工艺可以很好地提升和田玉成品的价值，而评判工艺则需要从雕刻者的知名度、雕刻技艺、雕刻题材、工艺的繁复程度多方面来考量。

当然，这一标准化的建立绝不是一朝一夕的事情，其必定会经历一个漫长、艰辛的过程。综观国际市场，通过制定标准，成功地引领世界潮流的非钻石莫属，而其成功的发展历程则很值得我们参考。我们就一起来看一看钻石是怎么取得成功并缔造一个传奇的。

每一颗钻石都是时间与自然造就的奇迹。而且钻石作为不可再生资源，每一颗都独一无二。但其实直到20世纪中期，钻石也并未有明确的质量评价标准。直到1953年美国宝石研究院，也就是大家所熟知的GIA才推出了钻石分级标准，而这一标准不仅为业内所公认，更一直延续至今。如今，GIA所创立的4C标准已成为业界的标杆，并且被广泛应用于世界各地的钻石认证上。其主要4个方面，即颜色(Colour)、净度(Clarity)、切工(Cut)和克拉重量(Carat)。这一4C标准的推出具有重大的意义，它统一钻石的分级和评价标准，更量化了钻石的质量和特性，使消费者在购买钻石的时候有据可依。

而且钻石行业的蓬勃发展，也带来了大量的就业机会，在世界各地直接或间接从事钻石相关工作的就有大约1000万人。而且钻石行业有着规范的管理体制，还有完善的相关法律加以制约，钻石贸易也是蓬勃发展，每年更为非洲带来超过84亿美元的收益。缅甸政府对于翡翠行业也是采用牢牢控制住资源，有计划、有序投放资源到市场的经营模式。国外在对待这一类资源稀缺性奢侈品采用的模式更是值得我们学习和借鉴。我特地学习了

北京大学PKUC证书

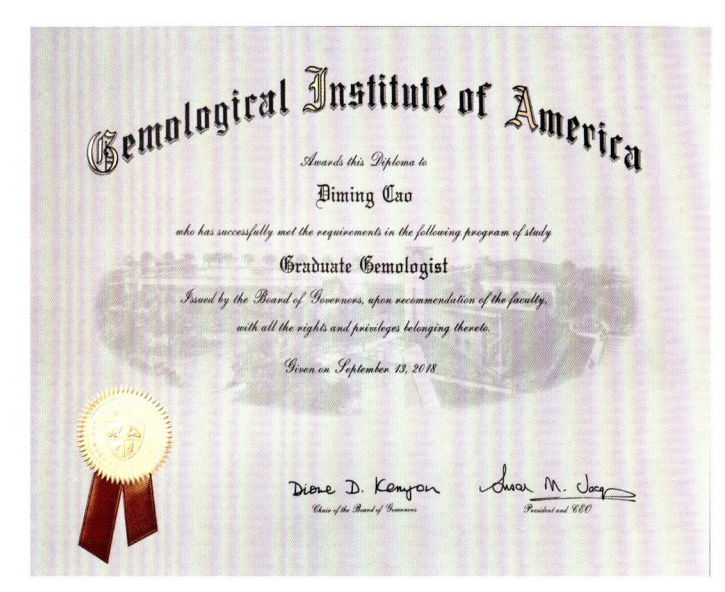

G.G研究宝石学家证书

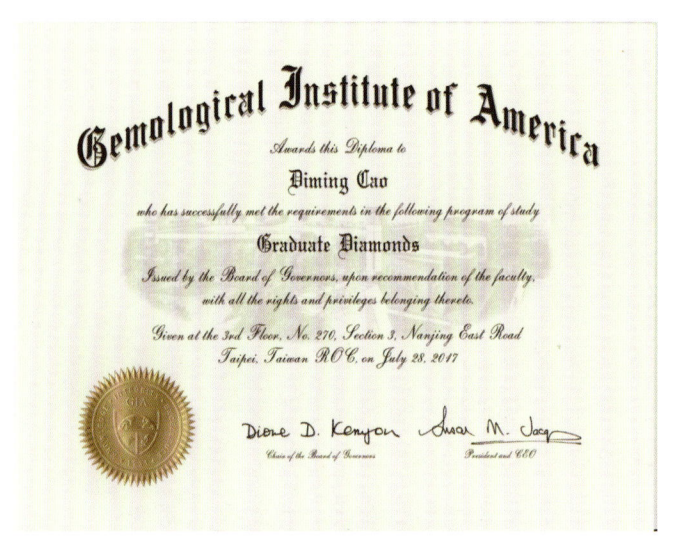

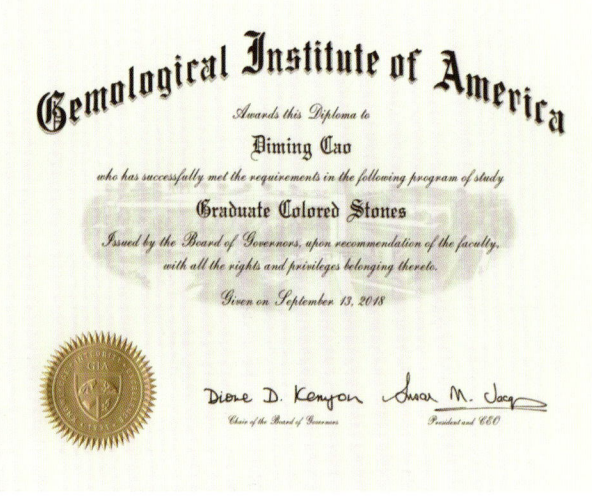

GIA钻石毕业证书　　　　　　　　　　　　　　　GIA有色宝石毕业证书

　　GIA美国宝石学院（Gemological Institute of America）的钻石鉴定与分级课程，并研读了GIA的有色宝石鉴定课程，考取了最高级别的G.G（Graduate Gemologist Program）研究宝石学家文凭。这一切都是为了更好地了解钻石的发展过程，还有其分级的内在逻辑，而我也确实在学习的过程中受益良多。同时我还在北京大学宝石鉴定中心学习了PKUC珠宝鉴定师的课程，拿到了两张结业证。

　　由此我们不难看出，具有权威性的质量评级标准对任何事物都有着举足轻重的意义，对和田玉同样如此。和田玉质量评定的标准化体系一旦建立，将完全改善行业内外人士目前对和田玉鉴别的模式，同时也可以将和田玉的质量和工艺标准量化，让和田玉的价值评估有理有据。这样才能使和田玉产业走出困境，实现产业的标准化、规模化、效益化，实现真正健康有序的发展。复兴中国传统文化精髓，让玉文化走向全世界。

和田玉的未来展望

历史深厚，底蕴十足

和田玉是中国四大名玉之首，自被发现伊始，就持久弥新、经久不衰，其含蓄内敛、温文儒雅，有着与中国人相符的气质特征，其文化价值和艺术价值更被世人所公认。在历史上，和田玉在社会、经济、文化、生活中具有特殊的地位并扮演着重要的角色，更没有出现过断代的情况，其形制和工艺也在不断地发展、进化。随着现代社会经济的不断发展，社会的不断进步，人们获取信息的渠道和资源也异常丰富，这也更进一步加速了和田玉的推广和普及。当然和田玉的紧俏也造成了市场的鱼龙混杂，质量的参差不齐，替代品的层出不穷，都对和田玉的整体市场环境造成了一定的影响，但是瑕不掩瑜，正是由于和田玉的优秀特质，才造就了其现在的地位和价值，更被世人赞誉为"东方艺术"。

尽管随着时代的不同，各种材质的装饰艺术，如金银器、瓷器、珐琅、铜器、漆器等也都曾一时风光无限，但和田玉始终以超然的地位昂首屹立，在社会、经济、文化、生活中扮演着重要的角色。而在当下，和田玉也曾受到过其他新兴玉种的不断挑战，虽然会受到冲击，似有被赶超之势，但新兴玉种终究无法企及和田玉的市场认可度和价值，很快就江河日下、风光不再。这除了本身的品质不及和田玉之外，归根结底是历史传承和文化底蕴的不足造成的。

矿藏稀缺，不可再生

现在，人们对于新疆所产的和田玉白玉子料最为认可，其品质上乘，受到人们的追捧。笔者也多次到访新疆，通过大量实地考察，对目前的原产地现状有了清晰的了解。以新疆和田地区为例，这里历经多年的开采，数十公里的古河道被不停地开挖、回填，表层的资源已近枯竭，市面上真正的高品质子料已是凤毛麟角。而当下的和田玉市场，子料和山料的孰是孰非更是大家一直争论的话题。就笔者来看，无论山料还是子料都只是和田玉产状的一种表现形式，不应与品质画等号，唯子料论不可取。因为每块玉料都是单一的个体，其品质需要通过颜色、质地、净度等多方面综合考量，而且成品和田玉多已不具备辨识产状的特征，单纯的探讨山料、子料并无实际意义，一切还要以品质为上。目前随着不断的开采，作为一种稀缺的不可再生资源，高品质的和田玉已经越来越少，精品稀缺一物难求，市场却依然是供不应求，可见人们对好玉的热情和信心，相信未来的和田玉市场可期。

品质非凡，精工细作

我们生活在这个经济高速发展的时代，是无比幸运的，和田玉经过千百年的传承在现代得以延续、发展，在材质、工艺、文化等各个方面都达到了历史的巅峰。"体如凝脂、精光内蕴、质厚温润、脉理坚密"是古人总结和田玉的精髓所在。一块高品质和田玉，它既要细腻如"凝脂"一般，又要精光内蕴，给人以含而不露之感，更显玉质的沉稳和凝重，同时内部更要少绺裂、少杂质。通过以上的介绍，很直观地描述了好玉所应具备的品质和特征。而在古代由于生产力的低下和制作工具的简陋，采玉、制玉、磨玉等各个工序都受到了极大制约。而现代科技的发展和人们的不断突破创新，极大提高了和田玉的制作、加工技艺，相比之下现代和田玉成品的品质要远高于古代。和田玉本身具有的特性和品质早已历经千锤百炼，其温润细腻的质地更是雕刻技艺的完美载体。而玉雕匠人在此基础上辅以精雕细琢，让玉石或锦上添花，或点石成金，巧夺天工的技艺透过和田玉这一材质完美地表现出来，有些更已经达到了艺术品的范畴。

品类繁多，百花齐放

和田玉在古代是平民百姓难以企及之物，只有皇室宗亲、达官显贵才能拥有，是身份、地位和财富的象征。而且古人崇尚白玉，以白为美，这就造成了很多有色和田玉在当时并未受到足够的重视。而在当下和田白玉已经异常稀缺，面对供不应求的市场，人们也就自然而然的把目光投向其他有色玉。和田玉有着广泛的受众面，其品质更是深入人心，而随着工艺日新月异，造型推陈出新，也将有色玉的特点和韵味展现得淋漓尽致，让人们对有色和田玉的认可度越来越高，如碧玉、糖玉、墨玉、青花等。这些有色玉丰富了市场的同时，其自身鲜明的特征也被人们挖掘、欣赏，让和田玉本就丰富的品类更加绚丽多彩，市场也更加多样化、多元化。

走向国际，任重道远

目前和田玉在国内已经是家喻户晓，但在国际市场的影响力却相当有限，相对于国外的艺术品收藏，国内还仅仅处于起步和发展阶段。作为中国特有的艺术收藏品，和田玉具有的优秀品质、历史底蕴、精湛工艺、稀缺特性等特性，都决定了其具有较高的历史价值、艺术价值和收藏价值。而未来想要让和田玉真正走出国门，具有国际性和流通性，行业标准的制定势在必行，评价体系也要简单明了、易于理解，这样才可能让和田玉的概念和文化更加快速有效地传播，以此为契机，为和田玉真正的走向世界打好坚实的基础。因此，我们有必要消除地域偏见和产状偏见，逐渐弱化产地和子料的概念，还是要以质地为先，品质为上。作为一名学者，我会尽我所能，为我国传统玉石文化的发展和推广献出自己的一分力量，让和田玉在不久的将来能走出国门享誉世界，这正是我为之努力和奋斗的目标。

前景光明，未来可期

笔者看来，在可预见的未来，玉石行业一定是上行，回暖是必然趋势，但考虑到之前和田玉市场的相对过热发展，造成目前市场成品质量参差不齐、单项购买力有所透支，即便随着市场大环境有明显的回暖趋势，其回暖的速度也会相对缓慢。而且当前的和田玉市场需要时间消化现有库存、恢复购买力，以期一批新成长起来的消费群来助力推动，因此和田玉产品的价格在短时间内很难全面上涨，可以说当下是入手的较好时期。

玉石行业不是基础行业，是属于消费层级最高的塔尖行业，只有在大经济明显向好的时候，才有可能恢复。当前中国的经济处在结构性调整期，短期内调整的状态是经济新常态，所以玉石行业及市场一定也是要符合大的经济环境。虽然目前的市场处于低谷，各类收藏品都呈现萎靡之势，但可以看到和田玉的价格依然坚挺，真正的好玉并未受到大环境的冲击。究其原因，与和田玉深厚的历史底蕴、悠久的文化传承和极高的市场认可度密切相关。而随着人们的生活越来越富足，有能力追求更好的物质生活，而和田玉收藏价值高，保值增值，且可留存后世，因此人们愿意购买收藏，这也反映出对和田玉的十足信心。

相信未来的和田玉市场，相对高端的收藏品必然是市场的主流。俗话说，"玉不琢不成器"，精湛的工艺需要上品的原料为载体，二者相互依托，相辅相成，才能成就顶级的和田玉收藏品。而这类高端的和田玉收藏品必然价值不菲，也注定了其是独一无二，并非量产通货可比，这类和田玉藏品虽然受众面有所局限，但是未来依然会供不应求，原因就在于原料的不可再生性和工艺的不可复制性，而且人们有能力也愿意去追求自己的心中所爱，这也正是和田玉的魅力所在。

现在，随着一带一路政策的不断深入，依靠中国与有关国家既有的双多边机制，借助既有的、行之有效的区域合作平台，积极发展与沿线国家的经济合作伙伴关系。相信未来中国会更加繁荣强盛，国力的强大也意味着人民的富足，收藏领域自然是人们关注的焦点。和田玉无论是从文化、市场，还是需求上来说，在收藏领域都有着得天独厚的优势，笔者认为我们要对和田玉报以足够的信心，未来的和田玉市场一定是美好、繁荣的景象，对此我坚信不疑。

后记

　　和田玉滋润、通透、神圣、高贵、纯洁、美丽、坚韧，一想到它就让人精神振奋，一看到它就让人热血沸腾。和田玉在中华大地上历经数千年，已经深深根植在炎黄子孙的心中。时至今日，人们对和田玉的热爱、尊重、崇拜有增无减，称和田玉是中华瑰宝一点也不过分。我身为一名鉴定专家，虽然潜心对和田玉及和田玉文化研究多年，但也只能说刚刚迈入和田玉知识的门槛。和田玉的历史传承及和田玉文化博大精深，像一部万卷书，越读越有趣，像一壶香醇的酒，越品越有味。曾经在故宫博物院工作的我，每当经过和田玉的展台前，总是会停下脚步，驻足欣赏一件件精美的和田玉艺术品，让我有一种陶醉其中的精神享受，甚至可以达到忘我的程度。

　　多年来，我目睹并亲历和田玉及其市场令人惊叹的变化与发展，既为我国传统玉文化的传承与兴旺发展感到欣慰与鼓舞，也因和田玉产量减少市场上鱼龙混杂以假充真的现象而惴惴不安。从而产生将自己从事和田玉相关研究的体会与经验写出来，呈献给和田玉爱好者作为选择、收藏、把玩、欣赏、投资和田玉的一个参考。这本书的出版是集体智慧的结晶，归功于所有帮助、支持、指导我的朋友们！在这里我要再次向他们致以最诚挚的感谢和敬意！愿此书能够给您在赏玩和田玉中提供一些有益的帮助与参考，那将是我莫大的幸福与荣幸，也是我编写此书的初衷。君子如玉，祝大家一生平安。

图书在版编目（CIP）数据

品真：凝脂美玉——和田玉 / 曹荻明著. – 北京 : 文化发展出版社，2019.4

ISBN 978-7-5142-2416-0

Ⅰ. ①品… Ⅱ. ①曹… Ⅲ. ①玉石–收藏–和田县②玉石–鉴赏–和田县 Ⅳ. ① G262

中国版本图书馆 CIP 数据核字 (2019) 第 028795 号

品真：凝脂美玉
——和田玉

曹荻明 著

出 版 人：武　赫			
责任编辑：周　蕾		特约编辑：薛梦妍	
责任校对：岳智勇		责任印制：杨　骏	
责任设计：侯　铮		摄 影 师：纪鸿燕	

出版发行：文化发展出版社（北京市翠微路 2 号　邮编：100036）

网　　址：www.WenhuaFazhan.com

经　　销：各地新华书店

印　　刷：北京博海升彩色印刷有限公司

开　　本：889mm×1194mm　1/16

字　　数：250 千字

印　　张：18.5

印　　次：2020 年 2 月第 1 版　2020 年 2 月第 1 次印刷

定　　价：158.00 元

ＩＳＢＮ：978-7-5142-2416-0

◆ 如发现任何质量问题与我社发行部联系。发行部电话：010-88275710